mandelbaum *verlag*

Ingrid Haslinger

Dampf stieg aus dem Topf hervor

Eine Kulturgeschichte
der Suppen aus aller Welt

mandelbaum *verlag*

www.mandelbaum.at

ISBN 978-3-85476-338-3
© Mandelbaum Verlag Wien 2010
Alle Rechte vorbehalten
1. Auflage 2010

Lektorat: Inge Fasan
Satz & Umschlaggestaltung: Michael Baiculescu
Illustrationen: Linda Wolfsgruber
Druck: Interpress, Budapest

INHALT

VORWORT

Sich seiner Vergangenheit bewußt zu sein,
heißt Zukunft haben.
(Hans Lohberger, 1920–1979,
österreichischer Denker und Dichter)

Diese Ansicht gilt wohl für alle Lebensbereiche des Menschen – auch für Essen und Trinken als wesentliche Teile des täglichen Lebens. Globalisierung, Vereinheitlichung aus Kostengründen, Industrie und Chemie verursachen eine beträchtliche Entfernung des Menschen von natürlichen und qualitätvollen Lebensmitteln und entsprechend zubereiteten Gerichten. Beinahe alle Aromen kann man heute künstlich herstellen, beinahe jedes Gericht ist in irgendeiner fertigen Form zu erwerben. Grundgedanke dieser Strategie war und ist – neben dem Profit der Konzerne – die Entlastung von Hausfrau und Hausmann in der Küche, um ihnen die karge Freizeit etwas zu verlängern.

Sobald der einfache Jäger und Sammler, der alles roh verzehrte, neben den Schrecken auch die Vorzüge des Feuers kennengelernt hatte, stand dem Garen von Rohstoffen nichts mehr im Wege. Fleisch konnte nun am Spieß gebraten werden. Das Kochen von Gemüsen, Getreide und Fleisch erforderte jedoch dichte und feuerfeste Behälter, um darin Nahrungsmittel mit Hilfe von Wasser, in das häufig heiße Steine gelegt wurden, zu kochen.

Suppenartige Speisen zählen auf allen Kontinenten zu den ältesten gegarten Gerichten der Menschen, wobei man heute zwischen Mus, Brei, Suppe und Eintopf unterscheidet – eine Einteilung, die nicht immer eindeutig vorzunehmen ist: Wo hört die Suppe, die wir eher als flüssige Speise verstehen, auf, und wo beginnen Brei und Eintopf? Wie dick darf die Speise sein, um noch als Suppe zu gelten? Lange Zeit waren Suppen aufgrund ihrer Konsistenz vollwertige Gerichte; erst auf der Tafel des Adels konnten sie zur leichten, einleitenden Speise einer Mahlzeit werden – sie mußten nicht mehr sättigendes Hauptgericht sein. Auch das *Frauenzimmerlexicon* (1715) tat sich mit der Einordnung der Suppen noch recht schwer. Es führt *Potages* und *Suppen* an: »Potages – Sind vermischte Essen, bestehend aus einem gewissen Stück Fleisch oder Fisch etc. und vielen Gewürzen, Jus, Coulis und Ragout, Klösen, Fricandelles und anderen Dingen aber Suppe – Juscentulum, (Offa) Sauce, sind bekannte Brühen, die auf vielfältige Art können verändert werden.«

Dieses Buch beschäftigt sich vorrangig mit der »sehr bekannten dienlichen Löffelspeise«, wie der Lexikograph Johann Heinrich Zedler (1706–1751) die Suppe um die Mitte des 18. Jahrhunderts bezeichnete. Diese *Löffelspeise*, die sich in fast allen Kulturen nachweisen läßt, wärmte, ernährte und erfreute seit jeher Mensch und Magen. Aufgrund ihres einfachen Aufbaus – in Wasser (später kamen noch andere Flüssigkeiten wie Wein, Bier, Milch, Most etc. dazu) diverse Zutaten, Kräuter, Wurzeln, Gemüse und Gewürze zu kochen – war und ist sie nicht nur leicht herzustellen und beliebt, sondern in unglaublicher Weise veränderbar. Robert Habs und Leopold Rosner schrieben 1894 im *Appetit-Lexikon*: »Die Zahl der möglichen Suppen ist unendlich, die Zahl der wirklich vorhandenen unberechenbar, da die üblichen Suppenstoffe zu den mannigfachsten und sonderbarsten Combinationen, Variationen und Permutationen die Hand bieten.« Damit ist schon ausgedrückt, daß dieses Buch nicht vollständig sein kann, weil Vollständigkeit bei den Suppen unmöglich ist.

Angesichts der Flut an Convenience-Produkten – Packerl-, Würfel-, tiefgekühlte und Dosensuppen – wäre es eine kulinarische Katastrophe, wenn gute, echte Suppen, die manchmal viel Zeit zur Zubereitung erfordern, vollständig aus den Haushalten verschwinden und durch Suppen mit Einheitsgeschmack ersetzt würden; wenn Generationen aufwüchsen, die nicht einmal mehr wissen, wie eine echte, ordentlich gekochte Suppe schmeckt. Suppe ist etwas Individuelles: Ist sie richtig gekocht, schmeckt sie in keinen zwei Haushalten gleich, selbst wenn ihr das gleiche Rezept zugrundeliegt. Der Reifegrad von Suppengemüsen und Wurzeln, die Qualität von Kräutern und Gewürzen machen dies nahezu unmöglich. Dasselbe gilt für die unterschiedliche Qualität von Fleisch, Geflügel, Wild und Fisch, die der Suppe mehr oder weniger kräftigen Geschmack vermitteln. Überdies verwenden viele Leute bei Fleischsuppen häufig kein eigenes Rezept, sondern stellen ihren Topf »nach Gefühl«

zu. Prinzipiell kann man aus beinahe allen Rohstoffen eine Suppe kochen. Der berühmte französische Koch Antoine Carême (1784–1833) behauptete von sich, 196 verschiedene französische Suppen und 103 ausländische in seinem Repertoire zu haben.

Das vorliegende Buch ist nicht für Anfänger im Kochen gedacht. Man muß schon einige Erfahrung haben, um die Rezepte nachkochen zu können. Sie sind so weit wie möglich in originaler Form und Schreibweise wiedergegeben; leider konnten manche alte Rezepte nur in einer vereinfachten und den modernen Gegebenheiten angepaßten Form aufgefunden werden. Zahlreiche alte Kochbücher aus England, Frankreich, den Niederlanden etc. wurden im 18. oder Anfang des 19. Jahrhunderts ins Deutsche übersetzt, weshalb die deutschen Versionen der Rezepte dem alten Wortlaut entsprechen und der Aufbau der Rezepte unterschiedlich ist. Die Uneinheitlichkeit der Struktur der Rezepte gewährt so Einblick in den Wandel der Kochkunst über Jahrhunderte. Überdies belegen die frühen Rezepte, daß sie ausschließlich für gelernte Köchinnen und Köche verfaßt worden waren, die ihre Kunst verstanden. Sie geben nur Anhaltspunkte bezüglich der Zutaten. Über die zu verwendenden Mengen und den Kochvorgang wußten die Zielpersonen ohnehin Bescheid. In früher Zeit, als die Suppe noch in einem an einer Kette hängenden Kessel über offenem Feuer kochte, mußte darauf geachtet werden, daß sie nicht überging (man konnte jedoch gewöhnlich den Topf mit der Kette in der Höhe verstellen). Die Entwicklung des geschlossenen Herdes im 18. Jahrhundert brachte einen gewissen Fortschritt. Nun war es möglich, den Suppenkessel auf der eisernen Herdplatte dem gewünschten Hitzegrad entsprechend zu verschieben. Diese harmonische Abstufung der Wärme ist bis heute durch die herkömmlichen Gas- und Elektroherde nicht verbessert worden. Suppen (aber auch Eintöpfe), die auf einem Herd mit Holzfeuer langsam geköchelt werden, schmecken einfach besser.

Eine persönliche Anmerkung der Autorin: Als Angehörige einer suppenverliebten Familie, die ständig drei bis vier verschiedene Suppen im Kühlschrank parat hat, damit keine Langeweile beim Essen aufkommt, bin ich sicher, daß meine Beinfleisch-, Ochsenschlepp-, Geflügel-, Wild-, Sauerampfer-, Spargel-, Selch-, Fisch-, Gulasch- und diversen Gemüse- und Kräutersuppen, wenn auch immer nach gewohnter Weise gekocht, jedesmal etwas anders schmecken. Gerade das ist das Faszinierende an echten Suppen – keine Aromengleichschaltung, keine Geschmacksverstärker und sonstige Inhaltsstoffe, die einem beim Lesen der Zutaten einer Packerlsuppe ins Auge springen. Wenn man sich ständig um die Zubereitung guter Suppen bemüht, wird auch der Geschmack geschult – man lernt, wie eine bestimmte Suppe eigentlich schmecken soll. Umso größer wird die Enttäuschung sein, wenn man in der Gastronomie – oft zu nicht geringem Preis – Tafelspitzsuppe angeboten bekommt, die sich als Würfelsuppe entpuppt und mit dem edlen Teil vom Rind nie in Berührung gekommen ist.

EINLEITUNG

Alle Kultur geht vom Magen aus.
(Friedrich II. von Preußen)

»**Suppe**, das Object jener gefühlvollen Thätigkeit, die der Niederdeutsche *supen*, der Oberdeutsche *supfen* und der Hochdeutsche *schlürfen* nennt, ist eine aus Flüssigem mit mehr oder weniger fester Einlage bestehende Warmspeise, die mit dem Löffel gegessen wird. Der Löffel bietet nicht blos die Bequemlichkeit, das warme Gericht mit dem geringsten Kraftaufwand in so vielen und so kleinen Portionen zum Mund zu führen, wie es dem Esser beliebt, sondern er schafft vor Allem auch die Möglichkeit, ohne weitere Umstände mit den flüssigen zugleich jene Bestandtheile in den Mund zu bringen, ohne welche eine Suppe nicht vollständig, d.h. nur Brühe oder Trank ist. Der Löffel ist daher bei der Suppe unentbehrlich ... In Wahrheit bildet die Suppe von Appetits- und Verdauungs wegen die Vorrede oder vielmehr die nie zu überschlagende Einleitung des Mahles, denn sie regt den Magen an, ohne ihn zu belasten; sie bringt ihn in die rechte Stimmung und bereitet ihn in schonender Weise auf die kommenden Aufregungen vor ... Die Suppe ist daher keine beiläufige, sondern eine höchst wichtige Sache, und das umsomehr, da sie den ersten Eindruck von dem bevorstehenden Mahle gibt, und der erste Eindruck, wie bekannt, nicht selten der entscheidende ist.«

Woher kommt das Wort Suppe, das in vielen Sprachen gleich oder ähnlich klingt? Neben der Erklärung, die uns Robert Habs und Leopold Rosner im Appetit-Lexikon geben, soll der Begriff aus dem Sanskrit kommen, und zwar aus einer Zusammensetzung von *su* (gut) und *pô* (ernähren), woraus sich das Wort *supa*, sich gut und nahrhaft ernähren, entwickelt haben soll. Im Spätlateinischen gab es das Wort *suppa*, was soviel wie eintauchen, aufweichen bedeutet. Ursprünglich stand dieser Begriff für Brühen, die man über Brot goß. Auch das westgermanische Wort *suppj* bezeichnete ursprünglich eingebrocktes Brot bzw. eine breiige Speise. Im Althochdeutschen sprach man bei *sopha*, *soffa* und *sûfan* von schlürfen, trinken und saufen, die alten Germanen meinten mit *supon* etwas würzen. Im Mittelniederdeutschen bedeutete *supen* soviel wie mit dem Löffel essen, während das Mittelhochdeutsche *supfen* eigentlich schlürfend trinken meinte. Überdies ist die Begrifflichkeit zu überdenken, die vom *Brot* selbst kommt. Die Gärung verursacht ein Brau(s)en im Sinne von Brodeln, die Flüssigkeit wallt auf, wie dies beim Kochen von Suppen feststellbar ist. Daher können von dieser Wurzel die Wörter *brodo*, Brühe oder *broth* stammen. Das Mittelhochdeutsche kannte das Wort *brüeje*, eine heiße Flüssigkeit. Die Schweizer haben den Ausdruck *bouillon* von den Franzosen übernommen. Dieser Begriff leitete sich vom französischen Zeitwort *bouillir* für kochen ab. Im Altenglischen bedeutete *sop* ein Stück Brot, das in Flüssigkeit getaucht war. Die Römer bezeichneten alle flüssigen Gerichte mit *potus*, wovon sich später *potage* und *porridge* ableiteten. Das Wort *pot* (*potage*) könnte sich auch vom keltischen/irischen Begriff *pota*, vom Gälischen *poit* oder vom Walisischen *pet* herleiten, auch Wurzeln aus den nördlichen Ländern sind möglich.

Was Habs/Rosner weiters in ihrem Lexikoneintrag ansprechen, ist die Weiterentwicklung der Suppe, die mit der Zeit von einer Sättigungsspeise einfacher Menschen auch zum Bestandteil der Tafel des vornehmen Mannes geworden war. Heute ist die Herstellung von Fleisch-, Fisch-, Geflügel- und Wildsuppen im Prinzip das ganze Jahr über kein Problem. Durch Import, entsprechende Lager- und Kühlmöglichkeiten sowie Anbau im Glashaus entfallen beinahe alle saisonalen Schranken; Tiefkühlen ermöglicht den Bezug von Wild und bestimmten Fischen jederzeit. Besonders Gemüse- und Kräutersuppen sind jedoch sehr heikel. Sie schmecken tatsächlich nur in der Saison optimal. Kräutersuppen sind im Frühling am besten, eine Paradeissuppe ist im Hochsommer köstlich. Im Winter ist sie eine kulinarische Katastrophe, weil die Früchte für den langen Transport von weit her unreif geerntet werden, daher geschmacklos und wäßrig sind. In diesem Fall kann man sich nur mit Paradeiskonserven oder Paradeismark behelfen. Doch der Reichtum an Suppenrezepten und -variationen ist so groß, daß generell keine Notwendigkeit besteht, Suppe aus Produkten herzustellen, die zu einer bestimmten Zeit im Jahr nicht ihre beste Qualität aufweisen. Selbst wenn die heutigen Haltbarmachungs- und Transportmöglichkeiten das Lebensmittelangebot über das ganze Jahr ziemlich gleich erhalten können, sollte man sich doch auf die Jahreszeiten rückbesinnen und jene Zutaten für seine Suppe kaufen und verwenden, die gerade am besten sind.

In Deutschland, das in etlichen seiner Regionen eigentlich nicht zu den typischen Suppenländern gehört, huldigt man dieser Speise in besonderer Weise: Das *Deutsche Suppeninstitut* wurde 1996 in Bonn gegründet. Mit diversen Aktionen (Kinder-Phantasiesuppe, Lieblingssuppen deutscher Politiker etc.) soll der Status der Suppe aufgewertet und der übermäßige Konsum von gesundheitsschädlichem *fast food* (vor allem bei Kindern) eingedämmt werden. Informationen rund um die Suppe sollen zu ihrer größeren Verbreitung beitragen. Jedes Jahr wird der *Deutsche Suppentag*, der unter einem bestimmten Motto steht, abgehalten. Überdies beheimatet Neudorf, ein Ortsteil der Gemeinde Sehmatal im oberen Erzgebirge, ein Suppenmuseum. Neben lokalen Exponaten werden Utensilien rund um die Suppe (Kochgeschirre, Suppenteller, Schöpfer etc.) sowie Suppenrezepte gesammelt und publiziert.

Suppe, Bennatel genannt (Zedler, um 1744)

Schneidet gute Semmel, und thut sie in ein Töpfgen, giesset gute Rindfleisch-Brühe darauf, setzet es zum Feuer, und lasset es kochen, darnach quirlt es klar ab, quirlt ferner ein Paar Eyerdotter und ein Stückgen Butter hinein, würtzet es mit Muscatenblüten, und richtet sie an.

Suppe von Italienischen Nudeln (Zedler)

Diese werden in einen Tiegel oder Casserole, wenn die darinnen befindliche Rindfleisch-Brühe kochet, gethan, mit Muscaten-Blüthen abgewürtzet, und hernach angerichtet.

Gerstengrießsuppe (Buda, 1790)

Gerstengrieß wird in eine gute Rindsuppe eingekocht und solange über dem Feuer gelassen, bis er weich ist. Danach legiert man mit einigen Dottern und reibt Zitronenschale in die Suppe. Mit Salz abschmecken.

Friegelesuppe (Südtirol, um 1800)

125 g Mehl, 1 Ei, ½ Zwiebel, in Scheiben geschnittenes Suppengrün, 1 l Wasser, 40 g Butter

Gesalzenes Wasser mit Zwiebel und Suppengrün kochen, bis die Karotten weich sind. Alles bis auf Karotten und Sellerie aus der Suppe entfernen. Das Mehl wird in eine Schüssel gegeben. Man verrührt Ei, Salz und etwas lauwarmes Wasser und tropft es in Mehl. Man verrührt mit einer Gabel, damit sich kleine Kügelchen bilden. Diese werden vom Mehl abgeklopft und in der Suppe fünf Minuten gekocht. Die Suppe mit heißer Butter abschmalzen.

Potage de pissenlit (Jura, um 1850)

3 Dutzend Wiesenlöwenzahnstengeln klein schneiden und in wenig Butter dünsten. In einem eisernen Topf 2 gehackte Knoblauchzehen ganz leicht andünsten; vom Feuer nehmen und das Löwenzahngemüse dazugeben. Mit 3 l entfetteter Knochensuppe übergießen, 1 Stunde kochen lassen und mit etlichen Dottern legieren. Kräftig mit Salz und Pfeffer abschmecken. Mit altbackenem, geröstetem Brot servieren.

Friehgaar-Supp (Erzgebirge, um 1880)

1 Bund junge, in Scheiben geschnittene Karotten, 500 g grüne Erbsen, 250 g in Stücke geschnittener Spargel, 3 gewürfelte, zarte Kohlrabi, 1 in kleine Röschen zerteilter Karfiol, 1 feingehackte Zwiebel, Salz, 350 g gewürfelte Fleischwurst, verschiedene frische feingehackte Kräuter, 2 EL Butter

Die Zwiebel in Butter anschwitzen, Gemüse zugeben und kurz mitdünsten. Mit 1¼ l Salzwasser oder Knochensuppe aufgießen und alles langsam weichkochen. Suppe abschmecken, die Wurst hineingeben und einmal aufwallen lassen. Mit den Kräutern bestreuen. Man kann die Suppe durch Beigabe von Grießnockerln nahrhafter machen.

Chilled Mulligatawny (London, 1902)

Eine klare Mulligatawny wird leicht gefroren serviert.

1,2 l kräftige klare Rindsuppe, 50 g Butter, 1½ TL Curry, 3 feingehackte Schalotten, 1 EL Zitronensaft, 2 EL Rosinen, 2 EL geriebene saure Äpfel, Salz, Pfeffer, Zitronenscheiben, frischer, gehackter Koriander, 3 feingehackte Knoblauchzehen

Butter erhitzen, Curry und Zwiebeln dazugeben und 3 Minuten dünsten. Die übrigen Zutaten hineingeben, mit Suppe aufgießen und 1½ Stunden köcheln lassen, mit Salz und Pfeffer abschmecken. Durchseihen, abkühlen lassen und entfetten. Mit frischem Koriander und Zitronenscheiben servieren.

Deutsche Wurzelsuppe (1926)

Es werden 1 grüner Kohl und 1 Handvoll Sauerampfer gewaschen und nudlig geschnitten, ebenso 2 Zwiebeln, 2 Porree, ½ Sellerieknolle, 1 Goldrübe, 1 Petersilwurzel und 2 Steinpilze. Das geschnittene Gemüse wird in einer Kasserolle mit einem Stück Butter gedünstet, mit 1 EL Mehl gestaubt und mit Wasser aufgegossen. 2 geschälte, gewürfelte Erdäpfel werden dazugegeben; dann läßt man alles 1 Stunde gut verkochen. Mit Salz abschmecken und mit einigen Dottern legieren. Man gibt dünne, geröstete Weißbrotscheiben dazu.

Zuppa di fiume ai funghi e limone (Abano terme, um 1930)

700 g in Scheiben geschnittener Angler, 300 g feingeschnittene Champignons, 1 kleine, feingeschnittene weiße Zwiebel, 1 feingeschnittene Schalotte, 2 gewürfelte Karotten, 1 Stange Sellerie, 1 Ei, 2 dl Crème fraîche, 1 feingeschnittene Schale einer unbehandelte Zitrone, 1 EL feingeschnittener Schnittlauch, 2 EL feingehackte Petersilie, 1 Baguette, 1 Knoblauchzehe, Salz, Pfefferkörner

Karotten, Stangensellerie, Schalotte und Zwiebel in 1½ l mit Salz und Pfefferkörnern gewürztem Wasser kochen. Wenn das Gemüse weich ist, die Pfefferkörner herausfischen und die Suppe pürieren. Zitronenschalen, Fisch und Champignons in die Suppe geben und 15 Minuten kochen. Mit Crème fraîche, Schnittlauch und Petersilie vollenden. Das Ei mit Zitronensaft vermischen und 1 Minute energisch unter die Suppe rühren. Die sehr heiße Suppe in Tassen verteilen und mit der restlichen Petersilie bestreuen. Dazu serviert man getoastete Baguettescheiben, die mit der Knoblauchzehe eingerieben wurden.

Bündner Gerstensuppe (Schweiz, um 1930)

2 feingewürfelte Karotten, 125 g gewürfelte Sellerie, 2 gewürfelte Erdäpfel, 2 in feine Scheiben geschnittene Stangen Lauch, 2 feingehackte Sellerieblätter, 5 in feine Streifen geschnittne Kohlblätter, 1 Zwiebel, 1 Lorbeerblatt, 1 Nelke, 1 EL Butter, 80 g Rollgerste, 2 l Wasser (oder Fleischsuppe), Salz, Pfeffer, 125 g durchzogener Speck, 300 g geräuchertes Schweinefleisch, 200 g geräuchertes Rindfleisch

Zwiebel mit Nelke und Lorbeerblatt spicken. Butter erhitzen, das Gemüse anschwitzen, die Gerste dazugeben, aufgießen und würzen. Zwiebel, Speck und Fleisch dazugeben und ca. 2 Stunden kochen lassen. Wenn das Fleisch weich ist, herausnehmen und in kleine Würfel schneiden. Zwiebel entfernen. Fleisch in die Suppe geben, abschmecken und mit Schnittlauch bestreut servieren.

Oxtail (England, 1935)

Man zerteilt einen Ochsenschlepp in den Gelenken, kocht diesen ½ Stunde, nimmt ihn aus der Suppe und trocknet die Stücke mit einem reinen Tuch. Nun kocht man alle Suppengemüse, viel Zwiebeln, Sellerie, Rüben, Petersilie, Neugewürz, Lorbeerblatt, Muskat, Pfeffer, Knoblauch, ein Stück Rindfleisch, Rindsknochen, überbratene Speckscheiben und etwas Selchfleisch zu einer kräftigen Brühe, mischt ¼ l Weißwein und 2 Löffel Worcester-Sauce darunter und dämpft in diesem Saft 3 Stunden lang die Schleppstücke. Wenn diese weich sind, wird das Fleisch abgelöst, in kleine Stücke zerschnitten und im Suppentopf reserviert. Der kräftige Saft wird mit der Ochsenschleppsuppe vermischt, durch ein Tuch geseiht, mit Madeira gewürzt, mit Salz und Pfeffer abgeschmeckt. Aus den Gemüsen schneidet man kleine Würfel, außerdem gibt man nudelig geschnittenen gekochten Schinken dazu und gießt die Suppe siedend in den Suppentopf. Wenn man will, kann man die Suppe klären.

Kascha (Rußland, 1935)

In einen hohen schmalen feuerfesten Topf aus Steingut gibt man bis zur halben Höhe Buchweizengrütze, die man vorher gut gewaschen hat, macht in der Mitte der Grütze mit einem dicken Kochlöffel ein tiefes Loch, gießt viel aufgelöste Butter hinein und so viel gesalzenes Wasser, daß die Grütze bedeckt ist. Über Nacht wird der Topf in das warme Rohr gestellt. Am nächsten Tag gibt man wieder ein großes Stück Butter auf die Grütze und stellt den Topf noch einmal für 4 Stunden in das nunmehr sehr warme Rohr. Dadurch bildet sich eine braune Kruste. So wird die Grütze in dem Topf serviert zu Suppen; auch anstatt der Suppe mit frischer Butter, saurem Rahm oder süßem Obers.

Erdäpfelsuppe (Wien, 1946)

Ein halbes Kilogramm Erdäpfel werden geschält, gewaschen und in kleine Würfel geschnitten. In einem Liter Wasser auf das Feuer stellen, leicht salzen und etwas fein zerriebenen Majoran dazutun. Kochen lassen, bis die Erdäpfel weich sind. In dieser Zeit bereitet man aus 2 dkg Fett und 2 dkg Mehl eine braune Einbrenn und gießt diese dann mit dem Erdäpfelsud auf. Gut verkochen lassen und die Erdäpfelwürfel hineingeben. Im Geschmack verbessert wird die Suppe durch Mitkochen von getrockneten Steinpilzen.

Waisensuppe (Rumänien, um 1950)

1 Ei, Mehl nach Bedarf, 1 EL feingeschnittene Zwiebel, gehackte Petersilie, etwas süßer Paprika, Salz, Fett

Aus Mehl und Ei einen festen Teig bereiten, diesen reiben, mit Petersilie und Zwiebeln in Fett goldgelb rösten. Mit Paprika und Salz würzen, mit Wasser aufgießen und kochen lassen, bis die Teigkrümel weich sind. Mit Schnittlauch bestreut servieren.

Brodetto (Italien, 1956)

Verschiedene Seewasserfische (Aal, Äsche, Barbe, Brasse), küchen-
fertig vorbereitet und in schmale Streifen geschnitten, 1 in Ringe
geschnittene Zwiebel, 1 Lorbeerblatt, 1 grob geschnittene
Knoblauchzehe, gehackte Petersilie, Pfeffer aus der Mühle,
Saft einer ½ Zitrone, 1 EL Paradeismark, Öl

Zwiebel in Öl anrösten und Knoblauch dazugeben. Danach
den Knoblauch wieder entfernen, Petersilie, Lorbeerblatt, Pfeffer
und Fische dazugeben. Mit Wasser begießen und ca. 1 Stunde köcheln lassen. Mit Paradeismark und Zitronensaft würzen und noch
10 Minuten am Herd lassen. Mit guter Polenta, die dick mit Parmesan bestreut wurde, servieren.

Rheinische Bohnensuppe mit Speck (1959)

Dicke Bohnen, auch Saubohnen genannt, werden auf kleiner Flamme in leichtem Salzwasser mit einem Stück durchzogenem
Speck gegart. Die Suppe wird mit in Bouillon angerührtem Mehl gebunden und mit feingeriebener Zwiebel und Salz abgeschmeckt.

Brodet (Dalmatien, um 1960)

1 kg in Würfel geschnittene Meeresfische, 2 in Scheiben
geschnittene große Zwiebeln, 1 Glas Rotwein, 3–4 EL Essig,
250 g in Scheiben geschnittene Paradeiser, Salz, Pfeffer,
Olivenöl

Die Hälfte der Zwiebeln in einer großen, tiefen Pfanne mit Öl
goldgelb rösten, Fische dazugeben, darauf die Paradeiser und den
Rest der Zwiebeln verteilen. Mit Salz und Pfeffer würzen, Wein und
Essig dazugeben und mit Wasser auffüllen, bis alles bedeckt ist. Ohne Deckel gar kochen, nicht umrühren, manchmal die Pfanne rüt-
teln. Vor dem Servieren mit Petersilie bestreuen.

Lobster soup (England, 1964)

1 nicht zu großer gekochter Hummer, ½ l Fischsuppe, 1 TL Zitronensaft, 30 g Mehl, ¼ l Milch, 60 g Butter, Pfeffer, Salz, 2 EL Obers, zum Garnieren: kleine Hummerstücke und Paprika

Fleisch aus dem Hummer lösen und würfeln. Die Hummerschalen in einen Suppentopf geben, mit Suppe und Zitronensaft 30 Minuten kochen lassen. Mehl mit Milch und Butter verrühren und in die Suppe geben. Abschmecken und Obers einrühren. Mit Paprika und Hummerstückchen servieren.

Zuppa pavese (Italien, um 1965)

4 Weißbrotscheiben, 50 g Butter, 4 Eier, 80 g geriebener Parmesan, 1 l Rindsuppe, Schnittlauch

Die Weißbrotscheiben in Butter rösten und in Suppenteller legen. Eier pochieren, auf das Brot legen, Parmesan darüberstreuen und die kochende Suppe darübergießen. Mit Schnittlauch bestreuen.

Caldo de vigilia (Spanien, 1967)

500 g Seefischfilet, 2 in Scheiben geschnittene Karotten, 2 in Scheiben geschnittene Petersilwurzeln, 2 Bund feingehackte Petersilie, 1 Bund feingeschnittener Schnittlauch, Salz, Pfeffer

Grünzeug in 1½ l Salzwasser 30 Minuten kochen. Zerkleinerten Fisch dazugeben und so lange kochen, bis der Fisch weich ist. Abschmecken.

Chicken noodle soup (Irland, um 1970)

1¼ l kräftige Hühnersuppe, 1 EL feingehackte Petersilie, 2 EL Sherry, ganze feine Nudeln

Die Suppe zum Kochen bringen, die Nudeln einkochen und bißfest garen. Mit Petersilie bestreuen, Sherry dazugießen und eventuell mit feingeschnittenem, gekochtem Hühnerfleisch servieren.

Linsensuppe (Arabisch, 1980)

*1,2 l kräftige Hühnersuppe, 200 g rote Linsen, 2 feingehackte
Zwiebeln, 2 gepreßte Knoblauchzehen, 1 Dose Paradeisstücke,
Salz, Pfeffer, Sambal Oelek, Kreuzkümmel, Olivenöl,
geviertelte Zitronen*

Zwiebeln und Knoblauch in etwas Olivenöl andünsten, die Paradeiser dazugeben und die heiße Suppe dazugeben. Linsen waschen und 15 Minuten in der Suppe kochen. Mit den Gewürzen kräftig abschmecken, die Suppe soll scharf sein. Suppe pürieren und mit Zitronen und frischem Fladenbrot servieren.

Gebrannte Grießsuppe (Rußland, 1990)

12 EL Grieß mit etwas Butter hellbraun rösten und mit 2½ l kräftiger Fleischsuppe aufgießen. Gut verrühren, mit Salz und Pfeffer kräftig würzen und 10 Minuten köcheln lassen. Mit geriebenem Käse servieren.

Paradeissuppe (Südafrika, 2007)

*1 kg Paradeiser aus der Dose, 4 fein gewürfelte Zwiebeln,
4 EL Öl oder Palmfett, Salz, Pfeffer, Honig, 400 ml klare
Gemüsesuppe, Koriander gemahlen, Chili, 3 zerdrückte
Knoblauchzehen*

Zwiebeln in einem großen Topf mit Fett anschwitzen, Paradeiser dazugeben und mit der Suppe auffüllen. Mit Koriander, Salz, Pfeffer, gehackten Chilis, Honig und Knoblauch abschmecken und 20 Minuten köcheln lassen. Als Einlage gibt man frisch geriebenen Käse und Weißbrotcroûtons.

WAS IST SUPPE?

»Suppe, heisset die sehr bekannte und so wohl Gesunden, als Krancken dienliche Löffelspeise, welche entweder schlechthin aus Brod und Wasser … ja welches kräfftiger, aus Fleischbrühe, Wein, Milch- und Bier zubereitet wird … Die gesundesten und kräfftigsten Fleischsuppen geben das Ochsenfleisch, welches fornen an der Brust sitzt, die Schaafshälse und Kälberbrüste, die Hüner und sonderlich die alten fetten, wie auch die Capaunen … Es ist bekannter massen eine vornehmlich bey etwas vornehmeren Leuten, fast allgemeine Gewohnheit, daß man die Mahlzeit mehrentheils mit einer Suppe anfange, und nach derselben erst die übrigen Gerichte verzehre. Bey vielen bringet dieses nicht nur die Gewohnheit mit sich; sondern sie halten auch selbst die Suppen vor die gesundeste Speise, ja glauben gar, daß man dadurch sein Leben verlängern könne.« Um 1744 schrieb der vorerwähnte Johann Heinrich Zedler diese Definition der Suppe in sein *Universal-Lexicon*. Die Suppe war damals schon auf den vornehmen Tafeln etabliert und hatte als weniger dicke und nahrhafte Speise ihren Platz als Einleiterin der Mahlzeit erobert. Doch schon im Jahr 1716 hatte Paul Jacob Marperger die Bedeutung der Suppe erkannt und in seinem *Küchen- und Keller-Dictionarium* ihre große Bedeutung für die menschliche Ernährung und Gesundheit angeführt: »Suppen / seynd aus Brodt und Wasser / oder welches noch kräfftiger / aus Fleisch-Brühe / Milch / Wein und Bier / zu welchen auch mehrmahls unterschiedliche andere nahrsahme und gesunde Ingredientia kommen / zubereitete Löffel-Speisen / deren sich so wohl die Gesunde als Krancke / jene zur Nahrung und vor den Hunger / diese zur Stärckung / Gesundheit / Krafft und Labung vielfältig gebrauchen.«

Um die Mitte des 20. Jahrhunderts gab Heinz Denckler eine etwas differenziertere Definition der Suppe, die die oben angeführten, mehr erahnten als bewußten Eigenschaften bestätigten. Aufgrund der Erkenntnisse in den Bereichen Chemie und Heilkunde lautete sein Urteil folgendermaßen: »Unter Suppen versteht man durch Kochen oder Auskochen der verschiedensten Lebensmittel entstandene leichte, nahrhafte und bekömmliche Speisen. Ob sie in der Konsistenz dick oder dünn sind, ob sie heiß oder kalt aufgetragen werden – sie stellen bei Müdigkeit, Abgespanntheit, großem Kräfteverbrauch oder Erkrankungen verbrauchte Kräfte schnell wieder her. Diese Wirkung ergibt sich weniger aus den jeweiligen Nährstoffen, als vielmehr durch die in ihnen gut aufgelösten und aufgeschlossenen Extraktstoffe, die besonders schnell vom Körper aufgenommen werden ... Unerreicht in ihrer Wirkung sind Suppen aber auch durch ihre leichte Verdaulichkeit und Verträglichkeit bei der Pflege von Kranken oder Genesenden.« Obwohl hier auch die kalten Suppen angeführt werden, sind doch die heißen bei Krankheit oder sonstiger Schwäche vorzuziehen, weil sie noch leichter verdaulich und bekömmlicher sind als die kalten.

Zur Herstellung von Suppe benötigt man vor allem Wasser, das durch die mitgekochten Zutaten und Fett angereichert wird. Je nach gewünschtem Geschmack verwendet man Gemüse, Knochen, Fleisch, Geflügel oder Fisch. Das Aroma wird durch Beigabe von Kräutern, Suppengrün, Zwiebeln und Gewürzen (Pfefferkörner, Gewürznelken, Neugewürz, Lorbeer, Muskatblüte, Paprika, Chili, Harissa, *nuoc mam*, Soja etc.) geprägt. Grundsätzlich unterscheidet man zwischen klaren Suppen mit/ohne Einlage, gebundenen und dicken Suppen.

Warum beginnen Menschen in vielen Kulturen die Mahlzeit mit einer Suppe? Erst als die Suppe von einer dicken, sättigenden Speise, in der oft im wörtlichen Sinn »der Löffel stecken blieb«, zu einer leichten Flüssigkeit wurde, die man heiß genoß und mit einer kleinen Menge von Einlage verfeinerte, konnte sie ihre lange andauernde Funktion als Hauptmahlzeit abstreifen und zur Einleitung der Mahlzeit werden, der allerdings vielerorts eine kalte Vorspeise noch vorausging. Man hatte nämlich erkannt, daß die warme Flüssigkeit dem hungrigen Magen zwar Nährstoffe und köstliche Aromen zuführte, ihn aber nicht sofort sättigte. Die Suppe diente somit als Anregung des Appetits für die Köstlichkeiten, die noch folgen sollten.

Doch die Suppe hatte nicht nur Freunde und leidenschaftliche Verfechter. Am Beginn des 19. Jahrhunderts kam es unter den Gastrosophen zu Diskussionen, ob die Suppe überhaupt als Einleitung der Mahlzeit serviert oder ganz weggelassen werden sollte. Daß die Suppe am Anfang der Mahlzeit stand, wurde mit der Anregung des Magens durch die warme Flüssigkeit begründet; sie ließ in ihrer Qualität auf die folgenden Gerichte schließen. Die Gegner der Suppe aber meinten, daß sie zu sehr sättigen würde. Der Feinschmecker Louis Marquis de Cussy (1766–1837) war prinzipiell gegen die Suppe. Seiner Ansicht nach benötigte weder ein gutes Buch eine Vorrede noch eine gute Mahlzeit eine Suppe.

Jean Anthèlme Brillat-Savarin war hingegen ein überzeugter Freund der Suppe und schrieb in seiner *Physiologie du goût*: »Die Suppe ist ein gesundes, leichtes, nahrhaftes Nahrungsmittel, das allen bekömmlich ist; sie erfreut den Magen, und stellt ihn darauf ein, Speisen aufzunehmen und zu verdauen.« Auch Joseph König (Pseudonym für Karl Friedrich von Rumohr) ließ sich von den Kritikern nicht beirren und schrieb um 1830 über die Funktion der Suppe: »In einem großen Theile von Europa werden Brühen als Vorspeise angewendet. Man gibt ihnen durch Brodschnitten, Mehlfrüchte, teigartige Substanzen, Gemüse, gehacktes oder aufgeschnittenes Fleisch und durch allerlei künstliche Zusammensetzungen auf das Mannigfaltigste, diejenige Dichtigkeit, deren sie bedürfen, um den Magen nicht gleich beim Anbeginne der Mahlzeit mit Flüssigkeit zu überfüllen.«

Die Suppe entwickelte sich aus den Gemüse- und Getreidebreien, die dem frühen Menschen als sättigende Mahlzeit dienten. Später kamen als weitere Geschmacksfaktoren Fleisch und Fische dazu – was die Unterscheidung von früher Suppe und frühem Brei/ Eintopf so schwierig macht. Die Frühgeschichte der Suppe ist daher nicht leicht nachvollziehbar – denn, wie erwähnt, war der Übergang vom Brei zur Suppe im wahrsten Sinne des Wortes ein fließender. Überdies gibt es aus der Frühzeit der Suppe keine überlieferten Rezepte und kaum Beschreibungen. Möglicherweise begann der Mensch, als er erkannte, daß man Fleisch und Fisch nicht nur am Spieß braten, sondern auch in Wasser kochen kann, die dabei entstehende Brühe zu löffeln, anstatt sie wegzuschütten. Zur Delikatesse konnte sich die Suppe erst entwickeln, als Sättigung durch sie nicht mehr im Vordergrund stand: Suppe wurde zu einer delikaten Speise, zu einem Luxus, bei dem der Genuß der entscheidende Faktor war. In Kriegszeiten, egal in welcher Epoche, fand man jedoch zur dicken Suppe als Hungerstillerin zurück. In einem Kochbuch aus der Zeit des Ersten Weltkriegs heißt es: »Die Notwendigkeit der häuslichen Küche in richtigen Einklang mit den durch den Krieg gezeitigten

ausserordentlichen Verhältnissen zu bringen, ist eine so zwingen-
de, dass die Allgemeinheit, wie jede Hausfrau es mit Dank anerken-
nen muss, wenn hiefür praktische richtige Wege gewiesen werden.«
Dementsprechend wurden in diesem Kochbüchlein Suppenrezepte angeführt: Sauerkrautsuppe, Kräutersuppe, gelbe Rübensuppe,
Erdäpfelsuppe, Gemüsesuppe, Einbrennsuppe, Haferschleimsuppe,
Bohnensuppe und Makkaronisuppe. Alle Suppen wurden auf Basis
von Suppenersatz, Fleischextrakt oder Suppenwürfeln zubereitet.

Potage de santé (Frankreich, um 1770)

Machet eine gute Brühe von der inneren Kluft von Rindfleisch, und den Knie- und Bein-Stück von Hammel und Kalbe. Thut darauf in den Topf Capaunen, Kriech-Enten, und ander Feder-Vieh. Nehmet Wurtzeln, z.B. gelbe Rüben, Pastinaken, Petersilien-Wurtzeln, Cellerie, Saurampfer, Portulac und Körfel, kochet alles in einen Kessel mit einer guten Brühe, lasset die Potage mit Semmel-Rinden in der Brühe aufkochen, darin das Feder-Vieh gekocht hat, richtet die Capaunen in der Potage an, bestreuet sie mit beliebigen Kräutern, die zuvor in den kupfernen Kessel gethan worden, begiesset die Potage mit ein wenig Brühe, in welcher die Garten-Gewächse gekocht haben, schlaget sie durch ein Haar-Sieb, und giesset ein Kälber-Jus von guter Farbe darüber, und richtet es warm an.

Cauliflower and almond soup (England, um 1790)

75 g Butter, 1 mittlere feingehackte Zwiebel, 1 kleiner, in Röschen geteilter Karfiol, 110 g Mandelsplitter, ¼ TL gemahlene Muskatnuß, ¼ TL Kurkuma, 850 ml klare Gemüsesuppe, Salz, Pfeffer

Die Zwiebeln in Butter glasig andünsten. Karfiol, Mandeln, Muskatnuß und Kurkuma dazugeben und 5 Minuten dünsten lassen. Mit der Suppe aufgießen und kochen lassen, bis der Karfiol weich ist. Die Suppe pürieren und abschmecken. Mit Mandelsplittern bestreut servieren.

Armeleutesuppe (Süddeutschland, um 1800)

Eine Palatschinke in feine Streifen schneiden. Einen Kohlkopf ebenfalls in feine Streifen schneiden und in Salzwasser mit etwas Kümmel weichkochen. Kohlstreifen herausfischen, in einem Topf mit der Palatschinke vermischen. Die Suppe abschmecken und mit etwas Butter oder Schmalz verbessern. Über die Mischung gießen.

Aïgo-boulido (Südfrankreich, um 1830)

1 l Wasser mit 2 zerdrückten Knoblauchzehen, 1 Lorbeerblatt (oder Salbei) und 1 EL Olivenöl 15 Minuten kochen lassen. In einer Terrine 2 Dotter cremig rühren und die durchgesiehene Suppe darübergießen. Mit dünn geschnittenem, altbackenem Brot anrichten.

Schwäbische Brotsuppe (1860)

150 g altes, schwarzes Brot wird feingeschnittelt, gebäht und in 1½ l Knochensuppe verkocht. Durch ein Sieb streichen, abschmekken und in Scheiben geschnittene Frankfurter Würstel in die heiße Suppe geben. Einige Eier in Salzwasser mit etwas Essig pochieren. Auf jeden Teller ein Ei geben, die heiße Suppe darüberschöpfen und mit Schnittlauch bestreuen.

Arter mit fläsk (Schweden, um 1890)

Gelbe Erbsen werden mit einem Stück geselchtem Schweinsschopf, einem Stück durchzogenen Speck und einer mit 3 Gewürznelken gespickten Zwiebel am Abend zuvor in Wasser eingeweicht. Der ganze Topf wird zugestellt und gekocht, bis alles weich ist. Man entfernt die Zwiebeln, nimmt das Fleisch heraus, schneidet es in Würfel und gibt es in die Suppe zurück. Die dicke Suppe wird mit Muskatnuß, Ingwer und Majoran abgeschmeckt und mit Senf serviert.

Dresdner Suppentopf (um 1900)

*Je 200 g Rinds-, Schweins-, Lamm- und Kalbsschulter,
200 g feingewürfelte Zwiebeln, Karotten, Sellerie, Erdäpfel,
Porree und Kohl, 1 Zweig Liebstöckel, 3 EL Butter, Salz, Pfeffer,
1 Prise Muskatnuß, ½ TL Kümmel, ½ TL Majoran, ½ l klare
Fleischsuppe, feingehackte Petersilie*

Das Fleisch in mittlere Würfel schneiden. Butter erhitzen,
Fleisch und Zwiebeln darin anbraten, wieder herausnehmen und
mit dem Gemüse lagenweise in den Topf schichten. Dazwischen immer wieder die Gewürze streuen. Mit der Suppe aufgießen und in
geschlossenem Topf bei geringer Hitze 1½ Stunden köcheln lassen.
Die Suppe in eine Terrine geben und mit Petersilie bestreuen. Wenn
man Brot dazu reicht, ist der Suppentopf eine selbständige Mahlzeit.

Elsässer Grießsuppe (1910)

*100 g fein gewürfelte Karotten, 1 l Rindsuppe, 20 g in Wasser
geweichte Trockensteinpilze, 100 g feingeschnittener Porree,
70 g Hartweizengrieß, 200 g Crème fraîche, 40 g Butter,
2 Dotter, Salz, Pfeffer, Muskantnuß, 2 EL gehacktes Selleriegrün*

Grieß in Butter anrösten, Gemüse dazugeben, kurz dünsten,
Suppe und Pilze mitsamt Einweichwasser hineinschütten.15 Minuten kochen lassen. Crème fraîche mit Dotter verrühren, die Suppe
damit legieren, erhitzen, aber nicht mehr kochen lassen. Abschmekken und mit Selleriegrün bestreut servieren.

Minestrasuppe (Italien, 1920)

Eine feingehackte weiße Zwiebel wird in 60 g Butter licht geröstet, dazu gibt man einen mittleren, feingeschnittenen Kohl und
läßt 15 Minuten dünsten. Mit 1½ l Knochensuppe aufgießen und
½ Stunde kochen lassen. 150 g Reis hineingeben und weitere 20
Minuten kochen. Abschmecken und mit frisch geriebenem Parmesan servieren.

Fitz-Fädel-Supp (Erzgebirge, um 1930)

1 l Wasser, 1 TL Salz, 3 große geriebene Erdäpfel, 2 kleingehackte Knoblauchzehen, 2 TL Butter, Pfeffer

Die Erdäpfel in das kochende Salzwasser geben. Knoblauch dazugeben und nochmals stark aufkochen lassen. Mit Butter vollenden und abschmecken.

Revíthia soúpa (Griechenland, 1930)

3 TL Natron, 4 kleine in Scheiben geschnittene Karotten, 750 g Kichererbsen 10 Stunden in Wasser geweicht, Saft einer Zitrone, ¼ l Olivenöl, 4 gehackte kleine Zwiebeln, Salz

Erbsen abseihen und das Natron darüberstreuen. 50 Minuten stehen lassen. Mit der Hand die Schalen abreiben. Dann die Erbsen abspülen, in einen Suppentopf geben und mit viel Wasser, Karotten und Zwiebeln 2 bis 3 Stunden kochen lassen. Wenn die Erbsen weich sind, das Öl hineingeben und 5 Minuten köcheln lassen. Salzen und heiß servieren. In jeden Teller Zitronensaft geben.

Zuppetta di bietole e ricotta (Abano terme, um 1930)

250 g ganz frischer Ricotta, 500 g in grobe Streifen zerschnittener Mangold, 1 l Fleischsuppe, 1 geschnittene grüne Selleriestange, 1 feingehackte weiße Zwiebel, 80 g geriebener Parmesan, 3 EL feinstes Olivenöl, Salz, Pfeffer

Die Zwiebeln im Olivenöl 5 Minuten dünsten lassen, salzen, pfeffern, mit Suppe aufgießen und 30 Minuten kochen lassen. Zwei Drittel des Mangold einrühren, den zerdrückten Ricotta dazugeben und ganz leicht 5 Minuten köcheln. 2 Minuten zugedeckt rasten lassen. Heiß auf Teller verteilen, mit dem restlichen Mangold und den Selleriestreifen bestreuen, mit Parmesan servieren.

Kuttelsuppe (Bulgarien, 1950)

1 kg geputzte Kutteln, 4 feingeschnittene Zwiebeln, 100 g fein-geschnittene rote Paprika, 40 g Butter, 40 g Mehl, 1 kleine Dose Paradeismark, 1½ l Knochensuppe, Thymian, Majoran, 1 Lorbeerblatt, 1 Bund feingehackte Petersilie, 2 zerdrückte Knoblauchzehen, Salz, Pfeffer, 1 Becher Joghurt, ⅛ l Rahm

Die weichgekochten Kutteln in feine Streifen schneiden (man kann sie auch fertig beim Fleischhauer einkaufen), Zwiebeln, Knoblauch und Paprika in Butter andünsten. Paradeismark und Kutteln dazugeben, mit Mehl bestauben und mit Suppe aufgießen. Die restlichen Gewürze zugeben und 15 Minuten kochen. In einen Suppentopf geben und mit Petersilie bestreuen. Joghurt und Rahm vermischen und zwei Eßlöffel in jeden Suppenteller geben. Mit warmem Fladenbrot servieren.

Petite marmite (Buckingham Palace, 1960)

1,25 l klare, sehr kräftige Rindsuppe, püriertes Suppengemüse, 1 Glas Sherry, gewürfeltes Weißbrot, Butter

Die Suppe entfetten, das pürierte Gemüse und den Sherry hineingeben und die Suppe erhitzen, ohne sie zu kochen. Mit in Butter gebratenen Croûtons servieren.

Consommé royal (London, 1963)

1¼ l kräftige Rindsuppe, Salz; Royal: 1 Ei, 3 Dotter, Salz, 20 cl Obers, eine Prise Muskatnuß; Garnitur: 1 feinst geschnittener roter Paprika, 2 geschälte, entkernte Paradeiser in feinen Streifen, Butter

Die Dotter mit Ei, Obers und Gewürzen aufschlagen. Kleine Förmchen mit Butter ausstreichen, die Masse einfüllen und 15 Minuten im Wasserbad im Rohr stocken lassen. Nach dem Erkalten aus den Formen stürzen und in Rauten schneiden. Die Rindsuppe erhitzen und mit Royal, Paprika- und Paradeisstreifen garniert servieren.

Schweinsohrensuppe (Frankreich, um 1980)

*2 Schweinsohren, 2 l Wasser, Salz, klein geschnittenes Gemüse
(1 große Zwiebel, ½ Stange Porree, ¼ Sellerie), 50 g Butter,
1/8 l trockener Weißwein, 1 l kräftige Knochensuppe, 2 EL Mehl,
3 EL Madeira, 50 g in feine Streifen geschnittener Schinken,
Cayennepfeffer, Croûtons*

Schweinsohren in Salzwasser 30 Minuten lang kochen, abschrecken und abtropfen lassen. Das Gemüse in der Hälfte der Butter
rösten. Wein und Suppe dazugießen, aufkochen und die Schweinsohren ca. 1½ Stunden kochen lassen. Die Ohren herausheben und
in feine Streifen schneiden, Suppe und Gemüse passieren und entfetten. Aus der restlichen Butter und dem Mehl eine Einbrenn machen, mit Wasser aufgießen, verkochen und in die heiße Suppe geben. Gut durchrühren, aufkochen lassen, Schinken und Madeira dazugeben, mit Cayennepfeffer würzen und abschmecken. Die Suppe
mit den Brotwürfeln servieren.

Erdnußsuppe (Afrika, um 2000)

*2 feingeschnittene Zwiebeln, 1 EL Palmfett, 1 EL Paradeismark,
1/8 l trockener Weißwein, 400 ml Hühner- oder Gemüsesuppe,
80 g Erdnüsse, Salz, Pfeffer, Honig, 4 EL Butter*

Zwiebeln im Palmfett anschwitzen, Paradeismark dazugeben
und kurz dünsten lassen. Mit Weißwein und Suppe aufgießen und
20 Minuten köcheln lassen. Pürieren und mit Salz, Pfeffer, Butter und etwas Honig abschmecken. Die Suppe mit frisch gerösteten
Erdnüssen bestreuen.

WOHER STAMMT DIE URSUPPE?

Vielleicht sollte man die Ursuppe eher als »in Wasser Gekochtes« oder »dicke Brühe« bezeichnen, denn damit kann noch keine bestimmte Flüssigkeitsmenge bzw. Konsistenz des Gerichts verbunden werden. Jedenfalls zeichnet eine Suppe die Eigenschaft aus, daß sie ohne zusätzlichen Gebrauch von Messern zum Zerkleinern ihrer Bestandteile gelöffelt oder geschlürft werden kann. Als Löffel dienten in frühester Zeit Muscheln, hohle Knochen und die Schädel kleiner Tiere.

Man kann davon ausgehen, daß die frühen Menschen nicht alle Vorzüge des Feuers gleichzeitig kennenlernten. Sich am Feuer wärmen zu können, war sicher die erste Errungenschaft. Versuche, mit dem Feuer wenigstens in primitiver Form zu kochen, setzten viel später ein. Jedenfalls wird die Fähigkeit des Menschen, Nahrungsmittel zu garen, als großer Schritt vom wilden Leben zu einer Art Zivilisation angesehen, wie schon der Schweizer Botaniker Adam Maurizio (1862–1941) formulierte: »Wir sahen, daß das Rösten und Braten dem Kochen vorausging. So leitet Tylor das Steinkochen sehr richtig vom Fleischrösten mit erhitzten Steinen ab und sagt dabei, daß erst solche Vorbereitungen der Nährstoffe den Körper und Geist der arbeitenden Menschheit gesund erhalten; mehr als irgendeine andere Entdeckung hat diese dazu beigetragen, den Menschen zu zivilisieren. Die höchste Stufe des Kochens erreicht der Mensch in der Breibereitung ...«

Vermutlich hat der Peking-Mensch, der um 500.000 vor unserer Zeitrechnung erstmals nachweisbar ist, vor ca. 300.000 Jahren das Feuer als Quelle zur Nahrungszubereitung entdeckt. Verkohlte Knochen, die von Archäologen ans Tageslicht befördert wurden, lassen darauf schließen. Die frühen Chinesen pflegten Fleisch in weichen Lehm einzuschlagen und so zu garen. Der Lehm wurde hart, was mit der Zeit zur Erfindung des Kochtopfs führte. Diese Erfindung war bahnbrechend für die Menschen, wie schon der Kunsthistoriker und Gastrosoph Carl Friedrich von Rumohr (1785–1843) konstatierte: »Durch die Erfindung des Topfes ward die Eßbarkeit unendlich vieler Naturprodukte herbeygeführt, andern ward eine neue Seite abgewonnen.«

In einigen Teilen Europas (heute: Spanien, Frankreich, Großbritannien) läßt sich Feuer zu Kochzwecken erst für die Zeit vor 200.000 Jahren nachweisen. Es ist daher unmöglich, die Geburtsstunde der Suppe auf einen bestimmten Zeitraum und eine bestimmte Kultur festzulegen. Die Stunde der Suppe schlug jedoch spätestens, als der Mensch erkannte, daß schwer verdauliche oder ungenießbare pflanzliche und tierische Substanzen durch Kochen in Wasser genießbar und bekömmlicher wurden. Allerdings gibt es eine Einschränkung: Kochen mit Wasser im großen Stil wurde erst ab ca. 7.500 vor Christus mit der Herstellung von Keramik durch Brennen von Ton und Lehm möglich. Doch die findigen Menschen hatten schon vor der Entwicklung der Keramik eine Möglichkeit, mit Wasser zu garen: Beutel aus Tierhäuten und Tiermägen wurden mit Kochgut und heißen Steinen gefüllt, die das Ganze zum Kochen brachten. Im Alb-Donau-Kreis wurden Tongefäße mit Resten von dicker Suppe gefunden, die sich auf die Zeit zwischen 4.200 und 3.500 v. Chr. datieren lassen. Ab dem Paläolithikum (Altsteinzeit, begann rund 2,4 Millionen Jahre vor unserer Zeitrechnung; auf jene Zeit werden die ersten Steinwerkzeuge in Afrika datiert) kannte der Mensch aufgrund archäologischer Forschungen rund 700 Pflanzen, die ihm zur Nahrung dienten.

Ob diese frühen Köche bereits die von ihnen hergestellte klare Suppe löffelten, ist jedoch nicht wirklich erwiesen; Breisuppen gab es erst später. Jedenfalls zählt Suppe zu den zahlreichen polygenetischen Gerichten, die an verschiedenen Orten mit den jeweils verfügbaren Zutaten entstanden. Süße Suppen wurden aus den Pflanzen im Naturzustand gekocht, gesäuerte Suppen erhielten ihren Geschmack durch scharfe Gemüse wie Lauch, Sauerampfer und Brennesseln sowie durch die Gärung von Milch oder Alkohol. Andererseits darf man nicht vergessen, daß Kontakte wie Kriege, Migration und Handelsbeziehungen schon in früher Zeit das Kochen beeinflußten, weil sie das Kennenlernen neuer Zutaten zum Zubereiten von Speisen ermöglichten, die sich natürlich auch in den Suppen finden. Besonders prägend wirkte sich die Entdeckung und Kolonialisierung Nord- und Südamerikas aus, deren neue Produkte mit der Zeit nicht nur in Europa Fuß faßten, sondern durch die imperialistischen Bestrebungen der Europäer auch nach Asien und Afrika gelangten.

Während Suppe generell als warme Speise verstanden wird – manche soll man sehr heiß servieren –, bildetete sich in klimatisch warmen Zonen eine andere Variante heraus: die kalte oder geeiste Suppe. Vor allem aus Spanien und Portugal sind eine Vielzahl kalter Suppen bekannt. In Japan, wo die Sommer immer sehr heiß und feucht sind, ist es zur Gewohnheit geworden, in dieser Zeit nur kalte Speisen zu genießen. Kalte Suppen haben ihren warmen Pendants gegenüber einen große Nachteil: Sie dürfen kaum Fett enthalten; denn kaltes, gestocktes Fett ist beim Essen überaus unangenehm. Zur Herstellung der Suppen können nur fettige Beigaben verwendet werden, die sich gut mit den meist gemüsigen Stoffen, aus denen die Suppe besteht, verbinden (z.B. Rahm, Butter).

Coulis de lentilles (Paris, 1793)

Nimm einen halben Liter Linsen und koche sie in guter Bouillon. Wenn sie weich sind, passiere durch Étamine, würze deine Coulis nach gutem Geschmack.

Suppe von Artischocken (Graz, 1818)

Zuvörderst müssen wir die Artischocken vor die Hand nehmen, den Stiel nebst den Spitzen der Blätter abschneiden, so wie das inwendige Fäserichte, woran der Stiel gestanden, wegnehmen; wenn dieß geschehen, wollen wir die Artischockenböden entzwey schneiden, und mit ein wenig Mehl und klein geschnittenen Zwiebeln in Speck braun rösten; ferner Brühe von grünen oder andern Erbsen, was wir bey der Jahrszeit eben bey der Hand haben, darauf füllen, und gut mit einander aufkochen lassen. Beym Anrichten gibt man die Brühe über geröstete Semmelschnitten, legt die Artischockenböden darauf, und garnirt, wenn man will, den Rand der Schüssel noch mit gebackenen Artischocken.

Bohnensuppe (Ungarn, um 1850)

Trockene Bohnen werden gewaschen und entweder mit Rauchfleischstücken oder mit Speckschwarten, nebst einer Messerspitze Soda bicarbona mit Wasser zum Kochen gestellt, eine geschnittene Zwiebel und einige Zähnchen Knoblauch dazugegeben. Wenn die Bohnen weich sind, wird gesalzen, eingebrannt, abgeschmeckt und geröstete Semmeln dazu servirt.

Kässuppe (Schweiz, 1895)

2 EL voll Mehl dünstet man in 50 g Butter leicht, giebt dann 125 g geriebenen Käse hinzu, dann das nötige Wasser und Salz und wenn die Suppe aufgekocht hat, giebt man sie über 100 g Brot und Schnittlauch in die Schüssel.

Ribelesuppe (Schwarzwald, um 1900)

Aus Mehl, wenig Salz und Ei einen festen Teig bereiten. Auf einem Riebeisen in die kochende Suppe reiben oder den Teig zwischen den Händen solange reiben, bis Krümel entstehen, die man ca. 6 Minuten in der Suppe kochen läßt. Als Einlage kann man überdies Gemüsewürfel oder gewürfelten Eierstich sowie – je nach Grundsuppe – gewürfeltes Kalb-, Rind- oder Hühnerfleisch geben. Die Suppe nochmals abschmecken.

Mehlsuppe (Deutschland, 1902)

Man schneidet 2 Stangen Porree und 1 Zwiebel sehr fein und läßt sie in etwas Butter andünsten. 2 EL Mehl darüberstreuen und mit 1 dl Essig ablöschen. 1 l helle Knochensuppe dazugießen und verkochen lassen. Nicht zu viel umrühren, damit ein paar Mehlkrümel in der Suppe bleiben. Mit Salz und Pfeffer abschmecken.

Beuschelsuppe (Wien, 1909)

Man kocht ausgewaschenes Fischbeuschel in Salzwasser und seiht es dann ab. Das Salzwasser ergänzt man auf 2 Liter, gibt Essig, Wurzelwerk, kleingeschnittene Zwiebel, Pfeffer, Lorbeerblatt und Neugewürz hinzu und kocht eine Stunde lang. Dann macht man ein dunkles Einbrenn (3 Eßlöffel Kunerol und das nötige Mehl), vergießt es mit der durchgeseihten, entfetteten Wurzelbrühe und versprudelt damit das gekochte Fischbeuschel. Als Einlage gibt man geröstete Semmelschnitten.

Mock-turtle soup (England, 1920)

1 ausgelöster, blanchierter Kalbskopf, 500 g magerer, in Scheiben geschnittener Schinken, 2 Kalbsfüße, 1 kg mageres Rindfleisch, 1 Suppenhuhn, 1 Sellerieknolle, 1 Häuptel Knoblauch, 6 Nelken, Majoran, Basilikum, Thymian, Lorbeerblatt, Salz, Erdäpfelstärke, Sherry, Madeira, Cayennepfeffer

Den Kalbskopf mit dem Fleisch langsam 4 Stunden kochen. Die Suppe abseihen und durch ein Leinentuch gießen. In einem Topf den Schinken, die gehackten Gemüse mit dem daraufgelegten Fleisch ca. 1 Stunde auf kleinem Feuer Farbe nehmen lassen. Mit einem Glas Madeira aufgießen und mit der Brühe vermischen. Kochen lassen. Mit etwas Stärke die Suppe binden und mit Basilikum und Majoran würzen. Nochmals durch eine Serviette gießen. Als Einlage kleinwürfelig geschnittene Stücke vom Kalbskopf geben. Vor dem Servieren mit etwas Cayennepfeffer und einem Glas Sherry würzen.

Backerbsensuppe (Östereich, 1930)

Aus 150 g Mehl, 2 ganzen Eiern, 2 dl Obers, Salz, Pfeffer und geriebener Muskatnuß einen flüssigen Teig bereiten. Durch ein Sieb mit sehr großen Löchern ins heiße Fett streichen. Wenn die Erbsen goldbraun sind, mit einem Schaumlöffel herausnehmen und auf Papier ablaufen lassen. Auf der in Tellern angerichteten Rindsuppe verteilen und sofort servieren. Diese Einlage war auch bei den aus Würfeln bereiteten Suppen sehr beliebt.

Barcelonessa (um 1950)

500 g Hammelbrust, 1½ l Wasser, 125 g Rindsfaschiertes, Salz, 1 feingehackte Zwiebel, 1 zerdrückte Knoblauchzehe, 1 Ei, Cayennepfeffer, 1 EL Mehl, Olivenöl, 3 EL Semmelbrösel, 2 EL Butter, 2 EL Paradeismark, ½ Bund gehackte Petersilie, 5 Stengel Kerbel

Hammelbrust in das kochende Salzwasser einlegen und 1 Stunde kochen lassen. Faschiertes mit Zwiebel, Salz, Knoblauch und Ei verkneten. Mit Salz und Cayennepfeffer abschmecken, kleine Knödel formen, in Mehl wenden und in Olivenöl braten. Fleisch aus der Suppe nehmen, Semmelbrösel in Butter rösten, in die Suppe geben und mit Paradeismark verrühren. Aufkochen lassen. Die Knödel in die Suppe geben und mit Petersilie und Kerbel bestreuen.

Hühnersuppe (Afrika, um 1990)

1 Suppenhuhn, 4 kleingeschnittene Karotten, 1 Bund in Scheiben geschnittene Frühlingszwiebeln, 1 gewürfelte Stangensellerie, 1 EL Curry, 1 EL Paprikapulver, 2 gehackte Chilischoten, 1 Bund feingehackte Petersilie, 2 geschälte Kochbananen, Salz

Das Huhn in einen großen Topf legen, Gemüse, Bananen und Zwiebeln dazugeben, würzen und die Petersilie darüber streuen. Mit Wasser auffüllen, salzen und 1½ Stunden köcheln lassen. Das Fleisch von den Knochen ablösen, klein schneiden und in der Suppe mit dem Gemüse servieren.

Sopa de ajos (Spanien, 2000)

200 g fein gewürfelter Frühstücksspeck, 1 Knolle geschälter, in Scheiben geschnittener Knoblauch, 2 EL Olivenöl, 1 l Rindsuppe, 1 EL edelsüßer Paprika, 4 Eier, 4 Scheiben gewürfeltes Weißbrot

Knoblauch und Frühstücksspeck in Öl andünsten, Paprika darüberstreuen und sofort mit Suppe ablöschen. Gut verkochen lassen und abschmecken. Auf jeden Teller ein rohes Ei geben und die kochende Suppe darüberschöpfen. Gebratene Weißbrotwürfel dazu servieren.

ANEKDOTISCHES ZUR GESCHICHTE DER SUPPE

Man darf nicht an der Oberfläche bleiben,
wenn man der Suppe auf den Grund kommen will

Im Jahr 1903 findet sich folgender für die damalige Zeit typischer, zwischen Legende und Geschichte kaum unterscheidender Artikel in der *Kochkunst*, dem Organ des deutschen Kochkunstmuseums in Frankfurt/Main:

»So sollen in den tiefen Mulden des Himmelsteins im Fichtelgebirge einst Riesen ihre Suppe gekocht haben, und als Tannhäuser in den Venusberg zurückkehrte, bereitete ihm die Göttin der Liebe als ersten Beweis ihrer unverminderten Gunst eine Suppe. In den Suppenströmen des Schlaraffenlandes schwammen die Löffel dazu gleich obenauf, und wie ein See so groß war die Suppenschüssel, in die Gulliver auf einer seiner Reisen fiel. Mit den Völkern der Antike trat die Suppe aber eigentlich erst richtig in das Licht der Geschichte. Das in klassischen Berichten vielfach erwähnte *Zomidium* der Griechen war eine kräftige Suppe. Aspasia, die geistreiche Freundin des kunstsinnigen Perikles, soll es meisterhaft verstanden haben, eine herrliche Suppe aus Hühner- und Lammfleisch zu kochen. Die Römer kannten neben dem soßenartigen *jus* noch die eigentliche Suppe in unserem Sinne, die *lagana*. Besonderer Vorliebe erfreute sich ferner eine Fischsuppe aus Makrelen.

Seither hat sich die Suppe als volkstümliche Nahrung auch in allen anderen Ländern durchgesetzt. In Persien heißt der Küchenchef geradezu *Suppenkoch*, ähnlich wie in der Türkei der Oberst der Janitscharen den Titel *Tschorbadschi*, also *Suppenverteiler* führte. Die Angelsachsen kannten zwei Suppen, *bruce* aus Schweinskopf und *drore* aus Vögeln und Mandeln. In Indien vermochte die Suppe wenig Freunde finden ... wohingegen selbst die sonst sehr primitiven Kirgisen eine *supra* aus Schaffleisch und Zimt kennen. Die Bulgaren bereiten sich zur Förderung der Gesundheit jährlich eine Weihnachtssuppe aus Pflaumen, Rosinen und Feigen.

In Andalusien weiß man eine helle, braune Suppe mit einem Schuß Xeres daran zu bereiten, ferner kocht man dort eine ausgezeichnete Knoblauchsuppe. Die russische Suppe kennt wundervolle Fischsuppen, so den *Rassol* aus Sterlet, gesalzenen Gurken, langgeschnittenen Wurzeln mit Nockerln aus Mehl und Kaviar. Auch die *Ucha* ist eine Fischsuppe, in der das Fischfleisch ganz fein verrieben ist. Auf der Tafel Iwans des Schrecklichen erschienen stets mehrere Brotsuppen und drei Fischsuppen: eine weiße und eine schwarze, die dritte wurde mit Safran angerichtet.

Die Italiener stellen an ihre Suppen hohe Ansprüche und verlangen von ihr sieben Eigenschaften: Sie soll den Hunger nehmen, den Durst stillen, den Magen füllen, den Zahn reinigen, Schlaf und Verdauung fördern und die Wangen röten. Ein wenig viel auf einmal, doch sie haben ja genügend Auswahl an Suppen, wobei freilich nur die Brotsuppe als eigentliche *zuppa* angesehn wird, alle anderen heißen *minestra*.

Ludwig XIV. aß grundsätzlich zur Einleitung seiner üppigen Mahlzeiten drei bis vier Teller unterschiedlicher Suppen ... Besonders tief verwurzelt ist das Suppenessen im Brauchtum der deutschen Stämme ... Anekdotenreich ist die Geschichte der Biersuppe, die bereits im Mittellatein als *cervisia coctum* aufgeführt wird. Fast alle Völker haben sie in ihre Speisezettel aufgenommen – die Polen kennen sie als *chlodnik*, die Russen als *okroschka*, die Engländer als *caudle*, die Dänen als kräftige *oellebrö*. Weit bekannt und berühmt waren einst die böhmischen Biersuppen. Selbst die etwas empfindsame französische Küche verzichtete nicht darauf, die Bierwürze in der Kochkunst zu erproben. Der Dichter Méry widmete der Knoblauchsuppe sogar eine Ode, Daudet erzählt uns in seinem Roman *Port Tarascon* ebenfalls von einer Suppe von Knoblauch, die ihn einst von schwerer Krankheit erlöst hatte.

Ein besonderer Suppenfreund war der alte Kaiser Wilhelm [I., 1787–1888], der mit Vorliebe Reissuppe aß und seine Gesundheit und sein hohes Alter vornehmlich den Kraftsuppen verdankt haben soll, die sein Leibarzt Dr. Lauer [Gustav von Lauer, 1808–1889] ihm verordnet hatte; eine solche Suppe bestand aus dem Saft von sechs Kilo Rindfleisch, vier Tauben und zwei Hühnern ... Antonin Carême war der erste, der die später eifrig gepflegte Gewohnheit hatte, seine schönsten Suppen mit den Namen berühmter Persönlichkeiten auszuzeichnen. – Mit gutem Recht kann man daher den Suppentopf wohl als den ältesten Eintopf der Weltgeschichte und Küchenkunst bezeichnen, weil viele Gerichte gestern sowie heute die gleichen Ingredienzien enthalten wie die unüberschaubar große Familie der Suppen.«

Potage d'oignons (Frankreich, 1651)

Schneide Zwiebeln in sehr dünne Scheiben, brate sie in Butter und gib sie in einen Topf mit klarer Erbsensuppe. Laß sie gut sieden. Gib ein wenig Brotkruste dazu und laß es ein wenig kochen. Du kannst auch ein paar Kapern hineingeben. Gebähtes Weißbrot gibst du in einen Teller und schöpfst die Suppe darüber, die mit Essig ein wenig gesäuert wurde.

Bisque (Frankreich, 1753)

Reinige deine Krabben und siede sie in Wein, Essig, Salz und Pfeffer. Wenn sie gar sind, zupfe ihnen Beine und Schwänze ab und brate sie in frischer Butter mit Petersil. Dann nimm die Körper der Krabben, zerstoße sie in einem Mörser mit einer Zwiebel, harten Eiern und Brotkrumen. Koche es in guter Kräutersuppe. Dann seihe es durch und setze es aufs Feuer. Dünste gehackte Petersilie in etwas Butter und gib es in deine gut gewürzte Suppe. Röste Weißbrotscheiben gib ein wenig Karpfenfleisch und Champignonsaft darauf; gib die Suppe darüber und verziere mit den Beinchen und Schwänzen. Streue Granatapfelkerne darüber und würze es mit Zitronen- oder Granatapfelsaft.

Consommé (Frankreich, 1828)

Gib in einen großen Topf ein großes Stück Rindfleisch mit einem Stück vom Kalb und Geflügel. Laß es am Ofen ganz leicht andünsten und gib gute Suppe darüber. In die Suppe kommt kein Wurzelwerk, nur ein Bund Petersilie und grüne Zwiebeln. Mit kochender Suppe übergießen und vier Stunden kochen lassen. Seihe es ab und entfette es.

Borscht (Ukraine, 1861)

Bereite eine Suppe von 1½ kg fettem Rindfleisch oder Schweinefleisch, oder aus Rindfleisch mit geräuchertem Schinken. Nimm kein Wurzelgemüse, sondern gib ein Lorbeerblatt und Neugewürz hinein. Seihe die Suppe ab. Eine Stunde vor dem Servieren gib etwas frischen geschnittenen Kohl dazu. Koche es und rühre Saft von roten Rüben oder Getreidekwas dazu. In der Zwischenzeit wasche und koche 5 rote Rüben, aber schäle und schneide sie nicht. Wenn sie weich sind, schäle und schneide sie. Gib 1 Eßlöffel Mehl über die Rüben und gib sie in die Suppe mit etwas Salz. Bringe es zum Kochen. Gib feingehackte Petersilie in eine Suppenterrine (manche Leute geben auch den Saft einer geriebenen roten Rübe dazu) und gieße die heiße Suppe darüber. Mit Salz und schwarzem Pfeffer abschmecken. Mit in Scheiben geschnittenem Fleisch servieren.

Broth (England, 1869)

Nimm 6 Pfund Rindfleisch, 4 Pfund Kalbsschlögel, 2 Suppenhühner, die vorher ein wenig gebraten wurden. Gib alles in einen großen Topf und übergieße es mit Fleischsuppe. Wenn es kocht, schäume es ab, gib Salz und Wurzelwerk dazu. Lasse es 4 Stunden in der Ecke des Ofens kochen. Seihe die Suppe durch und entfette sie vorsichtig. Kläre die Suppe mit Hühnerfilets und Eiweiß. Seihe die Suppe durch eine Serviette.

Großmutters Linsensuppe (Deutschland, um 1900)

500 g am Vortag eingeweichte graue Linsen, 1 dicke, gewürfelte Scheibe Frühstücksspeck, 4 in Scheiben geschnittene Mettwürstchen, 2 feingehackte Zwiebeln, 2 Lorbeerblätter, 2 zerdrückte Knoblauchzehen, 3 gewürfelte Erdäpfel, 1 Gewürznelken, 50 g Butter, 2 EL Mehl, Salz, Pfeffer, Essig

Die Linsen abseihen und gut waschen. Mit 1½ l Wasser zustellen, Speck, Würstchen, Lorbeerblätter und Zwiebeln dazugeben. Salzen und kochen lassen. Erdäpfel dazugeben und noch 30 Minuten köcheln. Nelke im Mörser zerstoßen und in die Suppe rühren. Würzen und mit Einbrenn binden, kurz aufkochen lassen. Dazu serviert man Kartoffelpuffer.

Kalbsragoutsuppe (Österreich, 1930)

200 g minderes Kalbfleisch schneidet man in kleine Würfel und dünstet es mit ein paar Schwämmen, grüner Petersilie, Salz, grünen Erbsen oder einem Stückchen Karfiol, in etwas Butter weich. Nun macht man eine lichte Einbrenn, gießt sie entsprechend auf, gibt das Kalbfleisch mit dem Gemüse dazu, macht ein paar Brösel-knöderln, die man einkocht und löst zum Schluß 3 Maggi's Rind-suppen-Würfel in der Suppe auf.

Suppe aus Gemüseresten (Deutschland, 1940)

Man füllt Gemüsereste mit 1¼ l kaltem Wasser auf, gibt 2 bis 3 gehäuften Eßlöffel Knorr Haferflocken oder Knorr Hafermark hin-ein und läßt die Suppe unter mehrmaligem Umrühren 10 Minuten kochen.

Burschala (Iran, 1970)

1 l Joghurt, 1 l Wasser, 1 Handvoll Reis, 1 EL Mehl, 1 Ei, Salz, 1 Bund Dille, 1 Bund Koriander, 1 Bund Selleriegrün, 1 Bund Jungzwiebeln, 1 Bund Spinat, 2 Knoblauchzehen

Kräuter und Gemüse nicht zu fein hacken, mit dem Wasser verrühren, dann Reis, Mehl und das Ei dazugeben und langsam zum Kochen bringen. Langsam kochen lassen, bis der Reis weich ist. Zum Schluß das Joghurt einrühren und nicht mehr aufkochen.

Pumpkin soup (Australien, 1990)

1 feingehackte Zwiebel, 700 g gewürfelter Kürbis, 1½ l Fleisch- oder Knochensuppe, weißer Pfeffer, Salz, 1 EL Speisestärke, ⅛ l Obers, 20 g Butter, 2 gewürfelte Scheiben Weißbrot

Zwiebel und Kürbis in Suppe geben und weichkochen. Würzen; Speisestärke mit Obers anrühren und die Suppe damit binden. Ab-schmecken und mit in Butter gerösteten Weißbrotwürfeln servieren.

Yin-yang (Asien, um 1990)

*1 Dose Kokosmilch, 1 Stück Ingwer 5 cm lang und gehackt,
2 reife Mangos, 2 Stangen geschnittenes Zitronengras, ½ l Gemüsesuppe, 2 Bund Koriander, 1 Bund gehackte Frühlingszwiebeln, 100 g junge Erbsen, 2 zerdrückte Knoblauchzehen, 2 Chilischoten, Safran, Sesamöl, Salz*

Zwiebeln, Ingwer, Knoblauch und Zitronengras in Öl anschwitzen. Mit der Suppe aufgießen, Chilis und Zitronenblätter dazugeben.
5 Minuten köcheln lassen, Kokosmilch dazugeben und weitere 15
Minuten kochen. Zitronenblätter und Zitronengras herausnehmen
und die Suppe pürieren. Die Suppe auf zwei Töpfe aufteilen, in einem die Mangos mit dem Safran weichkochen und pürieren. Im anderen Topf die Erbsen weichkochen, Koriander dazugeben und ebenfalls pürieren. Beide Suppen abschmecken. Mit zwei Schöpflöffeln
jeweils ein halbe Tellerseite mit den Suppen bedecken und mit zwei
Teelöffeln je einen Tropfen der anderen Farbe auf die Suppe geben.

Scharfe Gulaschsuppe (Deutsches Suppeninstitut, Bonn, 2000)

*600 g gewürfelte Rindsschulter, 2 EL Margarine, 2–3 feinge-
hackte Zwiebeln, 2 zerdrückte Knoblauchzehen, Salz, 3 EL Paradeismark, 1 Glas Rotwein, 1½ l Gemüsesuppe, 1 EL edelsüßer
Paprika, Pfeffer, 1 grüne und eine rote gewürfelte Paprikaschote,
1 scharfer, in Scheiben geschnittener Pfefferoni*

Zwiebeln in Fett anbraten, Fleisch und Knoblauch dazugeben
und mit Wein ablöschen. Paradeismark, Paprika und Suppe dazugeben. 10 Minuten vor Ende der Kochzeit die Paprikawürfel dazugeben. Kräftig abschmecken, den Pfefferoni hineingeben und nochmals aufkochen lassen.

Cabbage and beef borscht (Nordamerika, koscher, 2000)

750 g Rindfleisch mit Knochen, 1 kg in Streifen geschnittenes Kraut, 1 feingehackte große Zwiebel, 3 gewürfelte Karotten, 120 g Paradeismark, 1½ l Wasser, 250 g feingeschnittene Champignons, Salz, Pfeffer, 3 EL Zitronensaft, 1 TL Oregano, 1 EL feingehackte Petersilie

Fleisch und Knochen bei mittlerer Hitze bräunen, Gemüse 5 Minuten mitrösten, mit Paradeismark und Wasser aufgießen. Zudecken und kochen lassen, bis das Fleisch weich ist. Champignons dazugeben und abschmecken, Zitronensaft, Oregano und Petersilie dazugeben und noch 5 Minuten köcheln lassen.

BERÜHMTE SUPPENTAUFPATEN

In einem Artikel der Zeitschrift *Kochkunst* wird die Benennung von Gerichten beschrieben. Besonders interessierte den anonymen Autor, weshalb Köche ihre Gerichte nach berühmten Persönlichkeiten zu benennen pflegen: »Schon in allerfrühester Zeit ... benützte der *Kochkünstler* Namen von berühmten Persönlichkeiten, um seine Erfindung, seine *Komposition*, nach ihnen zu benennen und so seinen Gerichten gleichsam die Weihe zu geben.« Angeblich war es bereits in der Antike üblich, besonders gelungene Gerichte nach berühmten Persönlichkeiten zu benennen oder nach solchen, die als spezielle Gourmets oder ausübende Amateurköche zu einer bestimmten Speise engeren Bezug hatten. Ursprünglich benannte man Speisen vorrangig nach ihrer Hauptzutat oder nach der Gegend, aus der sie stammten.

Von Antoine Carême wird berichtet, daß er nicht nur besondere Gerichte, sondern auch seine schönsten Suppen mit den Namen berühmter Persönlichkeiten auszeichnete, »eine Übung, die heute auch in anderen Ländern Eingang gefunden hat, denn ... auch die gute Suppe muß einen Namen haben, und da die Kochtopfphantasie nie ruht, kann es nicht genug geben«.

Besonders im 19. Jahrhundert, und da wieder in der Zeit um den Wiener Kongreß (1814/15), legten die Köche darauf wert, besondere Gerichte nach Persönlichkeiten oder wichtigen historischen Ereignissen zu benennen. Schlachten, Mitgliedern der Familie Napoleons, seinen Generälen und seinen Beratern wurden Speisen gewidmet, die irgendein Charakteristikum der betreffenden Person unterstreichen sollten. Beim Wiener Kongreß wurden die Protagonisten mit solchen kulinarischen Widmungen bedacht, um die Befriedigung über die Niederlage Napoleons auszudrücken.

In Österreich war man im allgemeinen bei den Speisenbenennungen weniger kreativ. Bis in die erste Hälfte des 19. Jahrhunderts gaben Speisennamen vor allem einen Hinweis auf die Zubereitungsart. Es wurde vor allem vermerkt, aus welchen Bestandteilen das Gericht/die Suppe gekocht wurde. Im Vordergrund stand bei den patriotischen Österreichern jedoch das eigene Herrscherhaus. Gerichte wie Kaiserconsommé, Kaisergerste, Kaiserschöberl, Kaiserfleisch, Kaisergulyas, Kaiserschnitzel, Kaiserschmarrn, Kaiseromelette, Kaisergugelhupf, Kaisernudeln, Kaisernockerln, Kaiserkoch etc. finden sich in jedem gutbürgerlichen Kochbuch zwischen 1870 und 1918. Die meisten dieser Rezepte waren zwar Kaiser Franz Joseph (1830–1916) gewidmet; doch Bezeichnungen wie etwa Kaisersemmel oder Kaisergugelhupf finden sich schon früher. Ein vorangestelltes »Kaiser« sollte vor allem die besondere Güte und Schmackhaftigkeit einer Speise betonen. Ab dem Ende des 19. Jahrhunderts benannte man Speisen direkt nach Familienmitgliedern des Herrscherhauses, verdienten Militärs und Adeligen.

Viele Köche, wie der französische Koch Auguste Escoffier, widmete Speisen zahlreichen berühmten Persönlichkeiten, die die Restaurants, in denen er kochte (Côte d'Azur, Paris, London), besuchten. Weltweit wurde diese Sitte, bedeutenden Personen Speisen zu widmen, immer wieder nachgeahmt.

Gerstencreme Maria Stuart

150 g Butter, 4 EL Gerstenmehl, 1½ l Rindsuppe, 2 dl Rahm;
Einlage: 3 EL kleine, gewürfelte und gekochte Karotten,
3 EL in kleine Stückchen geschnittene Fisolen

Das Mehl in Butter rüsten, mit Suppe aufgießen und 1 Stunde lang kochen. Den Rahm einrühren, durch ein Haarsieb seihen und die Einlage hineingeben. Mit einigen Stückchen Butter verfeinern.

Mary I., in der englischsprachigen Welt besser bekannt unter dem Namen Mary Queen of Scots (1542–1587), war das einzige überlebende Kind von König James V. Bis 1567 regierte sie Schottland als Königin, 1558 heiratete sie den Dauphin von Frankreich, der als König Franz II. bereits 1560 verstarb. Mary kehrte 1561 nach Schottland zurück. Nach zwei weiteren Ehen (sie wurde beschuldigt, den Mord an ihrem zweiten Gatten, Henry Stuart, in Auftrag gegeben zu haben) und Unruhen im Land flüchtete sie zu ihrer Cousine, Königin Elisabeth I. von England. Diese ließ Mary einkerkern, weil Mary von vielen Katholiken Englands als rechtmäßige Königin angesehen wurde. Nach langer Haft in England wurde Maria Stuart am 8. Februar 1587 wegen Verrats hingerichtet, weil sie an drei Verschwörungen zur Ermordung Elisabeths beteiligt gewesen sein soll.

Rahmsuppe Lenclos

Aus Hühner- und Krebsenfleisch kocht man eine kräftige Suppe. Man vermengt sie mit Rahm und bindet sie leicht mit Mehl. Als Einlage gibt man vorher gekochte Perlgraupen.

Ninon de Lenclos (1620–1705), die eigentlich Anna Lenclos hieß, war eine im 17. Jahrhundert wegen ihrer Schönheit und Bildung bekannte Frau. Sie war eine berühmte Kurtisane, in deren Haus bedeutende Persönlichkeiten verkehrten.

Rembrandt-Suppe

*200 g frische grüne Erbsen, Salz, ¼ l Obers, ¾ l Hühnersuppe,
200 g gekochtes, in Streifen geschnittenes Hühnerbrustfleisch*

Die Erbsen in Salzwasser weichkochen, pürieren und mit
Obers vermischen. Die Suppe zum Kochen bringen und die Erbsen-
mischung langsam einrühren. Das Hühnerfleisch zum Erwärmen in
die Suppe geben und sehr heiß servieren.

*Rembrandt Harmenszoon van Rijn (1606–1669) begann ein
Philosophiestudium. Kurz danach beschloß er, Maler zu werden. Nach
einer entsprechenden Ausbildung machte sich Rembrandt mit neunzehn
Jahren selbständig. Er widmete sich der Porträtmalerei. Berühmt wurde
er mit seinen Bildern »Nachtwache«, »Der Mann mit dem Goldhelm«
und »Das Pelzchen«. Da Rembrandt nicht besonders geschäftstüchtig
war, starb er völlig verarmt.*

Selleriesuppe Peter der Große

Man kocht mit gewürfelter Sellerie und gewürfelten Erdäpfeln
eine Selleriesuppe und püriert sie. Als Einlage gibt man Würfel von
gekochten roten Rüben und geröstete Weißbrotwürfel.

*Peter der Große (1672–1725) war der Zar aller »Reußen«. Er
war ein fortschrittlicher Herrscher, der versuchte, westliche Errungen-
schaften in Rußland einzuführen. Allerdings waren seine Herrscherme-
thoden überaus grausam, seine Handlungen waren häufig sprunghaft
und unberechenbar.*

Franklin-Suppe

Eine kräftige Rindfleischsuppe wird mit einer Einlage aus ku-
gelig ausgestochenen blanchierten Karotten, weißen Rüben, Backerbsen und Eierstich mit Gemüsepüree versehen.

*Benjamin Franklin (1706–1790) wurde vor allem als Erfinder
des Blitzableiters bekannt. Der emsige Forscher auf naturwissenschaftli-
chem Gebiet leistete aber auch als Schriftsteller sehr viel und arbeitete als
Generalpostmeister der englischen Kolonien in Nordamerika.*

Consommé à la Pompadour

2 EL Olivenöl, 1 küchenfertiges Suppenhuhn, 250 g mageres Rindfleisch, 3 in Scheiben geschnittene Karotten, 1 in Scheiben geschnittene Stange Lauch, Salz, 1 Eiklar, weißer Pfeffer aus der Mühle, 1 Dotter, 2–3 EL Obers oder Crème fraîche, 1 zarte, in Julienne geschnittene Selleriestange, ⅛ l Champagner, 8 Krebsschwänze, 1 kleine schwarze Trüffel

Das Öl in einer Pfanne erhitzen und darin das Huhn anbraten. Herausnehmen und in einen großen Suppentopf mit Wasser geben, das Rindfleisch, Karotten, Lauch und Salz beifügen und 1½ Stunden köcheln lassen. Das Fleisch herausnehmen und die Suppe abseihen. Mit Eiweiß klären und durch eine Serviette in einen sauberen Topf gießen. Hühnerfleisch und Rindfleisch durch den Wolf drehen, mit Pfeffer, Obers und Dotter verrühren. Kleine Nockerl formen und in die siedende Suppe geben. Ein wenig Suppe zum Kochen bringen und die Sellerie blanchieren. Champagner erhitzen und Krebse darin ziehen lassen. Selleriestreifen, Trüffelstückchen und Krebse in Suppentassen geben und mit heißer Suppe übergießen.

Jeanne-Antoinette Poisson, Marquise de Pompadour (1721–1764) war keine Schönheit im herkömmlichen Sinn; sie besaß jedoch Grazie und große Ausstrahlung. Sie erhielt eine gute Ausbildung. Nach einer kurzen Ehe wurde sie die Mätresse Ludwigs XV. Jeanne konnte den etwas phlegmatischen König zu Festen und Theaterbesuchen bewegen. Er begann, die schönen Künste zu fördern. Sie erhielt das Dorf Sèvres geschenkt, wo sie mit viel Energie die Porzellanmanufaktur förderte. Als die Pompadour merkte, daß der König sein Interesse jüngeren Frauen zuwandte, ließ sie den Hirschpark errichten, in dessen Schloß junge Liebesmädchen wohnten. Die Pompadour widmete sich der Kochkunst – ganz nach ihrem Motto: »Die Liebe eines Mannes wird im Bett gewonnen und bei Tisch erhalten.«

Wildsuppe à la Cambacérès

Eine durchpassierte Wildsuppe wird mit kleinen Knödeln aus Wildfleisch und Krebsfleisch serviert.

Jean Jacques Régis de Cambacérès, Herzog von Parma (1753–1824) hatte zu seiner Zeit angeblich die beste Küche von Paris. Der Erzkanzler Napoleons hielt nichts von den hastigen Mahlzeiten seines Kaisers. Daher gab es damals in Paris ein geflügeltes Wort: »Beim Kaiser kann man sehr schnell speisen, beim Erzkanzler sehr gut, beim Finanzminister am besten überhaupt nicht.«

Colbertsuppe

1 in Scheiben geschnittene große Karotte, ½ gewürfelte Sellerie, 100 g grüne Erbsen, 50 g dünne Fisolen, 50 g feingeschnittene Champignons, ¼ in Streifen geschnittener Kohl, 1 in dünne Scheiben geschnittener Porree, 1 kleine feingehackte Zwiebel, 50 g Butter, 1 l kräftige Rindsuppe, Salz, Pfeffer, Eier

Das Gemüse in Butter weichdünsten, mit Rindsuppe aufgießen und kurz köcheln lassen. Abschmecken. Für jede Person rechnet man ein pochiertes Ei. Man gibt es in den Suppenteller und gießt die Suppe darüber.

Jean Baptiste Colbert (1619–1683) war ein französischer Staatsmann und der Begründer des Merkantilismus. Unter König Ludwig XIV. war er Finanzminister. Er sanierte den Staatshaushalt und sah die wichtigste Quelle für den nationalen Reichtum in einer aktiven Außenhandelsbilanz.

Brillat-Savarin Kraftsuppe

Eine kräftige klare Fleischsuppe wird mit einer Einlage von Eierstich, der mit gebratenem, passiertem Kalbsbries vermengt wurde, mit gekochten Hühnerbrustschnittchen und gedämpften Champignons serviert.

Jean Anthèlme Brillat-Savarin (1755–1826) war ein französischer Schriftsteller, Philosoph und einer der bedeutendsten französischen Gastrosophen. Sein bekanntestes Werk ist La physiologie du goût *(»Die Physiologie des Geschmacks«). Sein Werk begründete eine neue Form des*

Schreibens über Küche und Essen und trug wesentlich zur Weiterentwicklung der Kochkunst bei.

Kalbfleischsuppe Masséna

Eine gebundene, durch ein Sieb gestrichene Kalbfleischsuppe wird mit von Hand gezupftem Sauerampfer und Kerbel serviert.

André Masséna, Herzog von Rivoli, Fürst von Eßling (1758–1817) war General und Marschall von Frankreich.

Austerlitz Suppe

Ochsenschlepp mit Schweinsnierenbraten, Rohschinken, Hammelkeule, Geselchtem, einem kleinen Suppenhuhn, einer kleinen Ente zustellen. Zwei Stunden kochen lassen. Danach Salz, Karotten, Rüben, Porree, Sellerie, Friséesalat, Zwiebel und Paradeismark dazugeben. Fertigkochen und die Suppe entfetten. In der Zwischenzeit Spargelfisolen und Kopfsalat kochen. Weißbrot toasten und in eine Suppenterrine geben. Darauf Karotten, Salat und Fisolen legen. Die Suppe darüber seihen.

Austerlitz ist ein Ort in Mähren, in dem Napoleon 1805 eine große, siegreiche Schlacht gegen seine alliierten Gegner führte.

Kaiserin Suppe

Vier Hühner am Spieß braten. Danach erkalten lassen. Das Fleisch ablösen und mit zwei großen Löffeln Reis, der eine Viertelstunde gekocht hat, im Mörser zerstoßen. Das Püree mit guter Suppe aufgießen und durch ein feines Tuch seihen. Die Karkassen der Hühner beifügen und zwei Stunden auf kleiner Flamme köcheln lassen. Seihen und mit gerösteten Brotstückchen servieren.

Joséphine de Beauharnais (1763–1814), geboren auf Martinique als Marie Josèphe Rose Tascher de la Pagerie, heiratete in erster Ehe Alexandre de Beauharnais. Dieser wurde im Zuge der Französischen Revolution 1794 hingerichtet. Anschließend heiratete sie Napoleon, der sich von der Verbindung politische Vorteile erhoffte, die auch in Erfüllung gingen. 1804 krönte er sich selbst zum Kaiser der Franzosen und Joséphine zur Kaiserin. 1810 trennte sich Napoleon von der Kaiserin wegen ihrer Kinderlosigkeit und ließ die Ehe annulieren.

Schönbrunner Suppe

Eine kräftige, braune Rindsuppe wird mit kleinen grünen Erbsen und folgender Einlage serviert: Man läßt ein großes Stück Butter in einer Kasserolle langsam zergehen, fügt ein Ei und drei Dotter hinzu. Man würzt mit Salz, Pfeffer und Muskat. Etwas Mehl beifügen und solange rühren, bis eine geschmeidige Masse entsteht. In eine ausgebutterte Pfanne geben und auf milder Flamme stocken lassen. Nach dem Erkalten in mundgerechte Bissen schneiden und in die heiße Suppe geben.

Schloß Schönbrunn zählte seit Kaiserin Maria Theresia immer wieder zu den Lieblingsaufenthalten der Habsburger. Anfang des 19. Jahrhunderts nahm hier Napoleon Quartier. In diesem Schloß wurde 1830 (der spätere Kaiser) Franz Joseph geboren, 1832 starb in Schönbrunn Napoleons einziger Sohn, Napoleon Franz Karl, der Herzog von Reichstadt (1811–1832). Franz Joseph verbrachte im Lustschloß einen Teil seiner Séjours sowie seine beiden letzten Lebensjahre.

Spargelsuppe à la Reine Hortense

Spargel und Spargelabfälle mit Zitronensaft in Salzwasser weich kochen, durch ein Sieb streichen. Die Suppe mit Hühnermus und Tapioka binden. Die Spargelspitzen als Einlage verwenden.

Hortense de Beauharnais (1783–1837) war die Tochter Kaiserin Joséphines. Napoleon vermählte seine Adoptivtochter mit seinem Bruder Jerôme (1784–1860) und machte sie zum Königspaar von Holland.

Gerstenschleimsuppe Marie Louise

Eine Tasse Graupen in einem Liter Hühnerbrühe mit etwas Butter, Salz und einer Scheibe Sellerie zwei Stunden kochen und danach passieren. Gekochtes Hühnerfleisch wird faschiert, mit Salz, Pfeffer und Muskat gewürzt. Mit zwei steifen Eischnee und Semmelbröseln vermischen und kleine Knödel formen. In die Suppe einkochen. Die fertige Suppe mit Rahm und zwei Dottern legieren.

Erzherzogin Marie Louise von Österreich (1791–1847) war eine Tochter von Kaiser Franz II. (I.; 1768–1835). 1810 mußte die Erzherzogin, die durch ihre Stiefmutter Maria Ludovika die Franzosen als »Unmenschen« hassen gelernt hatte, aus Staatsräson Kaiser Napoleon heiraten. Die Ehe verlief überraschend glücklich, 1811 gebar sie Napoleon einen Sohn. Nach der Niederlage Napoleons kehrte sie nach Wien zurück und erhielt am Wiener Kongreß (1814/15) das Herzogtum Parma zur Verwaltung. Ihren Sohn mußte sie in Wien zurücklassen.

Potage Bagration gras

Kalbsknochen kleinhacken, mit blättrig geschnittenem Wurzelwerk im Rohr anrösten, mit Wasser aufgießen und kochen. Eine leichte Einbrenn bereiten und zur Suppe zusammen mit Salz, Muskatnuß und Petersilie geben. Gut kochen lassen und dann passieren. Inzwischen Kalbfleischwürfel leicht anrösten, mit etwas Suppe aufgießen und weich dünsten. Das Fleisch faschieren und zusammen mit gekochten, auf zwei Zentimeter geschnittenen Makkaroni als Einlage in die Suppe geben. Mit geriebenem Parmesan servieren.

Katharina Fürstin von Bagration (1783–1857), geborene Fürstin Skawrouska, Großnichte Katharinas I. von Rußland, war die Witwe des gegen Napoleon gefallenen Generals Bagration. Während des Wiener Kongresses führte sie einen berühmten Salon. Sie war die Geliebte Fürst Metternichs. Ihre Tochter Clementine hatte möglicherweise Metternich zum Vater. Später wurde sie die Geliebte von Zar Alexander I. von Rußland (1777–1825).

Bénévent Suppe

Eine kräftige Rindsuppe mit Paradeismark leicht färben. Mit einer Einlage von geschnittenen Makkaroni, Pökelzungenstreifen und Ochsenmaulscheiben servieren.

Charles-Maurice de Talleyrand-Périgord (1754–1838) war ab 1806 Fürst von Bénévent, einem Herzogtum in Kalabrien, das ihm Napoleon geschenkt hatte. Er war Frankreichs Chefverhandler am Wiener Kongreß. Dem erfahrenen Diplomaten fiel es nicht schwer, sich wieder den Bourbonen zu nähern. Er hatte trotz seiner Nähe zum ehemaligen französischen Kaisertum keinen Einbruch in seiner Karriere zu verzeichnen. Nach Wien nahm er den berühmten Koch Antoine Carême mit.

Consommé à la Metternich

Eine Wild-Kraftbrühe erhält als Einlage in Scheiben geschnittenen Eierconsommé, welcher mit Artischockenpüree vermengt wurde, sowie Trüffel und Fasanenbrustscheiben.

Clemens Graf, später Fürst, von Metternich (1773–1859) war österreichischer Staatskanzler und federführender Verhandler am Wiener Kongreß. Nach dem Tod von Kaiser Franz II. (I.) übernahm er inoffiziell die Regentschaft für Kaiser Ferdinand (1793–1875).

Consommé à la Montgelas

Trüffel, Champignons und *tomates concassées* werden mit etwas Butter und Salz fünf Minuten gedünstet. Dann fügt man ebenso klein geschnittene Stücke von gebratener Kapaunerbrust und Rebhuhnbrust sowie Gansleber dazu. Dann mit kochender, kräftiger Rindsuppe übergießen und die aufsteigende Butter abschöpfen. In den Suppentopf geben und mit der übrigen Rindsuppe auffüllen.

Maximilian Joseph Graf von Montgelas (1759–1838) war bayerischer Minister unter Kurfürst und später König Maximilian von Bayern (1756–1825).

Consommé à la Rohan

Semmelschnitten werden in Butter goldgelb gebacken, mit Rebhühnerfarce bestrichen und auf dem Blech im Rohr fünf Minuten überbacken. Häuptelsalat wird nudelig geschnitten und in kräftiger Rindsbouillon gekocht. Zusätzlich werden hartgekochte Kibitzeier in die Suppe gegeben, die Semmelschnitten werden separat gereicht.

Charles Herzog von Rohan (1764–1836) war österreichischer General.

Linsensuppe Stewart

Linsensuppe wird mit Rebhuhnessenz verbessert und durch ein Sieb gestrichen. Mit gekochtem Schinken, Gewürzkräutern und Rebhuhnknöderln servieren.

Lord Robert Stewart Viscount of Castlereagh (1769–1822) war englischer Diplomat und britischer Gesandter beim Wiener Kongreß.

Garnelensuppe Alexandre Dumas

500 g frische, kochfertige Garnelen, ½ EL Salz, Pfeffer,
1 TL Thymian, 1 Nelke, 1 Lorbeerblatt, 250 ml trockener
Weißwein, 2 EL Maismehl, 2 Dotter, 100 ml Obers,
1 Prise Safran

In einem Topf ¾ l Wasser mit Salz, Pfeffer, Thymian, der Nelke, dem Safran und dem Lorbeerblatt zum Kochen bringen. In dem Sud die Garnelen blanchieren. Die Garnelen herausnehmen, pürieren und wieder in den Sud geben. Den Wein zugießen; das Maismehl mit etwas Wasser verrühren und die Suppe damit binden. Aufkochen lassen und vom Feuer nehmen. Dotter mit Obers verrühren und in die Suppe geben. Abschmecken, nicht mehr kochen lassen. Heiß mit Croûtons bestreut servieren.

Der französische Schriftsteller Alexandre Dumas (1802–1870)
widmete sich in seinen Romanen besonders Abenteuergeschichten (Die
drei Musketiere, Das Halsband der Königin, Der Graf von Monte Christo etc.). Er verdiente recht gut, lebte aber im Luxus, der die Einnahmen
rasch verschlang. Besonders liebte er hervorragende Dîners und die Pflege der Gastfreundschaft.

Wachtelsuppe à la Jenny Lind

In einer hellen, kräftigen Wildsuppe gart man vier Wachteln. Die Suppe wird mit feingeschnittenem Wachtelfleisch und kleingehackten blanchierten Pilzen serviert.

Jenny Lind (1820–1887) – »die schwedische Nachtigall« – war
eine berühmte Sopranistin. Als die Lind nach Wien kam, notierte der
junge Erzherzog Ferdinand Max (1832–1867), der jüngere Bruder des
späteren Kaisers Franz Joseph, am 22. April 1846 in sein Tagebuch:
»Heute gingen der Kaiser, die Kaiserinmutter, Papa u. Mama u. Onkel Ludwig, Abends ins Wiednerthortheater, um die berühmte Sängerinn Jenny Lind, die schwedische Nachtigall, zu hören.« 1843 verliebte sich Hans Christian Andersen in sie, dessen Liebe sie jedoch nicht
erwiderte. Die Geschichte Andersens »Die Nachtigall« bezieht sich auf
diese unglückliche Liebe und gab der Sängerin ihren Beinamen.

Consommé de volaille Grimaldi

Eine kräftige Hühnersuppe wird mit einer Einlage von julienneartig geschnittener Sellerie, die in der Consommé gekocht wurde, und mit Scheiben von rotem Eierstich (Royal) versehen. Überdies verkocht man 2 bis 3 EL Paradeismark in der Suppe.

Die Familie Grimaldi kann man bis auf den Genueser Otto Canella (gest. ca. 1143) zurückführen. Sein Sohn Grimaldo Canella (gest. nach 1184) gilt als Namensgeber der Familie, dessen Sohn Oberto Grimaldi (gest. ca. 1252) gilt als Vater der Familie Grimaldi. Nach der Vertreibung der Gimaldis aus Genua gelang es ihnen 1297, durch einen Handstreich die neapolitanische Festung Monaco zu erobern. 1298 mußten sie die Festung wieder den Neapolitanern aushändigen. Raniero Grimaldi zog für Karl den Kühnen in den Krieg. 1331 erhielt dessen Sohn Carlo Monaco zurück, das bis heute von den Grimaldis beherrscht wird.

Consommé Daudet

Eine besonders kräftige Hühnersuppe wird mit einer Einlage von Hühnerpüree, Schinkenwürfeln, Hummernockerln und Streifen von Knollensellerie serviert. Überdies wird mit *Royal* (Eierstich) dekoriert.

Alphonse Daudet (1840–1897) war ein französischer Schriftsteller. Er schrieb zahlreiche Romane und wurde mit seinen Lettres de ma moulin *berühmt, in denen er das Landleben in der Provence beschrieb.*

Schildkrötensuppe Lady Curzon

Eine echte Schildkrötensuppe wird mit einem Schuß Sherry verrührt, mit einem Eßlöffel geschlagenem Obers bedeckt und mit Curry bestreut. Vor dem Servieren kurz in das sehr heiße Backrohr geben.

Mary Lady Curzon (1870–1906), eine gebürtige Amerikanerin, war die Gemahlin von George 1st Marquess Curzon of Keddleston (1859–1925), eines britischen Politikers. Den Höhepunkt seiner Karriere stellte seine Zeit als amtierender Vize-König von Indien (1898–1905) dar.

Jubiläumssuppe (Wien, 1908)

Man stoßt im Mörser Reste von Fasan, Rebhuhn oder Krammetsvögel, seien es Köpfe oder Gerippeknochen usw., sehr fein, dünstet sie auf 5 Deka Butter mit angelaufener Zwiebel, gibt dazu eine eingeweichte, gut ausgedrückte Semmel, läßt alles durch ¼ Stunde gut dünsten, dann gib man so viel gute Suppe dazu, als man braucht, 3 Löffel Rotwein (der Wein darf nicht herausschmecken) und etwas Pfeffer. Wenn die Suppe ½ Stunde gekocht hat, seiht man sie durch, gibt kleine gebackene Germkrapfeln darauf.

Im Dezember 1908 feierte Kaiser Franz Joseph (1830–1916) sein 60. Regierungsjubiläum. Es fiel besonders feierlich aus, da alle Festlichkeiten zum 50. Jahr der Thronbesteigung (1898) durch die Ermordung seiner Gemahlin Kaiserin Elisabeth (1898 in Genf) abgesagt worden waren. Das 60. Jubiläum fand auch seinen Niederschlag in den Kochbüchern der Doppelmonarchie.

Kaisersuppe (Wien, 1923)

Man stoße 50 g abgezogene Mandeln, 50 g Reis und 3 hartgekochte Dotter recht fein, dann gibt man alles in eine Rein und vergießt es mit 2½ l guter Rindsuppe. Dann schneidet man eine Semmel in Blätter, gibt sie in die Suppe und läßt alles solange kochen, bis die Semmel gekocht ist. Dann passiert man die Suppe und serviert sie ohne Beigabe, oder man gibt besonders gedünstete Gansleber, gebratene Schnittchen von Hausgeflügel oder Kalbsbraten dazu.

Auch nach dem Zerfall der Habsburgermonarchie wurden immer wieder Gerichte mit dem Prädikat »Kaiser« oder dem Namen einer besonderen Persönlichkeit benannt. Möglicherweise findet man darin Gedanken der Nostalgie an die »gute alte Zeit«.

Consommé à la Briand

Eine klare Hühnersuppe serviert man mit einer Einlage aus klein gewürfeltem Hühnerfleisch, Schinken und Kalbfleisch. Frisch gezupfte Kerbelblätter vor dem Anrichten auf die Suppe streuen.

Aristide Briand (1862–1932) war ein französischer Diplomat. Er ging durch seine Bemühungen, mit Stresemann eine deutsch-französische Verständigung herzustellen, in die Geschichte ein.

SUPPEN DER FRÜHEN KULTURVÖLKER

Um 8000 vor Christus fand im fruchtbaren Halbmond (Mesopotamien, Südanatolien, Palästina) die sogenannte *neolithische Revolution* statt. Der Mensch wurde allmählich vom Nahrungssammler zum Nahrungsproduzenten. Seßhaftigkeit ermöglichte die Hege und Pflege von Haus- und Nutztieren; der Ackerbau brachte verschiedene Getreidesorten und Hülsenfrüchte in den Kochtopf. Die Menschen errichteten feste Häuser mit Ställen und Speichern. Im Haus gab es eine Feuerstelle, an der bereits Suppen gekocht werden konnten. Im *Alten Testament* wird ein rotes Linsengericht erwähnt, für welches Esau sein Erstgeburtsrecht an Jakob verkaufte – vermutlich eine köstliche Suppe. Im *Gilgameschepos* findet man nicht nur Nachrichten über die Sintflut, sondern auch, daß die Suppe ein beliebtes Gericht war:

»Rinder schlachtete ich für den Proviant,
Schafe tötete ich Tag für Tag;
Most, Feinbier, Öl und Wein,
Dazu Suppe tranken sie, als ob's Flußwasser wäre,
Daß sie ein Fest begingen als wie am Neujahrstag!«

Drei babylonische Tontafeln, die um 1700 v. Chr. entstanden waren und erst um die Mitte des 20. Jahrhunderts als Kochrezepte erkannt wurden, führen Blut-, Gänseblut- und Fischsuppe an. Man kochte aber auch Suppen mit verschiedenen Pflanzen (z.B. Rettich); bekannt waren weiters Suppen aus Gerstenbrei. Durch die Entdeckung der Gärung konnten Wein, Bier und Met hergestellt werden. Sie dienten als Getränk und als Basis von Suppen sowie zu deren Verfeinerung. Die alten Ägypter kochten bereits Biersuppen; bei den Römern findet man sie als *cervisia cocta*. Hühnersuppe wurde von den Ägyptern als wirksames Mittel gegen Erkältungen verordnet. Dieser Ruf blieb der Hühnersuppe treu: Im 10. Jahrhundert wurde sie vom persischen Arzt Avicenna als besonders gesundheitsfördernd gelobt; der jüdische Gelehrte Maimonides berichtete im 12. Jahrhundert, daß Hühnersuppe »gut zur Wiederherstellung des gestörten Humors« (im Sinne der Körpersäftetheorie jener Zeit) sei, gut für Kranke und gegen Hämorrhoiden sowie im Anfangsstadium von Lepra.

Die Quellen zur Nahrungsaufnahme bei den alten Griechen sind relativ dürftig. Einiges kann man Homers *Ilias* und *Odyssee* entnehmen. Die homerischen Helden nährten sich natürlich vom – sozial angesehenen – Fleisch. Wie aber sah die archaische Realität für den Rest der Bevölkerung aus? Wie in vielen anderen Regionen der Erde dominierte das Getreide. Homer bezeichnete es in seiner Odyssee als »Mark der Männer«. Als *alphita* bezeichnete Homer einerseits gemahlenes Gerstenmehl, aber auch bereits einen Brei, der daraus bereitet wurde und in Richtung Suppe weist. In Sparta mußten die kriegstauglichen Männer die berühmte Blutsuppe löffeln. Die Kriegserfolge Spartas interpretierten manche Gastrosophen so, daß die Spartaner lieber im Kampf starben, als ständig diese einfache, wenig schmackhafte Suppe zu essen. In Amerika wurde in den sechziger Jahren des 20. Jahrhunderts ein lange nicht beachtetes Papyrusfragment genauer untersucht. Man fand heraus, daß es mit Kochrezepten beschrieben ist, die nicht mehr ganz vollständig sind. Auch einige Suppenrezepte finden sich darunter.

Die Römer nahmen ursprünglich ihre Mahlzeiten im Sitzen oder Stehen ein. Erst von ihren griechischen und etruskischen Lehrern übernahmen sie das Essen im Liegen. Aus Rom sind ebenfalls wenige Suppenrezepte überliefert, weil Apicius sich mit seinem Kochbuch an seine reichen Landsleute wandte, die Suppen als Armenkost ablehnten. Dennoch waren sie in ihrer Nahrhaftigkeit *das* Überlebensmittel für die Massen. Getreide, Hülsenfrüchte und Gemüse waren in Hülle und Fülle vorhanden und wurden zu Suppen verkocht. In Rom hatte man bereits die gesundheitsfördernde Wirkung von Suppen erkannt; so soll Kaiser Nero täglich Porreesuppe gegessen haben, weil ihm dies für die Pflege seiner Stimme wichtig erschien.

Durch die küstenbedingte Lage der Phönizier, Griechen und Römer kannten diese Völker schon sehr früh eine Fischsuppe, die der späteren Bouillabaisse an Frankreichs Côte d'Azur sehr ähnlich war. Die Franzosen ihrerseits exportierten diese Suppe während ihrer ausgedehnten Kriege in Europa Ende des 18./Anfang des 19. Jahrhunderts. Die Gallier kochten ebenfalls Suppen aus oder mit Fleisch und aromatisierten sie mit Kräutern. In Gegenden, wo Oliven- und Mandelbäume wuchsen, bereiteten die Urfranzosen ihre Suppe auf Basis von Öl und Mandeln.

Die Völkerwanderung, der Zerfall des römischen Reichs und die zahllosen Konflikte, die Europa dadurch heimsuchten, wirkten sich sehr abträglich auf die Kochkunst aus. Während die armen Schichten weiterhin mit breiartigen Gerichten ihr Auslangen finden mußten, bevorzugten die Wohlhabenderen der gallo-romanischen, gallischen und merowingischen Epoche nach dem Beispiel der alten Römer wahre Berge von derb zugerichteten Fleischspeisen. Aus jener Zeit sind wenige Suppen überliefert. Um 570 aß Chilperich I. Geflügelsuppe; Dagobert schätzte Kräutersuppe. Überdies gab es eine *soupe dorée* zu jener Zeit, die recht beliebt war. Ihre Farbe erhielt sie durch reichlich Safran, der – neben seiner Kostbarkeit als seltenes Gewürz – appetitanregend wirkte. Auch in den langsam (wieder) entstehenden Städten Europas mußte sich die Bevölkerung weiterhin mit Mehlbreien bzw. -suppen begnügen.

China wurde schon sehr früh zu einem Land der Kochkunst – bereits um 2000 v. Chr. lautete ein Sprichwort der Chinesen: »Das Essen ist dem Volk so wichtig wie der Himmel.« Um diese Zeit wurde in China der Tontopf entwickelt. Der Reichtum an Lebensmitteln, Gemüsen und Gewürzen ließ schmackhafte Suppen entstehen.

Zickleinsuppe (Mesopotamien 1700 v. Chr.)

Zickleinsuppe zu machen. Richte das Fleisch her. Erhitze das Wasser, gib Fleisch, Fett Zwiebeln, *samîdu*, Porree, und Knoblauch vermischt mit Blut hinein, und zerdrückten *kisimmu* [Käse oder eine Art Topfen], und eine entsprechende Menge wilder Zwiebeln.

Hirsu Suppe (Mesopotamien um 1500 v. Chr.)

Ein Lammschlögel und gesalzenes Fleisch werden dazu verwendet; Fett dazugeben sowie Zwiebeln, *arugula*, feingehackten Koriander und *hirsu*. Alles in einen Topf geben, Wasser dazu und kochen lassen. Mit Lauch und Koriandergrün bestreuen.

Lydische Kraftsuppe (um 600 v. Chr.)

Fette Brühe mit Fleischstücken, *anesos* und phrygischem Käse. Dazu reichte man Brotkrumen zum Auftunken der Brühe.

Blutsuppe (Sparta, 4./3. Jahrhundert v. Chr.)

Schweinefleisch wird in scharf gewürztem Schweineblut mit Essig und Salz weichgekocht.

Fava cum betis (Etruskisch, um 400 v. Chr.)

Bringe geweichte Bohnen zum Kochen, bis sie weich sind. Dann wirf Mangold hinein. Erhitze Olivenöl, gib Honig, harte Eierdotter, Liebstöckel und Salz hinein und rühr es in die Suppe. Schmecke mit Salz und Essig ab.

Fischsuppe (Griechenland, Papyrus, 3. Jahrhundert n. Chr.)

Wenn du Graupen, Koriander, Lauch, Zwiebel, feinen Annesos zusammengemengt hast, koche dies auf Kohlen und zwar, indem du es mit einer Mischung aus Wasser, Wein, Garum anfeuchtest. Wenn es gekocht ist und du es wegnehmen willst, tue Pfeffer, Feigensaft und scharfen Essig darüber. Man läßt dies ein wenig mitkochen, dann aber nimmt man es vom Feuer weg. Manche gießen Essig daran und kochen alles, nachdem sie das Grünzeug darunter gemengt haben.

Fleischbrühe (Ibd.)

Lenden und Fleischartiges richte sorgfältig zu und brate sie in Salz, Koriander, Feigensaft, solange sie nur [davon] aufnehmen. In einem Topf aber halte heiße Brühe, Essig, Oel zu einem Teil, Süßwein zu zwei Teilen, etwas Salz. Wenn diese Mischung kocht, wirf Spitzen von Origanum hinein. – Hier bricht das Rezept ab; vermutlich wurde anschließend das Fleisch in die Brühe *geworfen* und weichgekocht.

Eintopfsuppe (Galenos, Griechenland, 129–199 n. Chr.)

Hafer mit Wasser kochen. Mit Honigwein, eingekochtem Most oder Süßwein würzen.

Suppe aus Rom (um 300 n. Chr.)

»Dieses Gericht nenne ich *Rosentopf* [sagte ein Koch im Athenaeum], ich habe es so zubereitet, daß ihr den köstlichen Duft der Festkränze auf dem Kopf wie auch im Innern verspürt, und daß euer ganzer Körper von diesem Festmahl duftet. Nachdem ich die wohlriechendsten Rosen in einem Mörser zerstoßen habe, habe ich eine Menge Vogel- und Schweinehirn, gut gekocht, hineingeworfen, von dem ich auch die kleinste Faser abgezogen hatte. Dazu gab ich Eigelb, dann Öl, eine Fischbrühe, Pfeffer und Wein. Nachdem ich alles gut verrührt und durchgemengt hatte, gab ich es in einen neuen Topf und habe alles auf kleinem, sorgfältig geschürtem Feuer gekocht.«

Suppentopf (Apicius, Ende 4. Jhd. n. Chr.)

Man weiche Kichererbsen, Linsen, Erbsen ein. Man schrote Gerstengraupen und lasse sie mit diesen Gemüsen kochen. Wenn alles gut durchgekocht ist, gebe man Öl in ausreichender Menge in den Topf, dann schneide man folgende Kräuter fein: Lauch, Koriander, Dill, Fenchel, Zuckerrüben, Malven, das Herz eines zarten Krautkopfs; und das Ganze gebe man in den Topf. Nun lasse man jungen Kohl kochen. Hierauf zerstoße man eine genügende Menge Fenchelsamen, wilden Majoran, Sylphium, Pfeffer und Liebstöckel. Wenn alles gut zerstoßen ist, mische man Fischbrühe darunter; man schütte alles über die Gemüse, und rühre dann um. Man zerhacke ein paar Krautblätter (die man zuvor gekocht hat) und bestreue damit das Ganze.

Suppe mit tracta und Milch (Apicius)

Gib ein Sextarius Milch und ein wenig Wasser in einen sauberen Topf und lasse es über kleiner Flamme kochen. Trockne drei Stück *tracta* und brich sie in Stücke, wirf die Stücke in die Milch. Rühr es um, damit es nicht anbrennt, und mische es mit Wasser. Wenn es gekocht ist, füge Honig hinzu, während der Topf noch über dem Feuer hängt. Du kannst dasselbe Rezept mit süßem Gebäck und Must machen, aber ohne Salz und Öl.

Gerstensuppe (Apicius)

Gewaschene Gerste, die über Nacht eingeweicht wurde, zerstoßen. In einem Gefäß über eine hohe Flamme hängen. Wenn die Gerste kocht, eine üppige Menge Öl, ein kleines Büschel Dill, getrocknete Zwiebeln, Salbei und eine Schweinsstelze beifügen; kochen lassen, bis es eine cremige Konsistenz hat. Frischen Koriander und Salz dazugeben, die miteinander gestoßen wurden, und aufkochen lassen. Wenn es gut gekocht hat, das Dillbüschel entfernen und die Gerste in einen anderen Topf geben, damit sie nicht am Boden anklebt oder anbrennt. Die Klumpen herausrühren und über den Topf mit der Stelze seihen. Pfeffer mahlen, Liebstöckel und ein wenig Poleiminze, Kümmel und geröstete Samen vom grauen Bergfenchel, mit etwas [Honig], Essig, *defrutum* und *garum* befeuchten, und in den Topf schütten, sodaß die Stelze gut bedeckt ist. Auf kleiner Flamme aufkochen lassen.

Gemüsesuppe (Apicius)

Weiche (trockene) Kichererbsen, Linsen und Erbsen ein. Gerste entspelzen und mit den Hülsenfrüchten kochen. Wenn es gut gekocht ist, gib ausreichend Öl dazu und bedecke das Ganze mit gehackten frischen grünen Kräutern: Lauch, Koriander, Dille, Fenchel, Rübe, Malve und zarter junger Kohl. Gib das Gehackte in den Topf. Koche jungen Kohl und mahle eine üppige Menge Fenchelsamen, Oregano, Sylphium und Liebstöckel. Anschließend vermische sie mit *garum*, gieße sie über die Hülsenfrüchte und rühre um. Darüber gib den feingehackten jungen Kohl.

Indische oder schwarze Erbsensuppe (Apicius)

Koche Erbsen wie üblich, schäume sie ab, gib dann Lauch und Koriander dazu und lasse dann wieder kochen. Nun zerschneide Tintenfische lebend in Stücke und lasse sie in ihrem schwarzen Saft, Öl, Fischlake, Wein und ein paar Stengel Lauch und Koriander kochen. Inzwischen verreibe Pfeffer, Liebstöckel, Majoran und Kümmel, fülle von der Sepia-Brühe darüber und schmecke mit Wein und einigen Tropfen Must ab. Die gekochten Tintenfischstücke schneide ganz klein und gib sie mit etwas von ihrer Sauce zu den Erbsen, lasse aufkochen, streue Pfeffer darüber und trage auf.

Suppe von ungeschälten Bohnen (Apicius)

Koche die Bohnen wie üblich, verreibe Pfeffer, Liebstöckel, Kümmel, frische Korianderstengel mit Wein und Lake, lasse dieses mit den Bohnen kochen, gib Öl dazu und vollende die Suppe auf langsamem Feuer.

»Kale« Suppe (Varro)

(Verwende) Rüben, aber schwarze, deren Wurzeln gesäubert sind, und koche sie in *pulsum* mit ein wenig Salz und Öl – oder in Salz, Wasser und Öl – um eine Brühe zu machen, die man trinken kann. Es ist sogar besser, wenn man ein Huhn mitkocht.

EUROPA IM MITTELALTER UND IN DER FRÜHEN NEUZEIT

Die Wende vom 4. zum 5. Jahrhundert n. Chr. gilt heute als Übergang vom Altertum zum Mittelalter. Während die Bauern in Europa ihren Getreidebrei löffelten, war die Hauptspeise in den Burgen vor allem Fleisch; Suppe wurde in der Oberschicht nicht geschätzt. Der Kunsthistoriker und Architekt Viollet-le-Duc schrieb über die Küche zu jener Zeit: »Vor dem 12. Jahrhundert aß man nur auf dem Rost gebratenes Fleisch und gekochtes Gemüse, während die Kunst, ein Ragoût zuzubereiten, beinahe unbekannt war. Auf jeden Fall mußte es in einer Küche ein schönes, helles Feuer und mächtige Herdstellen geben, die zahlreiche lange Bratspieße aufnehmen und über denen riesige Kessel aufgehängt werden konnten.« Dennoch – denn wozu wären die großen Kessel wohl nötig gewesen – schätzten die Merowinger, wie schon erwähnt, Kräuter- und Geflügelsuppen.

Viele Erfahrungen und Kenntnisse im Bereich Gartenkultur und Küche, die in der Antike gesammelt worden waren, überlebten in den Klöstern Europas. Allerdings hatte die überfeinerte und abwechslungsreiche Küche der Klöster in Mittelalter und Neuzeit keinen Einfluß auf die allgemeine Ernährung des (armen) Volkes. Hier wurden Techniken der Haltbarmachung wie Räuchern und Einsalzen gepflegt. Auch die Bewahrung der Texte antiker Schriftsteller durch ständiges Abschreiben beeinflußte das Klosterleben: Etliche römische Schriftsteller hatten sich mit Küche und Tafel bzw. Naturgeschichte befaßt (Plinius, Petronius, Apicius).

In den zahlreichen höfischen Dichtungen im Frankreich des 12. und 13. Jahrhunderts werden Suppen nur selten erwähnt, es finden sich aber Hinweise auf Specksuppen, Gemüsesuppen und Grützesuppen. Einer dieser Texte berichtet von Guillaume de Blancbourg, der Bertrand Duguesclim – einen französischen Kreuzritter – zum Kampf herausforderte; letzterer soll drei dieser Suppen zu sich genommen haben, ehe er es wagte, sich dem Engländer zu stellen. Aus dieser Epoche gibt es auch schon Anzeichen von regionalspezifischen Unterschieden beim Kochen: So verfeinerten die Bretonen ihre Grützesuppe mit Eidotter, Gewürzen und Safran; die Provençalen kochten gerne Suppen mit Mandeln und Olivenöl. Als Kaiser Konrad im Jahr 1212 eine Jagd veranstaltete, wurde ihm während des Mahls sogenannter *morteux*, eine dicke Brühe aus Brot und Mehl, aufgetischt. Und König Ludwig dem Heiligen (1214–1270) servierte man bei einem Bankett einen *potage*, der aufgrund seiner Köstlichkeit der »Unvergleichliche von Saumur« genannt wurde. Zu jener Zeit gab es auch schon Hühnerbrühen; in einem Text heißt es, Ludwig habe den Genuß derselben an einem Fasttag, als er krank war, zurückgewiesen.

Besonders beliebt war im Mittelalter Reissuppe. Sie galt als die feinste und vornehmste aller Suppen, stand auf der Tafel der Adeligen, wurde aber auch bei großen Festen von Bauern gekocht. An einem Fleischtag wurde der Reis in fetter Rindsuppe gekocht, an einem Fasttag in Kuhmilch oder Mandelmilch. Die Suppe wurde stets mit Safran und Zucker gewürzt. Allerdings waren solche Suppen recht kostspielig, ihr Verzehr wurde daher immer wieder durch Gesetze eingeschränkt. Das Konzil von Compiègne 1304 verbot den Geistlichen, bei ihren Mahlzeiten mehr als zwei Gerichte und mehr als eine Suppe auftragen zu lassen. Philipp der Schöne (1487–1506) gab dafür Richtlinien vor: »Kein redlicher Mann wird bei einem großen Essen mehr als zwei Gerichte und eine fette Suppe mit Einlage geben, und bei einem kleinen Essen ein Gericht und ein Zwischengericht. Und zur Fastenzeit wird er zwei Heringssuppen und zwei andere Gerichte oder drei Gerichte und eine Suppe mit Einlage auftragen können ...« Im *Ménagier de Paris* (14. Jahrhundert) wurden Fleischbrühen, Kapaunersuppen und legierte Suppen erwähnt.

Das im 15. Jahrhundert (1456) erschienene Kochbuch von Guillaume Tirel, genannt *Taillevent*, führt etliche Suppenrezepte an, obwohl Suppe auf der vornehmen französischen Tafel bis ins 16. Jahrhundert wenig Anklang fand: »Da gibt es Zwiebelsuppe, Bohnensuppe, Senfsuppe und Hanfsamensuppe. Senfsuppe wurde aus gebackenen Nieren, Püree zum Eindicken, Senf, Ingwer, Gewürzen und Zucker zubereitet ... Die Hanfsuppe hingegen bestand aus Knochenmark, Hanfsamen und Mandeln, die mit etwas Bouillon verrührt wurden.« Die Suppen wurden schlußendlich generell durch reichliche Zuckerbeigabe geschmacklich verändert und entsprechen dadurch nicht den heutigen Vorstellungen von Suppe. Nur bei der

Aille, einer kräftigen Knoblauchsuppe, verzichteten die altfranzösischen Köche auf den Zucker. Platina (1421–1487, manche Quellen geben 1481 als Todesjahr an; eigentlich Bartolomeo Sacchi) erwähnte Suppen mit Rüben, Fenchel, Petersilwurzeln, Mandeln, Hirse, Kräutern, Äpfeln und Verjus. Im 16. Jahrhundert tauchte in Frankreich der Begriff *restaurant* auf; er beschrieb eine sehr konzentrierte, billige Suppe, die von Straßenhändlern verkauft wurde. Sie sollte gegen körperliche Erschöpfung wirken. Und in Frankfurt schrieb ein Anonymus im 16. Jahrhundert, »des Sommers dienen weyche linde süpplin und müßlin« vortrefflich der Gesundheit.

Interessant ist, daß in der Frühzeit der europäischen Kochkunst auch die Briten häufig Suppe löffelten. Im modernen Großbritannien ist diese Suppenkultur ziemlich in Vergessenheit geraten. Doch 1542 schrieb Andrew Boorde (1490–1549) über seine Heimat: »In der ganzen Christenheit wird nicht so viel Suppe gegessen wie in England.« Man aß Brühen aus Fleisch, Hafer, Gerste und Kräutern, aber auch Erbsenbrei, Haferbrei mit Milch, Brühe oder Wasser zubereitet sowie *porridge* (Gerstenbrei mit Milch, der mit Honig oder Zucker gesüßt sein konnte). Doch diese Suppenherrlichkeit hielt sich in England nicht sehr lange. Erst im 20. Jahrhundert gewannen regionale, ländliche Suppen (Schottland, Irland) wieder allgemeine Anerkennung. Das koloniale Engagement in Indien bescherte den Briten die *Mulligatawny*.

Nach dem Zusammenbruch der antiken Weltordnung geriet der Gebrauch des Löffels weitgehend in Vergessenheit. Suppe wurde aus tiefen Behältern getrunken. Gegen Ende des 13. Jahrhunderts wurde der Löffel wiederentdeckt und kam an der Tafel der Fürsten und Adeligen zu neuen Ehren. Die anfänglich aus Holz gefertigten Speiseutensilien waren oft reich verziert, kunstvoll geschnitzt oder bemalt; häufig hatte der Besitzer sein Leben lang nur diesen einen Löffel. Später kamen auch Schildpatt, Horn, Elfenbein, Zinn und Schmiedeeisen als Material für Löffel in Gebrauch – je nach dem Geldbeutel des Löffelbesitzers. An den höfischen Tafeln wurden Löffel (und Messer) aus Silber, Gold oder Vermeil gefertigt. Jeder Adelige besaß einen Lederbeutel, in dem er seine Speisewerkzeuge immer bei sich trug, denn Gastgeber verfügten noch nicht über Besteckgarnituren für mehrere Gäste – diese wurden erst Ende des 18. Jahrhunderts üblich. Vom Hineinstecken von Messer, Gabel und Löffel in diesen Beutel leitet sich unser heutiger Begriff Besteck ab.

Gründonnerstagsuppe (Hemma von Gurk, um 1020)

3 Handvoll feingewiegte wilde Kräuter, 1 l Erbsenbrühe, 1 fein-gewürfelte Zwiebel, 2 zerdrückte Knoblauchzehen, 3 EL Sem-melbrösel, Butter, geriebene Muskatnuß, Salz, Pfeffer, Obers

Die Zwiebel in Butter andünsten, die Semmelbrösel mitrö-sten, Knoblauch und Kräuter dazugeben und mit Suppe aufgießen. 15 Minuten köcheln lassen, mit den Gewürzen abschmecken und Obers nach Geschmack darunterrühren.

Weiße Hühnerkraftbrühe (Frankreich, Mitte 13. Jahrhundert)

Man koche die Hühner in Wasser und Wein, nehme Mandeln, zerstoße sie und lasse sie in einem Topf kochen, schneide die Hüh-ner in Stücke, brate sie und lege sie in die Suppe. Dann nehme man: Mandeln, Nelken, langen Pfeffer, Folian, Galgantwurzel, Safran und Zucker, lege alles in Essig ein, lasse es durchziehen und vermenge das Ganze. So bekommt man eine gute Kraftbrühe.

Erbsensuppe (Le Viandier, um 1300)

In Erbsenpüree Speckwürfel geben, mit Milch verdünnen und mit etlichen Dottern legieren. Gekochte Hühnerstücke in Speck braten und als Einlage verwenden.

Zimtkraftsuppe (ibd.)

Ein Huhn in Wasser und Wein kochen. Das Fleisch ablösen und als Einlage verwenden. Mit Zimtsauce (aus Weißbrotbröseln, Zimt und Verjus) abschmecken.

Gänseküken-Suppe (Mesnagier de Paris, um 1393)

Das Gänseküken gut garen und anschließend braten. Ingwer, Nelken, Paradieskorn und Langpfeffer, Petersilie und ein wenig Salbei zerkleinern, mit dem Fleischsud des Gänsekükens anrühren, geriebenen Käse hinzugeben und zusammen mit drei Stücken vom Gänseküken in einer Schale servieren.

Lange wortys de chare (England, 1430)

Nimm Rindfleisch und Markknochen und koche sie in sauberem Wasser. Dann nimm jungen Lauch und wasche ihn sauber, blanchiere ihn in sauberem Wasser. Dann nimm ihn aus dem Wasser, nachdem er einmal aufgekocht hat, und schneide ihn, wirf ihn in die Rindsuppe und laß sanft kochen. Dann nimm eine Menge weiße Brotbrösel und streu sie über die Suppe, und Salz und Safran, laß es aufkochen und serviere es.

Joutes (England, 1430)

Nimm Gurkenkraut, Veilchen, Petersilie, jungen Lauch, Rüben, weiße und andere Kräuter, wasche sie und gib sie in ein Geschirr und koche sie auf. Dann nimm sie heraus, drücke sie gut aus und hacke sie fein, gib Weißbrot dazu und stoße es. Gib es in einen sauberen Topf, gib frische Brühe (von Rindfleisch oder Markknochen) daran und laß es zusammen eine Weile sieden; dann gib Safran hinein, salze es und serviere es in einer Schüssel mit Schinken, der in einem anderen Topf gekocht wurde.

Soppes Dorre (England, 1450)

Nimm rohe Mandeln und zerstoße sie in einem Mörser. Gib Wein dazu und seihe es durch. Laß es kochen und gib Safran, Zukker und Salz hinein. Dann nimm Weißbrod, schneide und bähe es, benetze es mit Wein. Gib es auf den Teller, gib Sirup darauf, bestreue es mit gemahlenem Ingwer, Zucker, Zimt, Nelken und Muskatblüte. Gib die Suppe darüber und serviere es.

Oysters in browet (Northumbria – Nordostengland, 15. Jahrhundert)

Nimm deine Austern aus der Schale und setze sie mit sauberem Wasser zu. Mahle Pfeffer und Safran und gib es mit Brot und Ale in dieselbe Suppe. Laß es kochen und salze es und serviere es.

Soupe dorée (Platina, um 1450)

Brotscheiben rösten, in eine Brühe einlegen, die aus Zucker, Weißwein, Eigelb und Rosenwasser bereitet ist; wenn sie gut damit durchtränkt sind, backe man sie in der Pfanne, lege sie dann noch in Rosenwasser und bestreue sie mit Zucker und Safran.

Eine Art potage (Brüssel, 1514)

Nimm Kalbfleisch und junge Hühner und schneide sie in Stükke. Dann koche sie in einem Topf mit Schmalz und Fleischbrühe. Dann weiche Brot ein und streiche es durch ein Sieb. Gib es in die Suppe, würze es mit einer erklecklichen Menge Ingwer. Würze mit Verjus und Stachelbeeren, dann ist sie fertig.

Mandelsuppe (Brüssel, 1514)

Nimm die beste Mandelmilch, die du erhalten kannst. Und wenn du willst, gebe Rosinen hinein. Laß es kochen, bis es dick ist. Und wenn man will, kann man auch Safran dazu geben. Das macht eine schöne Farbe. Im letzten Moment Zucker darüber streuen.

Erbsensuppe zu machen (Brüssel, 1514)

Nimm Erbsensuppe, wenn sie [die Erbsen] halb gekocht sind und aufspringen. Dann nimm Brotbrösel und zerstoße sie im Mörser. Gib sie in die Brühe und koche sie gut. Und gib darein Kümmel, Safran, gebratene Zwiebeln und auch andere Gewürze, welche du am liebsten hast. So hast du gute Erbsensuppe. In der Fastenzeit gibt man Rosinen auf die Erbsensuppe.

Linsensuppe (Balthasar Staindl von Dillingen, 1544)

Linsen die seüd fein gemaechlich / roest ein zwiffel darein /
seirs / stüps / Weinberlen / gibs auff ein baets brott / vnd für ein
nacht essen.

Pollische süpplin (1547)

Item Visch in ain Pollischen süpplin zumachen / So nym Petersil wurtzen ain guten tail / laß gantz waich sieden in aim wein / So sy
gantz waich seind / so treibs durch ain sib die gsotten Petersil wurtzen sampt dem wein / mers mit ainem süssen wein / gilbs / stüpps
/ laß wider sieden. So du nun den Visch an die stat gsotten hast /
so geüß die vorgemelt suppen an den gesotnen visch / laß in an die
stat gar sieden in der suppen / werden gar fast wolgeschmach / Hat
man nit Petersil wurtz / so ist der zwifl gut / schöl die zwifel haupt /
nyms gantz / nit zerschnittn / in ain häfelin / geüß ain wein daran /
laß koch waich sie den / treibs durch wie den Petersil.

Ungarische Hechtsuppe (Sabina Welserin, 1553)

Nempt den hecht vnnd schnit jn / vnnd macht jn zu stucken,
nempt einen guten wein, schneit epffel fein klain / lasts darin sieden
ain halbe fiertelstund / alsdan legt den hecht darein / vnnd last jn
darinnen sieden vnnd gewirtzt jn / thuet ain acht [Achtel] lemonin
darein vnnd ain wenig ain scharpfen essich vnnd gilbt jn / vnnd lassd
jn sieden / bis er gnug gesotten ist.

Kirschensuppe (Frantz de Rontzier, 1598)

Man bricht die Kirschen von den Stilen, bringt sie mit Wein
zum Feuer, schmeckt sie ab mit Zucker. Weißbrot in Butter gebraten und mit den Kirschen übergossen, bestreut sie mit Zucker und
Zimt.

DIE ENTDECKUNG AMERIKAS

Um 30.000 v. Chr. kamen Menschen aus Ostafrika über die damals bestehende Landbrücke von Sibirien über Alaska nach Nordamerika. Dies bedeutete die Erstbesiedlung des Kontinents durch Menschen, die im Laufe der Zeit immer weiter nach Süden vordrangen. Möglicherweise fanden mehrere Einwanderungswellen nach Amerika statt; nach gentechnischen Untersuchungen dürften die heutigen Indigenen als einzige Spezies überlebt haben. Allerdings fand die agrarische Revolution in Mexiko und im westlichen Südamerika erst zwischen 5000 und 3000 v. Chr. statt – vor allem Mais wurde in größeren Mengen angebaut. Die Töpferei wurde in den Küstengegenden Ecuadors um 4000 v. Chr. erfunden, rund 1000 Jahre später gab es Töpferwaren in Kolumbien. In den Töpfen konnten auch Suppen zubereitet werden. Die bekannte *Pozole* wurde ursprünglich mit dem Fleisch von Meerschweinchen gekocht. Fra Bernadino de Sahagún (1499–1590) überlieferte in seiner *Geschichte Neu-Spaniens*, daß diese Suppe von den Azteken auch mit Menschenfleisch zubereitet wurde. Montezuma II. (um 1465–1520) verspeiste anläßlich eines Festmahls die Suppe mit dem Oberschenkel eines hingerichteten jungen Gefangenen. Die *conquistadores* unterbanden jedoch nach Möglichkeit solche heidnischen Bräuche.

Als Columbus 1492 die Neue Welt entdeckte – er betrat zuerst die Karibischen Inseln – erzählte er später: »Ich war am Rande des Paradieses!«, und über Kuba meinte der kühne Seefahrer: »Die Sonne vergoldete ein Bild, das ich kaum zu beschreiben vermag: hohe Berge, welche mich an die Siziliens erinnern, fruchtbare Täler, Wiesen voll bunter Blumen, grüne Wälder, Insekten, die herrliche Flügeldecken entfalten, Vögel, die in allen Farben schillern ... Die Insel ist wohl die schönste, die Menschenaugen je gesehen.« – Doch bei diesen sanften Tönen blieb es nicht; die Entdeckung des irdischen Paradieses führte zur Ausrottung fast aller Ureinwohner. Knapp vierzig Jahre nach der Entdeckung des Kontinents lebten in Mittel- und Südamerika von einigen Millionen Indios nur mehr ein paar Tausend. Als Ersatz für die fehlenden Arbeitskräfte (Minen, Zucker-rohrplantagen) wurden Schwarzafrikaner in den karibischen Raum deportiert; trotz der menschenunwürdigen Umstände hinterließen auch sie kulinarische Spuren.

Die spanischen Eroberungen und der rege Austausch der Konquistadoren bzw. der ihnen nachfolgenden Kolonisten mit Europa veränderten die Kochkunst grundlegend. Die alte einheimische Kochkunst und der einfache Kochstil der Kolonialisten wurden erst später von spanischen, französischen, arabischen und karibischen Einflüssen überlagert. Brasiliens Küche wurde stark von den Portugiesen geprägt, auch die afrikanischen Sklaven, die häufig in den Küchen der Reichen beschäftigt waren, hatten Einfluß auf die Speisenzubereitung. Mit Zunahme der Emigration nach Nordamerika machten sich auch italienische und asiatische Einflüsse breit.

Als die Europäer in Amerika ankamen, fanden sie dort recht einfache Garmethoden vor: Braten und Kochen. Nachdem die Ureinwohner seßhaft geworden waren, ernährten sie sich vor allem im Süden von mannigfaltigen Pflanzen: Mais, Erdäpfel, Paradeiser, Tomatillos, Kürbisse, Chilis, Zucchini, Kürbis, Bohnen, Ananas, Süßkartoffeln, Quinoa, Amaranth, Schokolade, Vanille, Zwiebeln, Erdnüsse, Erdbeeren, Himbeeren, Heidelbeeren, Papayas und Avocados. Heute stammen weltweit rund ein Drittel der landwirtschaftlich genutzten Pflanzen aus Südamerika. Neben den neuen Rohstoffen, die aus Europa bzw. aus Asien über Europa nach Nord- und Südamerika kamen, brachten die Einwanderer auch ihr Kochgeschirr und ihre Herde mit, die die Kochgewohnheiten der Einheimischen beeinflußten.

Im Osten Nordamerikas kochten die Chippewa ebenfalls recht primitiv; sie benutzten jedoch bereits Holzlöffel zum Umrühren und verwendeten große Muschelschalen als Suppentasse/-löffel. Aber auch die Einwanderer schätzten Suppen sehr. Im ersten Kochbuch Amerikas aus dem Jahr 1742 finden sich *soop santé*, *pease soop*, *craw fish soop*, *broth*, *soop with eel* und *pea soop*. An der Ostküste entwickelten sich durch den Fischreichtum die berühmte *chowder*. Suppe blieb – zumindest in der Oberschicht – ein wichtiger Bestandteil der Mahlzeit.

Als die frühen Siedler nach Nordamerika kamen, bereiteten die Indianer bereits Fischragoûts, Maiseintöpfe, Kürbissuppen, die bis heute bekannten *baked beans* und geräucherte Fische zu. Vielen Einwanderern halfen die Ureinwohner in der ersten schweren Zeit. Die später so schlecht behandelten Indianer brachten den Siedlern bei, wie man Mais, Bohnen und Kürbisse pflanzte; sie lehrten sie, Fische zu fangen. Junge britische Frauen lernten von den Indianer-Squaws, wie man Maismehl für Brot und Brei stampft, Eintöpfe aus Wildpret, Bohnen und Mais zubereitet und nach eßbaren Wurzeln (unter anderem der Süßkartoffel) gräbt. In Neu-England garten die Indianer Suppen und Eintopfgerichte in ausgehöhlten Kürbissen, die sie in die heiße Glut legten. Zum Verdicken der Suppen wurden zerriebene Wurzeln oder Maismehl verwendet. Wildfleisch im Suppentopf wurde mit der Zeit durch das Fleisch der aus Europa eingeführten Tiere (Schwein, Huhn, Rind) ersetzt. Auch die berühmte *chowder* stammt aus dieser Gegend. Der Name leitet sich vermutlich vom französischen Wort *chaudière*, einem großen Kupferkessel, her. Darin bereiteten die Frauen der französischen Fischer einen Eintopf, in den die heimkehrenden Fischer jeweils einen Teil ihres Fangs warfen. »Kein geringerer als der berühmte amerikanische Dichter Longfellow soll behauptet haben, dass der Chowder französischen Ursprungs sei ... Die Not, die bekannterweise erfinderisch macht, lehrte auch die Auswanderer, in Ermangelung von Fleisch eine Suppe von Fischen und Muscheln zu bereiten, welch letztere beide es an der Küste in Hülle und Fülle gab. Das Kochgeschirr war den Verhältnissen nach sehr primitiver Natur und bestand aus einem grossen Kessel, von den Franzosen *Chaudière* genannt.«

An der mittleren Atlantikküste waren deutsche und Schweizer Siedler ansässig, die heute als *Pennsylvania Dutch* bezeichnet werden. Sie nahmen zahlreiche Rezepte aus der Heimat mit, die ebenso wie jene ihrer *fellow immigrants* durch die jeweiligen Indianerkulturen beeinflußt wurden, da die gebräuchlichen Zutaten und Lebensmittel aus Europa nicht zur Verfügung standen. Im Mittelwesten und in den *Great Plains* war das Angebot an pflanzlicher Nahrung nicht sehr groß. Die Indianer ernährten sich vorwiegend von Büffelfleisch. Sie dörrten das Fleisch, konnten es leicht transportieren und in Wasser mit ein wenig Gewürz rasch über offenem Feuer zu suppenartigen Eintöpfen kochen. Im Südwesten bis zum Pazifik gab es anfangs nur recht magere Kost, die die Pioniere und Siedler mit sich führten. Später vereinigten sich hier spanische, mexikanische und indianische Elemente zu einer pikanten Küche (*Cajun*).

Im Süden der USA siedelten sich viele Franzosen an; man kann dort aber auch den englischen und afrikanischen Einfluß spüren. Jahre nach der ersten Einwanderungswelle nach Amerika verließen viele Franzosen während und nach der Revolution (1789–1799) ihre Heimat und brachten ihre Köche nach Amerika mit. Jean Anthelme Brillat-Savarin (1755–1820) ging während der Revolution nach Amerika und besuchte dort einen Landsmann, Jean Payplat, genannt *Julien*, der als Koch arbeitete. Besonders im Süden Amerikas war der Einfluß der Franzosen auf die Kochkunst sehr stark. Im Zusammenspiel mit den meist schwarzen Köchen, die als Sklaven auf den Plantagen arbeiteten, bildete sich ein eigener Stil heraus. Die heute bekannten Gumbos gehen auf afrikanische Sklaven zurück. Das Wort *gombo* war die afrikanische Bezeichnung der Okraschote, die zu suppenartigen Eintöpfen verwendet wurde. Später ging der Namen auf gehaltvolle Suppen über, auch wenn keine Okraschoten zu ihrer Herstellung verwendet wurden. Generell hinterließen alle amerikanischen Einwanderer (Niederländer, Italiener, Chinesen, Skandinavier, Iren, Spanier, Basken, Portugiesen, Koreaner, Thais, Vietnamesen) im Suppentopf ihre Spuren. North und South Carolina waren für den guten Reis berühmt, der dort wuchs; in Europa erhielt man ihn nur in Spezereiwarenhandlungen als Karolinen-Reis zu einem hohen Preis.

Das ursprüngliche *pioneer food* war eine sehr einfache Sache und ermöglichte den europäischen Einwanderern – soweit ihnen nicht von den Indianern Hilfe geleistet wurde – als simples *emergency food* das bloße Überleben. Bei Tisch – soweit man davon überhaupt sprechen konnte – mußten weitgehende Kompromisse eingegangen werden. Neben dem Aufbau wirtschaftlicher, sozialer und politischer Strukturen war das Kulinarische eher nebensächlich, überdies kannten die Einwanderer viele der einheimischen Gewächse nicht. Auch ließ die offene Feuerstelle keine Komplexität beim Kochen aufkommen – Eintöpfe waren das Symbol der *frontier*.

Nachdem sich das Staatengebilde der USA nach dem Bürgerkrieg (1861–1865) konsolidiert hatte, begann ein rasanter wirtschaftlicher Aufschwung, der den Reichtum des Landes weiter förderte. Industrien aller Art bescherten vielen Teilen der Bevölkerung Wohlstand, der erst während der *Great Depression* (Ende der 1920er bis in die frühen 1940er Jahre) einen Einbruch erfuhr. *Fast food* entwickelte sich zu jener Zeit zu einer Industrie, die in der Folge die Ernährungsweise eines Großteils der US-Amerikaner prägte.

Pozole (Mexiko, präkolumbianisch)

Großkörnigen Mais 3 Tage lang in Essig einweichen, damit die durchsichtige Schale leicht abplatzt. In einem großen Topf gewürfeltes Schweinefleisch (die Indios verwendeten Fleisch von Meerschweinchen) kurz anbraten. Dazu gibt man eine geviertelte Zwiebel und einige Knoblauchzehen. Mit Wasser bedecken und 2 Stunden köcheln lassen. Mais mit Wasser und etwas Essig aufkochen, nach 3 Stunden die Schale ablösen und mit dem Fleisch in einen Topf geben. Die Suppe darüber seihen. Mit Chilisoße, Salz und Pfeffer abschmecken und etwas einkochen lassen.

Atolli (Mexiko, präkolumbianisch)

Maiskörner, Bohnen, Chilis, Ringelblumen-Blätter, geröstete Kürbis-Samen und gekochte, zerquetsche Süßkartoffeln in Wasser kochen.

Locro (Andenregion, präkolumbianisch)

Gemahlener Mais wird mit gewürfeltem Fleisch (oder Trockenfleisch), Salz, gewürfeltem Kürbis und Wasser zu einer dicken Suppe gekocht.

Corn soup (Maissuppe der Indios Kanadas, um 1500)

Rote Bohnen und Mais mit gewürfeltem, eingesalzenem, getrocknetem Fleisch weichkochen. Mit gehackten Kräutern bestreuen.

Locro (seit der Mairevolution 1810 ein argentinisches Nationalgericht)

500 g gemahlener gelber Mais, 250 g getrocknete Bohnen, 500 g gewürfelte Chorizo, 2 kg gewürfelte Rindsbrust und Knochen, 250 g gewürfelter Speck, 250 g gewürfeltes Trockenfleisch, 2 EL Fett, 2 EL feingeschnittene Jungzwiebeln, ½ EL gewürfelter Paprika, 1 geschälter, gewürfelter kleiner Kürbis, Salz, Kümmel, feingehackte Petersilie

Mais und Bohnen über Nacht einweichen. Abseihen und in einen Topf mit frischem Wasser geben. Salz, Fleisch, Knochen, Trockenfleisch, Chorizo, Kürbis und Speck dazugeben. Alles weichkochen; bei Bedarf warmes Wasser nachgießen. Knochen entfernen. Das Fett erhitzen, die Zwiebeln gelb rösten, Paprika, Petersilie und Kümmel dazugeben, gut vermischen und in die Suppe rühren.

Kürbissuppe (Maya, 1500)

1 kg geschälte, entkernte, gewürfelte Kürbisse, 2 EL Fett, 3 EL Honig, 1 l klare Truthahnsuppe, Salz, dünngeschnittene, wilde Zwiebeln, Kürbiskerne

Die Kürbiskerne mit Fett und Salz rösten. Die Kürbiswürfel in einen Topf geben, mit Salz und Honig würzen; immer wieder Suppe zugießen und köcheln lassen. Pürieren. Die Suppe heiß mit den Kürbiskernen und Zwiebeln servieren.

Pojoaque Suppe (Südamerika, um 1700)

1 l gekochte Pintobohnen, ½ l Kochwasser der Bohnen, 1 zerdrückte Knoblauchzehe, Salz, etwas Oregano, 1 TL feingehackte Zwiebel, ¼ l eingedickte Milch (aus ½ l), 1 TL rotes Chilipulver

Alle Zutaten in einen Eisentopf geben, über ein lebhaftes Feuer hängen und 30 Minuten kochen lassen. Wenn die Suppe zu dick wird, etwas Wasser nachgießen. Kräftig abschmecken.

Green onion soup (Westen der USA, um 1800)

In einen hohen Tontopf gibt man geschnittene Jungzwiebeln, ein paar getrocknete Wacholderbeeren und kräftige Fleischsuppe. 30 bis 40 Minuten kochen lassen und mit Salz und Pfeffer würzen.

Frühlingslammsuppe (Nordamerika, 19. Jahrhundert)

1 hintere Lammstelze, Salz, 1 zerdrückte Knoblauchzehe, 1½ l Wasser, 1 mittelgroße, feingehackte Zwiebel, 1 TL Korianderkörner, 2 zerdrückte Pfefferkörner, ½ l eingeweichte Pintobohnen

Alle Zutaten in einen großen Eisenkessel geben und vier Stunden langsam köcheln lassen. Die Bohnen sollten sehr weich sein. Die Stelze herausnehmen, das Fleisch ablösen und würfeln. Die Bohnen pürieren, Fleisch dazugeben und nochmals erhitzen.

Kürbissuppe (Nordamerika, 19. Jahrhundert)

1 kleiner geschälter, entkernter Kürbis, Salz, 2 l Wasser, ¼ TL weißer Pfeffer, 3 EL Butter, ¾ l heiße Milch, 1 EL brauner Zucker, Tabascosauce

Kürbis würfeln und im Wasser weichkochen. Abseihen und durch ein Sieb in einen Suppentopf passieren. Mit der Butter, dem Zucker und den Gewürzen verrühren. Unter Rühren drei Minuten über kleinem Feuer erhitzen. Langsam die Milch dazugießen und erhitzen. Mit Tabasco abschmecken und mit gerösteten Brotwürfeln servieren.

Garbanzo soup (Südarizona, 1850)

Kichererbsen über Nacht einweichen. Feingehackten Frühstücksspeck bei milder Hitze auslassen, feingehackte Zwiebel und Knoblauch einrühren. Einen Liter Hühnersuppe, Kichererbsen, frische feingeschnittene Chili und Chilipulver einrühren. Zum Kochen bringen. 1½ Stunden köcheln lassen. Mit Salz abschmecken und sehr heiß servieren.

Acorn soup (Apachen, um 1860)

1½ kg Büffelfleisch (man kann Rindfleisch verwenden), Pfeffer, Salz, 250 g Eichelmehl, Wasser

Das Fleisch mit Wasser bedecken und köcheln lassen. Mit Salz und Pfeffer würzen, während das Fleisch langsam weich wird. Das Fleisch herausnehmen und in Würfel schneiden. Die Fleischsuppe weiterkochen lassen. Inzwischen die Fleischstücke mit dem Mehl vermischen und in die Suppe geben. Langsam köcheln lassen. Wenn die Brühe weiße Blasen mit gelben Flecken zeigt, dann ist die Suppe fertig.

Chicken gumbo (Louisiana, um 1860)

1 Huhn ca. 1½ kg schwer, 4 EL Butter, 1 dicke, gewürfelte Scheibe Schinken (ca. 400 g), 1 feingeschnitte Zwiebel, 1½ l heißes Wasser, 250 g in Scheiben geschnittene Okra, 1 Zweig Thymian, 2 Dutzend Austern, Cayennepfeffer, Salz

Zwiebel in Butter andünsten, dann das in Teile geschnittene Huhn dazugeben, salzen und mit heißem Wasser aufgießen. Kochen lassen, bis das Fleisch weich ist (ca. 30 Minuten). Hühnerteile herausheben, von Haut und Knochen lösen, in Stücke teilen und in die Suppe geben. Mit dem Schinken, Okra, Thymian und Austern weiterkochen, bis die Okraschoten weich sind. Kräftig abschmecken und eventuell mit etwas Mehl binden.

Zuni Maissuppe (um 1900)

500 g gewürfeltes Lammfleisch, 2 TL gehackte rote Chilischoten, 8 Maiskolben, 1½ l Wasser, Salz

In der Hälfte des Wassers die Lammfleischwürfel kochen, die Maiskörner dazugeben, das restliche Wasser kochend dazugeben und mit den Chilis weichkochen. Mit Salz abschmecken.

Salmon chowder (New England, um 1900)

2 EL Butter, 1 feingehackte große Zwiebel, 1 zerdrückte Knob-lauchzehe, ¾ l Fischfond, ¼ l Hühnersuppe, 1 Dose (400 g) geschälte Paradeiser, ½ TL Zucker, 1 Prise getrockneter Thymi-an, 1 großer, gewürfelter Erdapfel, 1 TL Zitronensaft, Salz, Pfeffer, 300 g gewürfeltes Lachsfilet, 3 EL gehackte Dille

Die Butter zergehen lassen, Zwiebel und Knoblauch darin an-dünsten. Die Suppen dazugeben, ebenso Paradeiser, Zucker und Thymian. 5 Minuten kochen lassen. Erdäpfel und Zitronensaft un-termischen. Abschmecken und 12 Minuten köcheln. Lachs dazuge-ben und noch 5 Minuten garen. Mit Dille bestreut servieren.

New England clam chowder (Massachusetts, 1910)

1½ Dutzend Clams (oder 2–3 Dutzend Venusmuscheln), 1 EL Maisstärke, ³/₈ l Wasser, 1½ kg geschälte, gewürfelte Erd-äpfel, 125 g gewürfelter Frühstücksspeck, 1 feingehackte große Zwiebel, ½ l aufgekochte Milch, 2 EL weiche Butter, 2 EL Mehl, ½ l Obers, 1 Prise getrockneter Thymian, Salz, Pfeffer aus der Mühle, gehackter frischer Petersil

Die Muscheln bürsten, mit Maisstärke und Wasser in eine Schüssel geben. 30 Minuten darin wässern. Gründlich abspülen. Muscheln mit Wasser und Zwiebel in einen Topf geben, zum Ko-chen bringen und 4–5 Minuten köcheln lassen, bis sich die Mu-scheln öffnen. Aus den Schalen nehmen und hacken. Den Sud durch ein Sieb gießen. Erdäpfel 3 Minuten in Salzwasser vorkochen, abseihen und den Speck in einem Topf ausbraten. Das Fett bis auf 1 EL abgießen. Mit der Milch den Bratensatz lösen, Erdäpfel und Muschelsud dazugeben. Zum Kochen bringen, leicht köcheln lassen und die mit Mehl verknetete Butter beifügen. Obers und Thymi-an unterrühren und dicklich einkochen lassen. Das Muschelfleisch dazugeben, 2 Minuten erhitzen, abschmecken und mit Petersil be-streut servieren.

Fish chowder (Boston, um 1920)

200 g Fischfilets, Salz, Saft von ¼ Zitrone, 2 feingehackte Zwiebeln, 1 gewürfelte Paprikaschote, ½ gewürfelte Sellerieknolle, 2 große, gewürfelte Erdäpfel, 50 g durchzogener, gewürfelter Speck, 1 Eßlöffel Butter, ½ l Wasser, Pfeffer, 1 Rindsuppenwürfel, ½ l Milch

Fisch würfeln, salzen und mit Zitronensaft beträufeln. Speck in einem Suppentopf ausbraten. Butter, Zwiebeln, Paprika, Sellerie und Erdäpfel darin glasig dünsten, Wasser dazugießen, Würfel dazugeben und 10 Minuten kochen. Mit Salz und Pfeffer abschmecken und die Fischwürfel 5 Minuten ziehen lassen. Milch dazugießen, die Suppe erhitzen, aber nicht mehr kochen lassen.

Andalusensuppe (1926)

1 kg rote, feste Paradeiser werden gewaschen, durchgeschnitten, ausgedrückt, mit einem Löffel Mirepoix und einigem Gewürz weichgedünstet und durch ein Haarsieb gestrichen. Das entstandene Püree wird mit 1½ l klarer Rindsuppe verdünnt, mit 1 EL Erdäpfelmehl legiert, 15 Minuten gekocht, abgeschäumt, gesalzen und vor dem Anrichten mit Weißwein (1 dl auf die Hälfte eingekocht) abgeschmeckt. Die Suppe erhält gekochte Vermicelli als Einlage. Mit frischgeriebenem Parmesan reichen.

Vegetable soup (New Orleans, 1930)

1 kleiner Suppenknochen vom Rind, Wasser, 150 g gewürfelte weiße Rüben, 250 g gewürfelte Karotten, 2 geschälte, gewürfelte Erdäpfel, 1 kleine feingehackte Zwiebel, feingehackte Blätter und Stangen einer Sellerie, 500 g geschälte Paradeiser (Dose), Salz, Pfeffer

Den Fleischknochen in einen Topf geben und mit Wasser bedeckt langsam zum Kochen bringen. 10 Minuten kochen lassen. Dann zudecken und 3 Stunden kochen und abschäumen. Die Gemüse zugeben und eine weitere Stunde kochen. Den Knochen herausheben, die Suppe kräftig abschmecken und heiß servieren.

Callalou (Karibik, um 1950)

250 g kleingeschnittene junge Callaloublätter, 1 feingehackte kleine Zwiebel, 2 gehackte Knoblauchzehen, 50 g Butter, 1½ l Hühnersuppe, 250 g frische Krabben ohne Schale, Pfeffer, Salz, Chili

Zwiebel und Knoblauch in Butter glasig andünsten, die Callaloublätter dazugeben und 5 Minuten dünsten. Mit der Suppe aufgießen und auf schwacher Flamme köcheln lassen. Die Krabben hineingeben, kräftig abschmecken und noch 5 Minuten ziehen lassen.

Sioux turnip and corn soup (Great Plains, um 1960)

1½ kg Fleischknochen vom Büffel, Wild oder Rind in Stücke zerschlagen, 1½ l Fleisch(knochen)suppe, 300 g gewürfelte Rüben, 250 g tiefgefrorene Maiskörner, Salz, Pfeffer

Alle Zutaten mit Ausnahme von Salz und Pfeffer in einen Suppentopf geben, zum Kochen bringen, köcheln lassen und abschäumen. 1 bis 1½ Stunden kochen lassen. Knochen herausfangen, Fleisch von den Knochen lösen, in die Suppe geben und mit Salz und Pfeffer abschmecken. Heiß servieren.

Shrimp soup (Karibik, 1988)

500 g frische Krabben ohne Schale, 1 feingehackte Zwiebel, 1 l Hühnersuppe, 1 Würfel Hummersuppe, 200 ml Crème fraîche, feingehackte Dille, Pfeffer, Salz

Die Zwiebel in die Hühnersuppe geben und einmal kräftig aufkochen lassen. Würfel dazugeben und weiterkochen, Crème fraîche und Krabben hineingeben und 10 Minuten ziehen lassen. Vor dem Servieren mit Dille bestreuen.

Iroquois sunflower seed soup (Nordosten der USA, 1990)

*500 g geschälte Sonnenblumenkerne, 1½ l Hühnersuppe,
3 feingeschnittene Jungzwiebeln, 2 EL frischgehackte Dille,
Salz, Pfeffer*

Die Sonnenblumenkerne und Zwiebeln in der Suppe ohne
Deckel weichkochen (ca. 1 Stunde). Dille einrühren und mit Salz
und Pfeffer abschmecken.

Peanut soup (Virginia, 2000)

*500 g feingehackte Erdnüsse, ½ l Hühnersuppe, ½ l Milch oder
Obers, 2 EL frischgehackter Schnittlauch, Salz, Pfeffer aus der
Mühle*

In einem schweren Topf Suppe, Erdnüsse und Milch 10 Minuten köcheln lassen, ab und zu umrühren. Abschmecken und mit
Schnittlauch bestreuen.

ARMENSPEISE
UND FRÜHSTÜCKSSUPPE

Lange Zeit war Suppe mit Brot das einzige Gericht der Bauern; sie zählt noch heute zu den wichtigsten Speisen der Landbewohner. Suppe war die traditionelle Speise zum Frühmahl und wurde – in den reichen Schichten der Bevölkerung – erst im 18. Jahrhundert von den neuen Luxusgetränken Tee, Schokolade und Kaffee verdrängt. Diese Getränke verlangten nach anderen Zuspeisen, man aß nun »ayerne Küpfel«, weißes Gebäck, Butter und Marmelade zum Frühstück.

Diese Wandlung vollzog sich allerdings nicht weltweit. Asiaten und Afrikaner kennen das in Europa gebräuchliche Frühstück nicht. In großen Hotels wird aber auch außerhalb Europas immer ein westliches Frühstück angeboten. Im ländlichen Raum hielt sich die Frühstückssuppe in Europa oft noch bis in die dreißiger und vierziger Jahre des 20. Jahrhunderts. Während in den betuchten Schichten Obers-, Wein- und später Schokoladensuppen zum Frühstück gegessen wurden, mußten sich ärmere Kreise mit (Sauer-)Milch, Bier, (Fall-)Obst und Getreide als Zutat zur Frühstückssuppe begnügen.

Gerade in den armen und bäuerlichen Schichten gab es lange kein Besteck. Man trank die Suppe oder den Brei aus tiefen Schüsseln; erst ab dem 17. Jahrhundert bürgerte sich allmählich der meist aus Holz geschnitzte Löffel ein. Im bäuerlichen Bereich Europas wurden Löffel für die Suppe oft noch bis in die erste Hälfte des 20. Jahrhunderts selbst angefertigt. Emaillierte Blechteller lösten nur langsam die gemeinsame Schüssel ab, die in der Mitte des Tisches stand. In den ländlichen Gebieten Österreichs hielt sich die Morgensuppe bis in die dreißiger Jahre des 20. Jahrhunderts. Sie wurde schließlich vom Kaffee verdrängt, allerdings bis in die Nachkriegszeit von Ersatzkaffee. Zu den Frühsuppen zählten Brennsuppe, Milchsuppe, Topfenrahmsuppe, Erdäpfelsuppe, Grießsuppe, Kässuppe, Stosuppe (Stoßsuppe), saure Suppe, Breisuppe etc.

Im Mittelalter und in der Frühen Neuzeit erfüllten die Klöster eine wichtige Aufgabe – durch die Verteilung der Klostersuppe konnten die Mönche viele Mitmenschen am Leben erhalten. Die Klostersuppe war zumeist eine kräftige Suppe mit Hafermehl (oder anderen Getreiden) und Gemüsen, besonders Rüben. Mit der Zeit kümmerten sich auch die Regierungen um die Verköstigung von Armen. In Großbritannien kann man ab 1839 offziell von *soup kitchens* sprechen, die vom *establishment* erhalten wurden, um den ärmsten Mitmenschen wenigstens das Überleben zu sichern. 1847 trat der *Temporary Relief Act* in Kraft, der das Armenversorgungswesen staatlich organisierte; das neue Gesetz wurde auch als *Soup Kitchen Act* bezeichnet. Im 19. Jahrhundert und Anfang des 20. Jahrhunderts waren in den USA hauptsächlich private und kirchliche Organisationen um die Armenfürsorge bemüht. Heute gibt es Tausende Suppenküchen im ganzen Land, deren Bedeutung seit 1998 wieder stark im Steigen ist.

Im 18. Jahrhundert machte sich der Offizier und Physiker Graf Rumford (Benjamin Thompson, Reichsgraf von Rumford, 1753–1814) für seine nahrhafte Suppe, die den Armen helfen sollte, stark. Die Erinnerung an bzw. Erfahrungen aus Krisenzeiten – seien es Kriege oder Notzeiten aufgrund von Seuchen oder Mißernten – lehrten, daß natürlich die armen Schichten am meisten darunter litten. Rumford wollte mit seiner Suppe Abhilfe schaffen, was ihm auch gelang. In ganz Europa sprach man von den Vorteilen und den selbstlosen Ideen des Flüchtlings aus Amerika. Auch im Wien des Jahres 1822 wurde die *Rumfordsuppe* hochgelobt: »Eine gesunde, nahrhafte, wohlschmeckende, und zugleich auch wohlfeile Suppe muß besonders für ärmere Menschen, für große Hospitäler und Versorgungsanstalten, für Armeen im Kriege etc. von höchster Nutzbarkeit sein. Zu einer ökonomischen Suppe darf man nur solche Substanzen anwenden, die schon allgemein als gesunde Nahrungsmittel bekannt sind. Die erste Stelle nehmen ohnstreitig die Erdäpfel ein: sie sind nicht blos sehr nahrhaft, sondern fast alle Menschen essen sie auch gern. Nach den Erdäpfeln folgen die Bohnen, Erbsen, und Linsen. Sehr vortheilhaft ist es, wenn die Bohnen ... zu einem groben Mehle gemahlen werden, weil sie dann vorzüglich eine sehr gute, schleimdicke, und kräftige Suppe geben. Auch Erbsen und Linsen können so gemahlen und gebraucht werden ... Reis ist ein vortreffliches Nahrungsmittel, nach dem Reis kommt die Gerste ... Des

Wohlgeschmacks wegen setzt man Zwiebeln, Sellerie, Knoblauch, Petersilie, gelbe Rüben, Savoyerkohl, Sauerampfer, Thimian, Majoran, Lorbeerblätter, anderes Gewürz, Salz und Pfeffer zu; ausserdem auch etwas Butter oder Schmalz, oder Nierenfett oder gebratenen Speck und einige geröstete Brotschnitten.«

Der Chemiker und Erfinder Denis Papin (1647–1712) hatte Vorbildwirkung für Rumford und seine Suppe. Im Papin'schen Topf konnte man nicht nur rasch mit geringem Aromaverlust garen, sondern auch (gemahlene) (Rinds-)Knochen vollkommen auskochen, d.h., alle Inhaltsstoffe gewinnen; auf diese Weise war die Herstellung von Gallerte möglich, mit der man die Armensuppe kräftiger machte und verfeinerte. Rumfords Suppe war jedoch nicht nur für die Versorgung armer Menschen gedacht, sie diente in getrockneter Form – als *Rumforder-Suppengrieß* – auch als Proviant für Soldaten.

In Wien entstanden im 19. Jahrhundert die sogenannten Suppenanstalten, die gegen eine geringe Gebühr (oder gratis) der zunehmenden armen Bevölkerung in der Stadt zumindest das Überleben sichern sollten. 1880 hieß es: »Da bei immer höher steigenden Preisen der Lebensmittel und damit in Verbindung stehender wachsender Armuth das Augenmerk auf eine möglichst billige Ernährung der unteren Volksclassen gesehen werden mußte, entstanden die Suppenanstalten, wozu die berühmte Rumford'sche Suppe den Anstoß gab, und um ein Geringes der Bedürftige wenigstens in der kalten Jahreszeit durch das warme nährende Getränk ein Labsal erhielt. In den Asylhäusern für Obdachlose wird Abends und Morgens, denen, die ein Nachtlager suchen, eine große Schale mit Einbrennsuppe verabfolgt.« Besonders Damen aus der Oberschicht unterstützten diese wohltätigen Einrichtungen.

Auch die *Garbure*, die in der Béarne, einer alten französischen Provinz am Fuß der Pyrenäen, gekocht wurde und wird, läßt noch die Armensuppe erkennen, die sättigend und dick sein sollte. Im besten Fall kamen noch ein Stück Speck und/oder Geräuchertes von der Gans hinein. Dennoch wurde die Suppe durch das kulinarische Geschick der Einwohner zu einer Delikatesse: »Die Béarner Feinschmecker haben der Garbure ein Finale gegeben, das diese Suppe zu den besten der Welt zählen läßt, sie wird *goudale* genannt ... Nachdem Brot, Fleisch und Gemüse in der Suppe gegessen wurden, wird noch ein Rest Flüssigkeit in der Garbure gelassen und ein großes

Glas Jurançon oder ein guter Rotwein hinzugegossen. Durch diesen Trunk bekommt die Suppe ihre Krönung.«

In Kriegszeiten hatte die Suppe wieder ihren Stellenwert als Kost der Armen bzw. Überlebenskost. Der Erste Weltkrieg machte erstmals klar, das ein bewaffneter Konflikt dieser Dimension nicht nur die Soldaten betraf, sondern auch die Menschen im Hinterland; sie waren zwar von den Kriegseinwirkungen nicht direkt betroffen, litten aber Hunger, weil in der Landwirtschaft die Männer als Arbeitskräfte fehlten, Fleisch unerschwinglich wurde und die Importe abbrachen. 1916 hieß es daher: »Dicke Suppen, besonders aus Hülsenfrüchten, sind für die Kriegszeit sehr zu empfehlen. Die geschickte Hausfrau kann hier jeden Rest von Kartoffeln, Gemüsen, Tunken, Aufläufen usw. gut verwerten und die Suppe mit wohlschmeckenden Würzen wie Tomaten, Pilzen, Petersilie usw. verbessern. Als Suppeneinlagen können Reste von Kartoffelstückchen, Makkaroni, Aufläufen, Puddings, Bratlingen, Knödeln usw. ebenfalls darin aufgewärmt werden. Als nahrhafte Würze ist besonders Nährhefe zu verwenden.«

Im Zweiten Weltkrieg war die Ernährungslage in Mitteleuropa noch dramatischer; die Suppenwürfel gewannen größere Bedeutung. Die Bewirtschaftung der Hauptnahrungsmittel machte das Kochen für die Hausfrau nicht einfach. Doch Franz Ruhm (1896–1966), die Ikone der Wiener Küche, bemühte sich auch 1940 um diese Probleme: »Die Beschränkung des Fleischkonsums ... ist dadurch wettzumachen, daß das Fleisch an sich nicht mehr als Hauptbestandteil einer Speise verwendet wird, sondern daß es in Verbindung mit pflanzlichen Nahrungsgütern und einer entsprechenden Zubereitung eine nebensächliche Rolle in der Herstellung sättigender Speisen spielt.« Die durch Suppenwürfel ermöglichte, bequeme Art der Herstellung von Suppen bewirkte, daß man selbst nach Kriegsende – sobald sich die Ernährungslage gebessert hatte – für aufwendige Suppen keine Zeit mehr verwenden wollte: Wozu Gemüse putzen, Fleisch und Knochen zustellen, abseihen, klären, pürieren, entfetten etc. wenn alles fertig in Dosen, Würfeln oder Packerln zur Verfügung stand?

In vielen Teilen Asiens hat sich bis ins 21. Jahrhundert kein spezifisches Frühstück herausgebildet. Man ißt nach wie vor Suppe zum Frühstück, so auch die in Laos bis heute so geschätzten Nudelsuppen. In Vietnam wird Suppe ebenfalls traditionell zum Frühstück verzehrt. In großen Schalen trägt man die dampfende Köstlichkeit auf, die meist auf Rinder- oder Hühnerbasis gekocht wird. Reis, Nudeln und Fleisch dienen als Einlage, die natürlich mit Gewürzen (*nuoc mam*, Chili-Knoblauch-Sauce, Hoisinsauce) üppig versehen werden. Kurz vor dem Servieren gibt man meist noch Sojabohnensprossen, Koriander, Basilikum, Chili, Limettenscheiben und grüne Frühlingszwiebel in die Brühe. Ihr einheimischer Name *phó* bedeutet »deine eigene Schüssel«. In Tunesien und Algerien gibt es noch heute eine spezielle Frühstückssuppe während des Ramadan, ebenso in Ägypten; diese Suppen werden allerdings nur dann vor Sonnenaufgang als Frühstückssuppe genossen, wenn der Ramadan in die Wintermonate fällt.

Biersuppe (Rumpoldt, 1581)

Biersuppen mit Eyerdottern süß gemacht / vnnd mit Butter auffsieden lassen / machs gelb oder nicht / vnd wenns auffgesotten hat / so saltzs ein wenig.

Frühsuppe (Rumpoldt, 1581)

Nim Eyerdotter / zeuch sie in ein Erbeßbrüh / rürs vmb biß auffseudt / und machs gelb / so wirt es eine gute Suppen.

Graupensuppe (Morgensuppe von König Ludwig XIII., 1601–1643)

Perlgraupen mehrere Stunden in Wasser einweichen. In eine Kasserolle Butter und 1 Eßlöffel Mehl geben, heiße Hühnersuppe dazugießen und die Graupen dazugeben. Mit Salz und Safran würzen und die Graupen weichkochen. Durch ein Sieb passieren, warm halten und mit Dotter, Obers und Butter legieren. Mit reichlich Zitronensaft abschmecken.

Boüillon du matin (Frühstückssuppe, Paris, 1693)

Man bereitet sie aus Rind-, Kalb- und Schaffleisch & zwei Fleischknochen. Man nimmt eine gekochte Hühnerbrust und zerstößt sie im Mörser mit Brotrinde und gibt es in die Bouillon; & wenn das Ganze einen guten Geschmack hat, passiert man es durch Etamin, um es über Croûtons anzurichten.

Wein-Suppe zu machen (Wien, 1741)

Man soll süssen und sonst guten Wein nehmen, und darunter zween Löffelvoll frisch Wasser, 3. oder 4. Eyrdotter, und ein süssen Ram also wohl absprittlen, darnach ein Schmaltz in einer Pfann wohl hitzen, und die Suppen darein schütten, Zucker, Muscatblühe und Saffran darein thun, und wohl den vierdten Theil lassen einsieden; die Wein-Suppen seynd gar schädlich, wanns nicht wohl gesotten seyn, seynd auch nicht gut.

Suppe von Milch mit verlohrnen Eyern (Zedler, 1744)

Setzet so viel Milch, als ihr nöthig habet, in einem Töpfgen zum Feuer, damit sie siedet. Inzwischen schneidet die Semmel in eine Schüssel, darauf ihr die Suppe anrichten wollet; schlaget auch in ein ander Töpfgen drey Eyerdotter und ziehet die Milch damit ab, schüttet solche über die eingeschnittene Semmel, und saltzet es ein wenig, setzet oben verlohrne Eyer darauf, streuet auf die Eyer Muscaten-Blüten, und lasset sie auftragen.

Milchreim-Suppen (Oberssuppe, Wien, um 1765)

Erstlichen treibe ein wenig Mehl ab in einem Hafen mit frischem Wasser, und ein wenig Essig, rühre Milchreim darein, einen Theil Milchreim, und zwey Theil siedendes Wasser, lasse es schön gemach aufsieden, damit das Mehl anziehet, gut gewürzt, und gesalzen, alsdann angericht.

Ciocolate-Suppen (Wien, um 1770)

Erstlich wird das Mehl schön braun in einer Rein gelind [geröstet], hernach wird es durchgefähet, nimm es in den Suppen-Hafen, soviel man vonnöthen hat, treibe es mit kalter Milch, als man Suppen brauchet, darein abgerührt, und lasse es wiederum aufsieden, nimm gefähten Zimmet, und Ciocolate, rühre es besonders mit siedender Milch ab, thue darein Zucker nach Belieben auch frischen Butter.

Turtle soup (Frühstückssuppe, New York, um 1790)

Eine besonders kräftige Schildkrötensuppe wurde mit geröstetem Weißbrot gegessen.

Armensuppe (Van Marum, um 1820)

Man nimmt 8 lb Ochsengallerte, die aus 2 lb Knochen bereitet worden ist. Beym Abkochen setzt man 4 Loth Salz hinzu, hernach 8 lb Gerstensuppe, von ½ lb Gerstenmehl gekocht, 8 lb Kartoffelbrey, aus 6 lb Kartoffeln, eine Zwiebel und 1 Loth Salz ... Wasser und Gerstenmehl werden in einem Kessel zuerst ins Kochen gebracht. Dies Kochen wird über mäßigem Feuer zwey Stunden lang fortgesetzt. Die geschälten Kartoffeln werden nun hinzugethan, und das Kochen damit läßt man noch eine Stunde lang fortdauern. Während dieser Zeit wird die Flüssigkeit im Kessel mit einem großen hölzernen Löffel umgerührt, um die Kartoffeln gänzlich zu zerreiben, und nun wird auch die Ochsengallerte hinzugeschüttet. Sobald die Suppe eine gleichförmige Masse ausmacht, thut man Salz und Zwiebeln und zuletzt auch klein geschnittene in Fett geröstete Brotstückchen hinzu.

Rumfordsuppe für 100 Personen (Wien, 1822)

6 Pfund 8 Loth geriebene Erdäpfel, 6 Pfund 8 Loth Brot, 100 Pfund Wasser, 1 Pfund 18 Loth Salz, 1 Pfund 18 Loth Zwiebeln, 25 Loth Schmalz. Kann man Fett zum Rösten des würflig geschnittenen Brotes anwenden, wird dadurch der Geschmack desselben erhöht ... Um 6 Uhr Morgens schüttet man in den rein gescheuerten Kessel das Wasser, die weißen Bohnen und die Linsen, und bringt sie zum Kochen. Nach 9 Uhr setzt man die geriebenen Erdäpfel hinzu, so wie zu gleicher Zeit die gelben Rüben, den Savoyerkohl oder das Weißkraut u. dgl. Von dem Gewichte dieser Substanz werden die später hinzu kommenden Zwiebeln abgezogen. Alles zusammen läßt man nun nur bey schwachem Feuer eine Stunde lang kochen. Gegen 10 Uhr kommt das Mehl von Bohnen, Erbsen etc. hinzu. Dieses muß vorher mit der Suppe in einem besonderen Geschirre angemengt, und dann durch ein Sieb gerade in den Kessel gegossen werden ... Zwey Stunden lang kocht man das ganze Gemenge unter beständigem Umrühren, nachdem man auch die übrigen Stoffe hinzugefügt hatte. Während dieser Zeit läßt man die Zwiebeln etwas in Fett oder Butter rösten, und setzt sie dann mit Salz hinzu. Auch fügt man nachher, wenn man will, etwas Pfeffer bey. Um 12 Uhr ist alles zu einer gleichförmigen Masse verkocht, und eine Suppe fertig, die fast die Dicke eines Breyes hat. Das geröstete Brot wird erst beim Ausfüllen zugesetzt.

Milchsuppe mit Riebele (Bregenz, um 1850)

Riebele: 200 g Mehl, 1 Ei, etwas Wasser, Salz; 2 l Milch, Salz, Muskatnuß

Mehl, Ei, etwas Salz und Wasser in eine Schüssel geben und so lange vermengen, bis sich kleine Teigstückchen bilden. Die Riebele in heißem Schmalz backen und abtropfen lassen. Milch mit Muskat und Salz würzen, aufkochen und die Riebele hineingeben. Unter Rühren kurz verkochen lassen.

Apfelsuppe (Böhmen, um 1850)

150 g Kristallzucker, 1 TL Erdäpfelstärke, 250 g beliebige Apfelschnitzel, 1 Dotter, Saft ½ Zitrone, ¼ l Obers

¾ l Wasser mit dem Zucker zum Kochen bringen und das mit etwas kaltem Wasser angerührte Stärkemehl gut darin verrühren und einmal aufkochen. Äpfel schälen, entkernen und mit Zitronensaft beträufeln; in kleine Schnitzchen schneiden. Mit Obers und Dotter verrühren und in die Suppe geben. Mit mürben Kipfeln servieren.

Brodsuppe (Mainz, 1850)

Zwei Gelberüben, zwei Sellerieknöpfe, zwei Petersilienwurzeln und zwei große Zwiebeln werden in ganz feine Scheiben geschnitten. Dieses Alles kommt nun nebst einem halben Pfund frischer Butter in eine Kasserolle, wird eine Viertelstunde langsam gedämpft, sodann mit einer Maaß Fleischbrühe übergossen, zwei Pfund in kleine Theile geschnittenes Schwarzbrod hinzugefügt, das Ganze noch dreiviertel Stunden fortgekocht und nachdem Alles zusammen durch ein Haarsieb gestrichen. Dieses durchstrichene Mus wird nun mit noch zwei Maaß brauner Brühe aufgefüllt, zwei- bis dreimal aufgekocht und die Suppe sodann angerichtet.

Niederländer Suppe (1858)

3 Seidel Wasser läßt man mit Petersilwurzel und etwas Essig sieden, gießt damit gelbe Einbrenn an, sprudelt ½ Seidel Rahm, 3 Sardellen, Petersilie, Limonienschalen und Knoblauch damit ab, salzt es und gibt es gut versotten über gebackene Semmel.

Waldarbeitersuppe (Südtirol, 1860)

250 g getrocknete, in Wasser geweichte Bohnen, 70 g gewürfelter Selchspeck, 20 g Mehl, 500 g Geselchtes (am besten Kaiserfleisch oder Schopf), 1 feingeschnittene Zwiebel, Salz

Das Geselchte in 1½ l Wasser kochen. Wenn es weich ist, herausnehmen. Die Bohnen in die Suppe geben und weichkochen. Mit Speck, Zwiebel und Mehl eine Einbrenn bereiten und die Suppe binden. Einen Teil des Geselchten würfeln und in die Suppe als Einlage geben.

Zwiebelsuppe (Paris, um 1860)

In Ringe geschnittene Zwiebeln in Fett glasig dünsten, etwas Mehl dazugeben und verrühren. Mit Wasser aufgießen und ein Glas trockenen Weißwein dazugeben. Mit Salz und Pfeffer kräftig würzen und 20 Minuten kochen lassen. Eine Scheibe Baguette drauflegen, dick mit geriebenem Gruyère bestreuen und im Ofen überbacken, bis der Käse schmilzt.

[Diese typische Armensuppe wurde erst in jüngerer Zeit durch die Beigabe von kräftiger Knochen- oder Rindsuppe verfeinert.]

Stosuppe (Österreich, um 1880)

In Wasser wird Kümmel einige Zeit verkocht. Saure Milch wird mit Rahm und Mehl gut verrührt und in die Suppe gerührt. Aufkochen lassen und mit Salz und Pfeffer würzen. Zur Stosuppe serviert man Erdäpfelsterz.

Dansk øllebrød (Kopenhagen, 1890)

4 Scheiben Schwarzbrot (in Wasser geweicht), 1 Zimtstange, Schale 1 Zitrone, 2 Flaschen dunkles Bier, 50 g Zucker, Prise Salz, ⅛ l Obers

Brot mit Einweichwasser, Zimt und Zitronenschale 15 Minuten kochen, durch ein Sieb streichen. Mit Bier und Zucker mischen, aufkochen lassen und abschmecken. Obers leicht schlagen, Suppe in Teller schöpfen und mit Obers überziehen.

Garbure à la Béarne (Frankreich, um 1900)

200 g gewürfelter magerer Speck, 300 g gewürfeltes geselchtes Gänsefleisch (oder Kaiserfleisch), 4 geschälte, gewürfelte Erdäpfel, 150 g Fisolen, 200 g Kohl, 100 g weiße Rübchen, 1½ l Wasser, Salz, Pfeffer, geriebener Knoblauch, dünne Scheiben Weißbrot, Fett, geriebener Käse

Speck und Fleischwürfel mit Wasser aufsetzen und kochen lassen. Grob geschnittene Gemüse und Erdäpfel hinzufügen. Ist das Fleisch gar, den Suppentopf mit Salz, Pfeffer und Knoblauch abschmecken. Alles in einen großen Suppentopf schütten. Weißbrot in Fett rösten und mit Käse bestreuen. Je zwei Scheiben Weißbrot in einen Suppenteller legen und die Garbure darüber schöpfen.

Bettlersuppe (Budapest, 1909)

Von Geflügelfett wird eine dünne Einbrenn gemacht, mit Knochensuppe oder Wasser aufgegossen, gesalzen und papriziert; 500 g gewaschene, in Blättchen geschnittene Würste (Kolbáß) hineingeworfen, und wenn die Suppe kocht, für jede Person ein Ei hineingeschlagen; geröstete Schwarzbrotschnitten werden dazu serviert.

Suppenextrakt aus Knochen (Deutschland, 1915)

Um Fleischsuppen auch bei Fleischknappheit zu haben, lege man alle Knochen beim Zerlegen von Fleisch beiseite. Je mannigfaltiger die Fleischzubereitung war, desto schmackhafter wird der Extrakt, auch alle Selchfleischknochen und Schwarten geben vorzüglichen Geschmack. Alles wird möglichst zerkleinert, viele Zwiebeln und Wurzelgemüse werden gerieben, Kohlblätter, feinst gewiegt, ebenso trockene Pilze kommen dazu; alles wird mit einem Stück Fett – womöglich Butter – dunkel geröstet, mit möglichster Vorsicht, damit das Gemüse nicht zu braun wird, sonst wäre der feine Geschmack verloren. Hierauf wird Wasser aufgegossen, so viel, daß es handbreit darüber steht, und alles tüchtig ausgekocht, allenfalls durch zwei Tage, wenn mit Brennmaterial gespart werden soll; dann wird das Ganze durchpassiert, der Rückstand nochmals mit Wasser gut ausgekocht und zum ersten Abguß gegeben, der nun noch weiter eingekocht wird, etwa bis auf die Hälfte. Nun wird sehr reichlich Salz dazugetan und der Extrakt in kleine Fläschchen gefüllt, verkorkt und sterilisiert, ohne das Fett vorher abzunehmen. Das Salz erhält es frisch, und ein Löffel davon genügt, in heißes Wasser gegeben, zu einem Teller wohlschmeckender Suppe.

Falsche Rindsuppe (Wien, 1915)

*Wurzelgemüse, Zwiebel, Salz, 50 g Fett oder 1½ EL Kochöl,
2 Suppenwürfel, 1½ l Wasser*

Verschiedenes Wurzelgemüse wie Petersilie, Zeller, gelbe Rübe,
sowie ein Häuptel Zwiebel werden fein nudelig geschnitten in Fett
oder Kochöl goldgelb geröstet; dann übergießt man sie mit Wasser,
gibt nach Geschmack Salz zu und läßt die Suppe 1½ Stunden gut
kochen. 10 Minuten ehe die Suppe angerichtet wird, gibt man zwei
Suppenwürfel hinein. In diese Suppe können alle Suppeneinlagen
wie in Rindsuppe eingekocht werden.

Gerstenschleimsuppe (Deutschland, 1916)

Die Gerste wird am Tag vorher geweicht, in demselben Wasser
weichgekocht, durchgeseiht, und die Körner werden mit 1 Dotter
verrührt. Eine Einbrenn wird mit ¼ l Milch verrührt und zur Gerstensuppe gegeben. Man kann die Suppe auch mit verschiedenen
gehackten Gemüsen verfeinern. Mit Salz und Pfeffer abschmecken
und mit Schnittlauch bestreuen.

Biersuppe (Erzgebirge, 1930)

*½ l Bier, ½ l Wasser, 1 Stück Zimtrinde, etwas Zitronenschale,
1 Gewürznelke, ¼ l Milch, 1 TL Salz, 2 EL Mehl, Zucker*

Das Mehl in Wasser anrühren, in die kochende Milch gießen,
Gewürze dazugeben und 10 Minuten kochen lassen. Das Bier erhitzen
und dazugießen, abschmecken und die Gewürze herausnehmen.

Grünkernsuppe (Deutschland, 1939)

Je Teller 1 EL Grünkernmehl, 1 EL Butter, ¼ l Wasser oder
Brühe vom Würfel. Davon eine Suppe langsam 20 bis 30 Minuten
kochen, mit Rahm und Dotter legieren. Als Einlage nimmt man in
wenig Butter gedünstete Sauerampferblätter.

Gschnas-Suppe (Franz Ruhm, Wien 1940)

Eine nudlig geschnittene Knackwurst wird in nußgroß Fett kurz überröstet, worauf man 80 g feinblättrig geschnittenes Brot, bißchen Salz, nach Belieben Pfeffer, gehackte Petersilie und einen zerbröckelten Suppenwürfel beifügt, nochmals kurz durchröstet, sodann mit knapp ¾ l Wasser aufgießt und das Ganze unter öfterem Durchrühren 10 bis 12 Minuten verkochen läßt. Zum Schluß kann ein zerklopftes Ei eingerührt werden, worauf man die Suppe jedoch nicht mehr weiterkochen läßt.

Nachkriegssuppe (Deutschland, 1946)

Eine Portion alte, getrocknete Brotwürfel in einen Teller geben, mit Salz und Pfeffer bestreuen, eine Flocke Fett aufsetzen. Mit kochendem Wasser übergießen. Man kann die Suppe verfeinern, indem man gepreßten Knoblauch und gehackte Petersilie in die Teller gibt und das Wasser mit Kümmel und einem Suppenwürfel würzt.

Ramadan-Suppe (Ägypten, 1970)

1 l Fleischsuppe, ⅛ l Milch, 1 EL Fett, etwas Mehl, 2 in Scheiben geschnittene gedünstete Karotten, 250 g gedünstete grüne Erbsen, 2 Dotter, Fleischreste, gehackte Petersilie, Salz, Zitronensaft, geröstete Fladenbrotwürfel

Aus Fett und Mehl eine helle Einbrenn machen, mit der Suppe ablöschen und köcheln lassen. Den Topf vom Feuer nehmen, Dotter und Milch verrühren, in die Suppe geben, bis der Dotter Fäden zieht. Gemüse einrühren und kräftig abschmecken. Mit Fleischresten und Brotstückchen servieren und Petersilie darüberstreuen.

Khao phoune (Nudelsuppe, Laos, 1960)

*500 g gewürfelte Schweinsschulter, 4 grob gehackte Knoblauch-
zehen, 1 grobgehackte große Zwiebel, 750 ml Wasser, 500 g weißes Fischfilet, 1 EL Pflanzenöl, 1 TL frischgeriebener Ingwer,
1 EL frischgeriebener roter Chili, 2 l dünne Kokosmilch,
220 g geröstete Erdnüsse, Salz, Fischsauce, 2 TL Paradeismark,
1 in feine Scheiben geschnittene Gurke, 1 gewürfelte unreife
Mango, ½ weißer Rettich, 250 g frische Bohnensprossen,
125 g schräg geschnittene Fisolen, 1 in dünne Scheiben geschnittene Melanzani, 3 EL Pflanzenöl, gehackte frische Kräuter
(Minze, Fenchel, Basilikum), 6 feingehackte Frühlingszwiebeln,
500 g Reisvermicelli*

Fleisch, Zwiebel und Knoblauch im Wasser zum Kochen bringen, 1 Stunde sanft köcheln lassen. Das Fleisch soll sehr weich sein.
Fleisch herausnehmen und den Fisch in die Suppe geben. Wenn
er gar ist, herausnehmen und entgräten. Fleisch und Fisch in kleine Stücke schneiden, die Suppe abseihen, Fleisch und Fisch wieder
hineingeben. Noch kurz kochen, dann beiseite stellen. 1 EL Öl in
einer Pfanne erhitzen, Ingwer und Chili darin anbraten, die Kokosmilch und die Erdnüsse dazugeben und 5 Minuten köcheln lassen.
Mit Salz, Fischsauce und Paradeismark abschmecken. Zur Suppe geben, 5 Minuten sieden lassen, dann warm stellen. Mango und Rettich würfeln, Bohnensprossen blanchieren und abschrecken. Fisolen
vorkochen, abseihen. Melanzani in Öl knusprig braten und auf Kü-
chenrolle abtropfen lassen. Wasser mit reichlich Salz zum Kochen
bringen und Vermicelli darin garen. Abseihen und eine Portion in
jede Suppenschale geben. Gemüse und Kräuter hineingeben und die
Suppe darüber schöpfen. Sofort servieren.

Harira (Ramadan-Suppe, Marokko, 1980)

220 g geweichte Linsen, 1 l Gemüsesuppe (aus Wasser mit Wurzelwerk und Salz gekocht), 1 feingehackte Zwiebel, Safran; Würzsauce: 1 EL gemahlene Korianderkörner, 4 reife, in Würfel geschnittene Paradeiser, Mehl, feingehackte Petersilie, 30 g Butter, Salz, Pfeffer, Saft einer Zitrone

Die Linsen mit Zwiebel weichkochen lassen, abseihen und mit der Suppe in einen Topf geben. Mit Salz, Pfeffer und Safran würzen und ½ Stunde köcheln lassen. Koriander, Petersilie, Paradeiser, Butter, Zitronensaft in einer Kasserolle ½ Stunde lebhaft kochen lassen. 2 EL Mehl darunterrühren und mit den Linsen in der Suppe vermischen. Sehr heiß servieren.

Für die Würzsauce alle Zutaten vermischen, erhitzen und kurz verkochen lassen. Separat anrichten.

Beef pho (Vietnam, 1990)

225 g breite Reisnudeln oder Eierbandnudeln, 1 in feine Ringe geschnittene Zwiebel, Saft einer Zitrone, 4 EL feingehackter frischer Koriander, 4 feingehackte Salatblätter, 4 EL feingehackte frische Minze, 1 geviertelte Limette, 100 g Beiried in papierdünnen Streifen, 4 scharfe rote Chilis, 90 ml Rindsuppe

Die Nudeln 30 Minuten in warmem Wasser einweichen. Abseihen und warmhalten. Die Zwiebelringe im Zitronensaft 20 Minuten marinieren. Nudeln, Limettenviertel und Gewürze auf Suppenschalen verteilen, das dünne Fleisch darauf legen und mit kochender Suppe übergießen.

FRANKREICHS VORREITERROLLE
BEI DER LUXUSTAFEL

Die französische Küche, die heute weltweit großen Einfluß hat und als qualitativ besonders hochstehend und innovativ gilt, erhielt aus Italien entscheidende Impulse. In der Zeit der Renaissance konnten die italienischen Köche aufgrund der günstigen Seelage des Landes auf eine Vielzahl von Ingredienzien zurückgreifen – Gewürze, Gemüse, Früchte und Teigwaren beflügelten ihre Phantasie. Die italienischen Handelsstädte Venedig, Genua und Mailand stellten im 14. und 15. Jahrhundert die Verbindung zwischen Christentum und Islam her. Von den Arabern lernte man neben verschiedenen Wissenschaften (Astronomie, Medizin, Mathematik etc.) auch in der Kochkunst dazu. Das Studium der Kochbücher der Antike und der islamischen Welt beschleunigte die Verfeinerung der Kochkunst. In einer modern anmutenden Darstellung der Ansprüche, die man zu jener Zeit an einen Koch stellte, beschrieb der italienische Dichter Sperone Speroni (1500–1588) den idealen Kochkünstler: »Er sei Dichter, daß er Verse singe, um der Langeweile und Ermüdung zu entgehen. Er sei Geometer beim Auswählen und Anrichten der runden, viereckigen, hellen und dunklen Stücke je nach Gericht und Schüssel. Er sei Mathematiker beim Zählen seiner Schüsseln und Töpfe, Maler beim Durchfärben seiner Braten, Saucen und Brühen, Arzt dank seiner Kenntnisse von leicht und schwer Verdaulichem, auf daß die Speisen in der richtigen Reihenfolge auf den Tisch kommen, und Chirurgus, der gut tranchieren kann. Philosoph sei er im Wissen um die Natur der Speisen, der Jahreszeiten, der mehr oder weniger starken Feuerelemente. Er sei heiter wie seine Kunst, bitter und süß zugleich.«

Italiens politische Macht ging durch Zerwürfnisse der Stadtstaaten verloren. Obwohl sich Karl VIII. von Frankreich (1470–1498) bemühte, seinen Einfluß in Italien geltend zu machen, konnte er das Land seinem Reich nicht einverleiben. Doch dürfte er wäh-

rend seines Kriegszugs dort gut gespeist haben: Auf seinem Rückzug
führte er italienische Lebensmittel im Gepäck mit. Durch die Heirat
Katharinas von Medici (1519–1589) mit Heinrich II. von Frankreich (1519–1559) wurde der Einfluß der italienischen Küche in
Frankreich übermächtig. Die italienischen Köche der Renaissance
– Platina (Maestro Martino aus Como, tätig im 15. Jahrhundert)
und Bartolomeo Scappi (nach 1500–1577) wandten sich von den
rudimentären Kochweisen des Mittelalters ab und plädierten für eine sanftere, leichtere Küche. Teigwarengerichte waren bereits im 15.
Jahrhundert zur Leibspeise der Bevölkerung geworden. *Pasta* war
vermutlich – wie andere Gerichte – von verschiedenen Kulturen unabhängig entwickelt worden: In China fand sich ein Pergament mit
einem 4000 Jahre alten Rezept für Huhn mit Nudeln; die Etrusker
bildeten um 400 v. Chr. Nudeln in ihren Malereien ab. *Vermicelli* wurden eine beliebte Suppeneinlage. Der Natursaft vom Braten
löste die mit Brot eingedickten und oft schneidbaren Saucen ab. In
Italien konnte sich trotz der Aufsplitterung des Landes in Stadtstaaten die Küche durch den Wohlstand der dort ansässigen Adeligen
und Großbürger nach den Wirren der Völkerwanderung von der
recht einfachen Kochkunst des Mittelalters rascher verbessern und
verfeinern.

Im Mittelalter standen die französischen Suppen noch auf einer frühen Entwicklungsstufe und entsprachen wohl kaum dem
heutigen Geschmack. In ihrem hervorragend recherchierten Buch
Alchimie der Suppe schrieben Michel Caron und Ned Rival über die
Frühzeit der Suppen in Frankreich: »Im XIV. Jahrhundert machte
man *potages* und *bouillons* mit Hirsemehl und Roggenmehl, das letztere wurde mit Milch gemischt, mit Zucker, Safran, Honig, süßem
Wein und sonstigen Aromatica versetzt, auch Butter, Fett und Eidotter daran gethan.« Zu jener Zeit gab es aber auch schon anspre-
chendere Rezepte: »Gregor von Tours wurde bei dem König Chilpe-
ric eine sehr geschmackvolle Geflügelbrühe vorgesetzt ... Man findet
in der Liste des *Menagier* die Suppe von trockenen Erbsen, Speck-
suppe, in der Fastenzeit geräucherte Walfischsuppe, Kohl-, Kressen-
und Käsesuppe, die sogenannte *gramose*, dann *la soupe depourvue*
– die entblößte Suppe, die man in der Eile in den Tavernen für die
vorüberziehenden Gäste bereitete und Alles darin zusammenbraute,
was eben in der Speisekammer vorräthig war. Die warme Suppe galt
schon damals als nothwendige Basis jeder Mahlzeit und man aß so-

gar zwei Suppen im Tage, wie es im Sprichwort heißt: *Soupe le soir, soupe le matin, c'est l'ordinaire du bon chrétien.*«

Im 16. Jahrhundert wurde in Frankreich durch italienische Anregung die Küche entrümpelt und damit leichter. Der *pot-au-feu* hat seine Wurzeln in der Minestrone. Bis ins 18. Jahrhundert behielten Suppen in Italiens Speisenfolgen einen prominenten Platz; erst danach wurden sie von der Pasta verdrängt. Katharina von Medici, die Enkelin Lorenzo des Prächtigen, wurde nachgerade als Mutter der französischen Küche bezeichnet. Bis 1537 kamen immer wieder Landsleute aus Italien zu ihr – darunter vermutlich auch zahlreiche Köche und Zuckerbäcker. Lange Zeit lehnte der französische Hof Suppen als Armenspeisen ab. Doch Joseph König bemerkte bereits in seinem Werk über die Küche unter König Ludwig XV. (1710–1764): »Allein zwei Drittel des in der Küche verwendeten Fleisches wurde in Kraftbrühen für die Zurichtung des Uebrigen verwandt.« Dabei ist zu verstehen, daß nicht nur Fleisch- und Gemüsegerichte mit der Brühe aufgegossen wurden, sondern auch gute Suppen auf die Tafel kamen, die in Frankreich erstmals als den anderen Gerichten ebenbürtig anerkannt wurden. Frankreich ist wohl das Land, das die meisten Ausdrücke für die »dienliche Löffelspeise« hat: *consommé* für die klare Fleischsuppe, *potage* für feine Suppen mit Einlage und *soupe* für eher dicke, sättigende Suppen. Die Ausdrücke *crème* und *velouté* beziehen sich auf gebundene Suppen.

Der *Parisische Küchenmeister* meinte 1679 zur neuen Stellung der Suppe: »Die neweste Mode ist / daß man auff vier Ecken vier gute Suppen oder Potage / vnd vier hohe Taffel-Ring zwischen vier gegabelte Saltzfässer aufsetze / welche alle nach den Suppenschüsseln gewendet stehen / so ... müssen auch die Teller so hol seyn / daß man Suppen darauff praesentiren kan.« Als Suppen galten im Barock vor allem Brühen, mit denen man Fleisch-, Brot- oder Gebäckschnitten übergoß – die sättigenden Vorläufer unserer Suppeneinlagen. Auch eine wichtige Neuerung wird in dem Buch angesprochen – der vertiefte Teller – unser Suppenteller.

Im *Dictionnaire de Trévoux* aus dem Jahr 1771 steht folgende Definition: »Das Wort *soupe* ist französisch, aber überaus spießbürgerlich; wer sich auszudrücken weiß, spricht vom Auftragen der *potage* und nicht der *soupe*.« Bis über die Mitte des 20. Jahrhunderts hinaus war die französische Redewendung: »Kommen Sie heute abend, eine Suppe mit uns zu essen«, eine Einladung, bei der keine Umstände gemacht wurden und die ein einfaches, kräftiges und würzig riechendes Gericht versprach, in dem der Löffel stecken blieb. Das Wort *soupe* lebt heute im Französischen insbesondere in der *soupe à l'oignon* und in der *soupe au poisson* weiter.

Als *potages* – abgeleitet von *pot* (= Topf) – wurden ursprünglich Fleisch- und Gemüseeintopf bezeichnet, die man in ihrer üppigen Zusammensetzung (Fleisch oder Fisch, Erbsen, Bohnen, Kraut, Weiß- oder Rotwein) bereits im Mittelalter kochte. Mitte des 17. Jahrhunderts war Frankreich jedoch bereits auf dem Weg zu einfacheren und geschmackstypischen Speisen. Eintöpfe ohne spezifischen Geschmack, in denen alles mögliche zusammengekocht war, wurden langsam verpönt. So schrieb Nicolas de Bonnefons, ein französischer Agronom des 17. Jahrhunderts, in *Les délices de la campagne* kritisch über die altfranzösische Küche und sprach sich gegen »die komplizierten Suppen, die mit zuvor gebratenem Fleisch zubereitet werden, die aus vergangenen Jahrhunderten ererbten Mixturen und Mischungen« aus und verlangte, schon ganz *à la cuisine de marché*, »daß die Krautsuppe auch wirklich nach Kraut schmecken soll, Lauchsuppe nach Lauch, Kohlrübensuppe nach Kohlrüben ...«. Die Bezeichnung des griechischen irdenen Kochtopfs – *aula* – steckt in der mittelalterlichen französischen *oille*, einer allgemeinen Bezeichnung für eine Kraftsuppe.

Zwischen 1400 und 1600 intensivierte sich der levantinische Handel. Neue Gewürze und Gemüse wurden bekannt, welche die Zusammensetzung der Suppen beeinflußten. Um die Wende vom 16. zum 17. Jahrhundert lösten in Italien zunehmend die Erdäpfel Rüben und Karotten bei der Zubereitung von Suppen ab. Karl V. (1500–1558) schenkte Papst Clemens VII. (1478–1535) aus dem Hause Medici weiße Bohnen, die Schiffe aus der neuen Welt gebracht hatten. Deshalb sind bis heute Bohnengerichte und insbesondere Bohnensuppen typisch für die Küche in der Toskana.

Als Maria von Medici (1575–1642) nach Frankreich kam, um den Dauphin – den späteren König Heinrich IV. (1553–1610) – zu heiraten, brachte sie mit ihren Köchen die verfeinerte italienische Küche mit. Unter diesem Einfluß entwickelte sich die Kochkunst in Frankreich weiter und erreichte ihr hohes Niveau, das bis heute die Küche in zahlreichen europäischen Ländern beeinflußt. Besonders unter König Ludwig XIV. (1638–1715) wurden in Frankreich die Suppen vervollkommnet. Damals war es bei Hof Mode,

sich mit dem Kochen zu beschäftigen und neue Rezepte zu entwik-
keln. An diesem neuen Hobby beteiligten sich nicht nur die Höflin-
ge, sondern auch der König selbst und seine Mätressen. Der an feinen Gemüsen interessierte Sonnenkönig widmete sich dem Anbau
und Zucht von Gemüsen, die zu Suppen verkocht wurden und nun
den Namen der Hauptzutat trugen. Man schätzte Karfiol, Brokko-
li, Schwarzwurzeln, Gurken, Artischocken, Spargel und (Zucker-)
Erbsen. Entscheidend für die Entstehung von Suppen mit leichter
Bindung war eine Erfindung des Kochs François Pierre La Varenne
(1618–1678): die helle Einbrenn. Im Jahr 1765 wurde in Paris das
erste Restaurant eröffnet, der *restaurateur* war berechtigt, Suppen
auszuschenken.

Zur Illustrierung des Stellenwerts der Menus unter Ludwig XIV. sei der Suppengang vom Dîner des Königs bei Madame
Louise de Lavallière (1644–1710) am 20. September 1672 geschil-
dert. Der Monarch und seine damalige Mätresse speisten *en deux*. Es
gab *Consommé aux pannequets*, »deren Bereitung die folgende war:
In einer Casserolle, welche 12 Liter faßt, gab man 2 Kilogramm
Ochsenfleisch, 2 Kilogramm Kalbfleisch und 2 Kilogramm Schöp-
senfleisch – hierauf wurden die Keulenknochen des verwendeten
Fleisches in kleine Stücke zerhackt, ferner zwei gelbe Rüben, 4 Petersilienwurzeln, 4 Stück Sellerie, 4 Porréwurzeln und 1 Stück großer
ganzer Zwiebel dazugegeben. Über das Ganze wurde Wasser gegossen und dann 5 Stunden lang, ohne abzuschäumen, gut verschlossen, langsam kochen gelassen. Inzwischen wurde ein Rebhuhn und
ein Poulard schön braun gebraten, der Bratensaft ohne Fett abgeseiht und beiseite kalt gestellt. Vom Rebhuhn wurde sodann das
Fleisch abgelöset, sehr fein geschnitten und beiseite gestellt. Das
Poulard mit den Rebhühnerknochen wurde in einem Mörser gut
zerstoßen und mit dem Weißen von 3 Eiern vermengt, sodann mit
einem halben Liter kaltem Wasser wiederholt gut verrührt. Nachdem die Suppe während fünf Stunden kochte, wurde selbe abgesei-
het und zu lauwarmem Abkühlen beiseite gestellt. Nun wurde die
Suppe auf die zerstoßenen Knochen gegossen und unter beständigem Rühren schnell aufgekocht, vom Feuer zurückgezogen, die Casserolle fest verschlossen und sehr langsam bis auf ein Volumen von
1½ Liter einkochen gelassen und sodann langsam durch eine Serviette passirt. Man muß sehr darauf bedacht sein, daß die Serviette
zuvor mit vielem Wasser gut ausgekocht wird, damit weder Seife-,

noch Stärkegeschmack darin verbleibt. Jede Fleischgattung, sowie die Knochen müssen schon vor der Verwendung mit kaltem Wasser gut ab- und ausgewaschen werden. Reinlichkeit und Sauberkeit sind das höchste jeder Küche. Unterdessen wird von 4 Dekagramm Mehl, 3 Eierdotter und zwei ganzen Eiern, etwas Salz, Muskatnuß und Milch ein zart abgerührter, dünnflüssiger Teig angemacht und ganz dünne Pannequets (Pfannkuchen) daraus gebacken; aus dem Eiweiß wird ein fester Schnee geschlagen, wohinein das fein zerhackte Rebhuhnfleisch, 8 Eßlöffel voll süßer Rahm, etwas Salz und der Saft von dem gebratenen Poulard und Rebhuhn gegeben, gut verrührt und damit der Pfannkuchen bestrichen, letztere zusammen gerollt, und zwar nicht dicker als 3 Centimeter im Durchmesser; sodann werden sie auf ein *plât à sauter* gelegt, etwas Fleischbrühe darüber gegossen und auf einige Minuten, bis sie fest werden, sautirt, dann ausgehoben, in 3 Centimeter langen Stücken zerschnitten und mit der Consommé aufgetragen. Bemerke, daß die Suppen erst beim Anrichten gesalzen werden sollen. Während nun der Kammerdiener die Suppe servirte, nahm der König seine lächelnde Miene an und servirte der Lavallière eine Liebe, wie man eine solche nur einer Frau darbringen kann; seine Liebe war ein Kunststück, gleich einer Menukarte von einer königlichen Tafel.«

Der *Cuisinier royal et bourgeois* (1693) widmete der Suppe viel Raum. Er führt in seinem Kochbuch Suppenvorschläge für die einzelnen Jahreszeiten an. So sollte man zwischen Jänner und März Rebhuhnsuppe, Spanferkelsuppe, Truthahnsuppe, Kohlsuppe, Reissuppe etc. genießen. Für April bis Juni schlug der Autor unter anderem eine Bisque von Tauben, Spargelsuppe, Lebersuppe mit grünen Erbsen, Entensuppe mit Bohnen, Hechtsuppe mit Rübchen, Krebsensuppe und Steinbuttsuppe vor. Im Sommer dominierten leichte Suppen, während man im Winter kräftige, wärmende Suppen essen sollte.

Von Frankreich aus nahmen schließlich die neuen *potages* ihren Einfluß auf die europäischen Küchen. Dieser war so stark, daß Maria Sophia Schellhammer 1723 in ihrem Kochbuch klagte: »Es ist nicht zu leugnen, daß unsere Suppen über der Frantzosen Potagen ihr Ansehen so weit verlohren, daß sie sich fast in keiner vornehmen Gesellschaft mehr dürffen sehen lassen, nichts destoweniger finde ich sie so wohl für Krancke als Gesunde so nützlich, daß ich ihnen ihr Recht nicht vergeben kan, sondern billig die erste Stelle in meinem Buche gönnen muß.« Im übrigen Europa entwickelten sich in jedem Land im bäuerlich-ländlichen Bereich kräftige Suppen als wichtige Nahrung der schwer arbeitenden Menschen. Der höfische und der später entstehende bürgerliche Bereich orientierten sich an den neuen feinen und leichten Suppen aus Frankreich. Die bürgerliche Küche (Süddeutschland, Habsburgermonarchie) nahm sich jedoch auch der deftigeren Suppen im jeweiligen Land an, sodaß beispielsweise die Gulaschsuppe salonfähig wurde. In jüngster Zeit ist – wo noch Suppen gekocht werden – wieder Interesse für deftige, traditionelle Suppen zu erkennen. In Italien waren die Suppen der besseren Haushalte Anfang des 19. Jahrhunderts bereits relativ leicht und dünn, um 1819 Reissuppen sehr beliebt. Allerdings hat sich eine ausgeprägte Suppenkultur nur in der Toskana und der Emilia-Romagna erhalten. Im übrigen Land hat Pasta als Vorgericht die Suppe verdrängt.

In Frankreich war die Suppe als Beginn eines Essens um 1900 noch fest verankert. Châton-Plassis, ein Stimmführer der damaligen gastrosophischen Schule, schrieb: »Hat das Dîner nur drei Akte, wie eine komische Oper, so mag die Suppe schlicht bürgerlich sein. Ist das Mahl ein vollständiges gastronomisches Drama in fünf Akten und zehn Abteilungen, so leite man es selbstverständlich auch mit einer Suppen-Ouverture ein, die einen Vorgeschmack von den kommenden Herrlichkeiten gibt.« Doch Frankreich verzeichnete eine ähnliche Entwicklung wie Italien. In Restaurants erhält man nur mehr wenige Suppen wie Zwiebelsuppe, Fischsuppe, Gemüsecrèmesuppe, dicke Bohnensuppe, Bisque de homard. Angeboten werden überwiegend kalte oder warme Vorspeisen, die nach einem Amuse gueule – einem Gruß aus der Küche – dem Koch, der seine Speisen fast ausschließlich *à la minute* zubereitet, mehr Zeit für seine Arbeit geben, als dies bei einer warm bereitgehaltenen, sofort servierfähigen Suppe der Fall wäre.

Minestra di riso (Scappi, 1570)

Nimm guten Reis und wasche ihn gut. Gib ihn in eine Kasserolle mit viel kalter Fleischbrühe, bis er bedeckt ist. Bringe es zum
Kochen und gieß kalte Brühe nach. Füge Cervelat hinzu, um ihm
Geschmack zu geben, und koche es auf diese Weise, würze mit Pfeffer, Nelken und Safran.

Suoben von Lombardey (Scappi, um 1572)

Nimm Spinat, schneide ihn klein und koche ihn in viel Wasser, das muß sorgsam ausgedrückt werden und das Geheck mit Butter gewellt und einem Zweig wohlriechenden Krautes. Sodann gib
es in ein irden Häflein mit geriebenem Parmesaner Käs oder Fett;
eines magst nehmen oder das andre. Darzu thu Pfeffer, Zimmet, Nä-
gelein und Saffran und spare nicht mit rohen Eier. Wirds Süpplein
zu dünn, so füg gerieben Brot hinzu; wirds zu dick, brauchts mehr
Butter. Sodann bereit Klößlein aus Kapaunenbrust mit Kalbsfett,
Corinthen und Majoran, kleine wie große, koch sie in guter Fleischbrühe gar, bestreu sie mit Käs, Zucker und Zimmet und reich sie
zur Suppen.

Potage à l'italienne (Frankreich, um 1600)

Es ist eine Art von Oil, welche man in einer gemeinen Schüssel
oder in einer tiefen Schüssel anrichtet. Man macht in dieselbe in Ge-
stalt eines Creutzes Abtheilungen mit Teige, diesen lässet man nach-
mahls in Backofen backen; In der einen von den vier Ecken macht
man eine Art einer wohlbereiteten Suppe von Leckerbißgen. In der
andern eine Potage, die man Frantzösische *Bisque* nennet, mit gefüllten Brodten, und in der vierten eine Potage von gefüllten Reb-
hühnern, alles in seinen besondern Brühen, und mit verschiedenen
Beysätzen, so kostbar als mans machen kann.

Hühnersuppe mit grünen Erbsen (La Varenne, Paris, um 1640)

Wenn Deine Hühner gut geputzt und dressiert sind, gib sie in einen Topf mit guter Brühe und schäume sie gut ab. Gib Deine Erbsen in eine Bratpfanne mit Butter oder Speck und dünste sie langsam mit gut gewaschenen Kopfsalatherzen. Röste Dein Brot und gib es zu den Hühnern, Erbsen und Kopfsalat und serviere es [mit der Suppe].

Potage à la reine (La Varenne, 1651)

Nimm Mandeln, reibe sie und bringe sie in guter Bouillon zum Kochen. Gib ein *bouquet garni*, und ein Stück Zitronenfleisch dazu, ein wenig Brotkrume, anschließend würze es. Achte sehr darauf, daß es nicht anbrennt, zieh es sofort zurück, dann seihe es durch. Dann nimm dein Brot und koche es in der besten Suppe, die du so machen kannst: Nachdem du einige gebratene Rebhühner oder Capauner entbeint hast, nim̄ die Beiner und stoße sie fein im Mörser. Dann nimm gute Bouillon, koche darin die Beiner und einige Champignons, und seihe alles durch ein Tuch. Koche dein Brot in dieser Bouillon und, während es kocht, rühre die besagte Mandelbrühe und Fleischbrühe darunter, zum Schluß füge feingehacktes Rebhuhn- oder Capaunerfleisch hinzu, immer so, daß die Suppe noch kocht. Brenne es oben mit einer glühendheißen Feuerschaufel. Verziere sie mit Hahnenkämmen, Pistazien, Granatapfelsamen und Fleischbrühe. Dann serviere sie.

Le grand bouillon (La Varenne, um 1660)

1 kg unterspicktes Rindfleisch, 1 Suppenhuhn und Suppenjunges, 1 Stück magerer Speck, 1 Markknochen, 1 Bouquet garni (Schnittlauch, Thymian, Petersil), 1 Zwiebel mit einer Nelke besteckt, grobes Salz, Pfeffer

4 l Wasser zum Kochen bringen, alle Zutaten hineingeben und gut 3 Stunden lang kochen lassen. Salzen und pfeffern. Immer wieder abschäumen. Mit Weißbrotscheiben entfetten, das Bouquet entfernen und durch Etamin gießen.

Le Boüillon (Niederlande, um 1660)

Die Art eine Boüillon zu machen zur Anreicherung aller Gerichte, seien es Potagen, Entrées oder Entremets. – Nimm das hintere Bein und den Rumpf eines Rindes, ein wenig Schöps und ein paar Vögel, je nachdem wie viel Boüillon du willst, danach richte deine Fleischmenge. Koche es gut mit einem *bouquet* und einigen Nelken. Stelle dir während der ganzen Zeit heißes Wasser bereit, um nachgießen zu können. Wenn es fertig ist, seihe es durch, um es verwenden zu können. Und von gebratenem Fleisch, nachdem du seinen Saft herausgezogen hast, koche es mit einem *bouquet*. Koche es gut, dann seihe die Boüillon und verwende sie für deine Entrées, oder für braune Potagen.

Potage d'anguilles (Paris, 1693)

Die Aale enthäuten und in Scheiben schneiden. In der Kasserolle mit brauner Butter, *fines herbes*, Mehl und Gewürzen andünsten. Mit Fischsuppe aufgießen und weichkochen. Verziere deine Suppe mit Croûtons und serviere sie mit Kapern und Zitronensaft.

Potage aux herbes maigre (Paris, 1693)

Gib alle Sorten guter Kräuter in einen Suppentopf mit zwei bis drei Brotrinden, gieße mit Wasser oder Fischbrühe auf. Würze mit Salz, Butter und einem *bouquet*. 1½ Stunden kochen lassen und durch Etamin seihen. Serviere sie mit Croûtons bestreut.

Zuppa pavese (Italien, um 1700)

1 l kräftige Fleischsuppe, 8 dünne Scheiben Weißbrot, 4 Eier,
4 EL geriebener Parmesan, gehackter Petersil oder Schnittlauch

Die heiße, gut mit Salz und Pfeffer abgeschmeckte Suppe in feuerfeste Suppentassen geben. In jede Tasse zwei geröstete Brotscheiben, 1 rohes Ei und den geriebenen Käse geben. Bei Oberhitze gratinieren, bis der Käse schmilzt und die Eier stocken. Mit Petersil oder Schnittlauch bestreut servieren.

Potage santé (Cuisinier royal, um 1700)

Nehmet Feder-Vieh, von was vor Art es auch sey, als einen Capaunen, oder fette Hühner, oder dergleichen, die sich zur Potage
schicken, richtet sie zu, bieget sie einwärts, und die äussersten En-
den der Keulen in dem Leib, und blanchiret sie, thut sie darauf in
kaltes Wasser, und rupfet sie wohl ab, stechet darnach ein spitziges
Holz dadurch, bindet sie mit Bindfaden, und kochet sie in einem
Topfe mit der guten kräftigen Fleisch-Brühe gar. Nehmet alsdenn
zwey Rüben, ein Bund gelbe Rüben, Pastinaken, und Petersilien-
Wurtzeln, ferner ein Bündgen, welches aus Saturey und Portulack-
Stangen bestehet, und denn noch ein Bund von Latucken-Sallat,
Cellerie, Saur-Ampfer, Endivien, Körfel, und endlich ein oder zwey
in Stücken geschnittene Gurcken, putzet und waschet solches alles
fein ab, thut es insgesammt in geschmoltzenen Speck, und so sich
die wässerichte Feuchtigkeit derselben verlohren, und es noch nicht
angebacken, so gießet etwas von der vorerwehnten kräftigen Fleisch-
Brühe dazu, ingleichen so viel Jus von Kalbfleische, als ihr, die Brühe zu färben, haben wollet; lasset denn solches zusammen eine oder
anderthalb, oder zwey Stunden kochen, so es auch die Jahrzeit mit
sich bringet, so thut ein paar Hände voll kleine grüne Erbsen, nebst
einem Stück Butter dazu: Wenn es darauf gar ist, so lasset Rinden in
der kräftigen Fleisch-Brühe aufschwellen, benetzet auch dieselbe mit
ein wenig von der Brühe, worinnen die Garten-Gewächse gekocht
sind, nachdem dieselbe durch ein Haar-Sieb geschlagen, so leget das
Feder-Vieh in die Potage, und bedecket es mit den Garten-Gewäch-
sen, leget auch einen Kreis von Wurtzeln, und Kräutern darum, und
richtet die Potage warm an.

Potage à la Reine (Leipzig, 1715)

Nehmet von ohngefähr 12. Kälbern die Milch, waschet diese
rein aus, blanchirt sie hernach in heissen Wasser, und wenn sie einen
Wall aufgethan haben, so putzet sie sauber heraus in kaltes Wasser,
davon werden sie schön weiß. Ferner nehme eine Kälber-Brust, füllet diese mit Krebsen und Pistacen, blanchiret sie, daß sie weiß wird,
richtet sie sodann in einen Potagen-Kessel, passiret sie in Breks-Butter, leget Citronenschalen und Muscatenblüten dazu, giesset gute
bouillon drauf, setzet es auf Feuer und lasset es fein gemählich ko-

chen. Hierauf nehmet vorbeschriebene Kälber-Milch, thut solche, wenn sie vorhero ordentlich in Stücke, eines Fingers groß geschnitten worden, in einen Tiegel oder Casserole, leget Krebs-Butter darzu, passirt sie auf Kohlfeuer, damit sie gantz durchröthet, giesset ein wenig sauren Rahm drauf, so bekömmt es eine schöne Couleur. Nun bereitet kleine Ragouten von Krebsen, Pistacien, Kälber-Ohren und was ihr zusammen bringen könnt, jedes besonders in kleine Tiegeln oder Casserole, machet ein Töpffgen gute Coulis, schneidet, ehe ihr die Potage anrichtet, gute Semmel in die Schüssel und leget die Kalbsbrust drauf, giesset von der Bouillon drüber, daß sich die Semmel einweiche, thut die Kalbs-Milch auf den Schüsselrand, ungefähr allezeit 3. quer Finger breit aus einander, alles nach proportion und die kleinen Ragouten darzwischen. Ist dieses alles geschehen, so giesset die Coulis darüber, biß ihr vermeynet daß genug in der Schüssel ist, bestreuet solche mit klein gehackten Pistacien und sprenget Krebs-Butter darüber.

Pea, lettuce and mint soup (England, um 1750)

2 EL Pflanzenöl, 1 feingehackte Zwiebel, 400 g gewürfelte Erdäpfel, 1½ l Wasser, 500 g grüne Erbsen, 2 feingeschnittene Salatherzen, 100 g feingehackter Sauerampfer, 100 g fein-gehackte Minze, Ringelblumenblütenblätter, Salz, Pfeffer

Das Öl erhitzen und die Zwiebel und Erdäpfel anschwitzen. Gut würzen und das Wasser hinzufügen. Köcheln lassen, bis die Erdäpfel weich sind. Erbsen und Salat dazugeben und weitere zehn Minuten ziehen lassen. Die Hitze reduzieren, Sauerampfer und Minze hinzufügen und die Suppe pürieren. Mit Ringelblumen bestreut servieren.

Potage de racines (Paris, um 1760)

Wenn ihr eine gute Brühe bereitet habt, so schlaget dieselbe in einen Topf, leget dazu fetten Capaunen, nebst Petersilie-Wurtzeln, Pastinak und kleine gantze Zwiebeln. Wenn alles gar ist, so lasset eure Potage gelinde aufkochen, legt den Capaunen darauf, und die Wurtzeln und kleine Zwiebeln darum, und giesset vor dem Anrichten etwas Jus von Kalbfleisch daran.

Chouder (London, 1764)

Nimm vier Pfund feste, weiße Fische und koch sie im gesalzenen Wasser eine halbe Stunde. Dann nimm sechs Scheiben rohen Schweinespeck und brat ihn, bis er trocken. Weich ein paar Scheiben Weißbrot in Wasser, drucks aus. Gib Speck, Fett, und Brod zu den Fischen und laß es noch etwas verdünsten. Richts mit Erdäpfeln an und bestreus mit gehacktem Petersil.

How to make onion soup (Kew Palace, London, um 1780)

Nimm zwei *quart* sehr kräftige Kalbssuppe, vierzehn große Zwiebeln, schneide sie in dünne Scheiben und brate sie bis sie weich sind; dann erhitze ⅛ Pfund Butter bis sie schwarz wird, gib sie über deine gebratenen Zwiebeln und verrühre gut; dann koche das Ganze eine halbe Stunde in deiner Suppe. Nimm die gut aufgeschlagenen Dotter von acht Eiern, sechs Eßlöffel spanischen Wein und gib sie eine Viertelstunde bevor du die Suppe servierst hinein und rühre bis du sie hinauf schickst. Schneide dein Brot würflig und brate es.

Potato and leek soup (Irland, um 1800)

1 kg geschälte, in Scheiben geschnitte Erdäpfel, 500 g in feine Scheiben geschnittener Lauch, 1 feingehackte Zwiebel, 1 in Scheiben geschnittene Stangensellerie, 1¼ l Hühnersuppe, ½ l Milch, 4 EL Butter, 1 Lorbeerblatt, 1 EL feingehackte Petersilie, Salz, Pfeffer, ½ Becher Rahm, Schnittlauch

Die Butter schmelzen und die Gemüse darin unter Rühren dünsten. Mit Suppe aufgießen, würzen, Milch dazuschütten und 30 Minuten köcheln lassen. Das Lorbeerblatt entfernen und die Suppe pürieren. Mit einem Löffel Rahm pro Suppentasse und Schnittlauch servieren.

Zuppa di riso Veneziana (Venedig, 1815)

Laß den Reis in sehr guter Suppe kochen, er darf nicht zu weich werden. Gib etwas Butter und geriebenen Parmesan hinein und serviere sofort in einem Suppentopf.

Zuppa di legumi freschi (Mailand, 1819)

In guter, sehr kräftiger Fleischsuppe mit Jus kocht man rohe Hülsenfrüchte wie Erbsen, Bohnen, Kichererbsen etc. Und wenn sie weich sind, serviert man die Suppe gut entfettet über gebähte Brotrinde, wie es sich gehört.

Zuppa di taglione, ed altre pasta fatte in casa (Mailand, 1819)

Bringe also die Suppe mit ein wenig Jus zum Kochen, gib Pasta nach Deinem Belieben hinein und koche sie bis zu ihrem Punkt. Serviere sie heiß und gib Parmesan separat dazu.

Green summer soup (Edinburgh, 1810)

Mach eine gute Soßensuppe aus vier Pfund Rindfleisch, einer Karotte, Rübe, jungen Zwiebeln und einem Zweig Winterbohnenkraut. Nach dem Durchseihen gib sie in den Topf zurück. Nimm junge grüne Erbsen, gib sie in die Suppe, und wenn sie weich sind, serviere die Suppe. Man kann die Suppe auch mit Rippen vom Schaf machen.

Sorrel and nettle soup (England, um 1850)

1 feingeschnittene Zwiebel, 4 große Händevoll feingehackter Sauerampfer und junge Brennesseln, 25 g Butter, 25 g Mehl, 1 l kräftige Hühnersuppe, Salz, Pfeffer, Obers

Zwiebel, Brennesseln und Sauerampfer in Butter dünsten. Das Mehl darüber streuen und leicht anrösten. Mit Suppe aufgießen und 15 Minuten kochen lassen. Abschmecken und Obers darunter rühren. Vor dem Servieren durchseihen.

Potage à la chicorée (Paris, um 1870)

Schneide gewaschenen Chicorée in kleine Stücke und lasse ihn in Butter dünsten. Dann gieße frisches Wasser dazu, würze mit Salz, Pfeffer und Muskatnuß und lasse ihn ¾ Stunden kochen. Legiere mit Dotter. Schmecke die Suppe ab und richte sie über gebähten Weißbrotschnitten an.

Baud bree (Schottland, 1880)

1 Fleisch von einem Hasen zu kleinen Steaks geschnitten, Hasen-blut, 1½ l Rindsuppe, Salz, Pfeffer, Mehl mit Butter verknetet, 2 EL Champignonketchup, 150 ml Rotwein, 2 EL Ribiselmar-melade, Mehl, Butter

Die Steaks salzen und pfeffern, in Mehl wenden und in Butter braten. Die Steaks, den Wein und die Marmelade in die Suppe geben und wenigstens 1½ Stunden köcheln lassen. Das Blut dazugeben, heiß halten, aber nicht mehr kochen (Blut gerinnt sonst!). Mit Mehlbutter verdicken und mit Champignonketchup würzen.

Scotch broth (Schottland, 1881)

Gib 60 g Perlgraupen mit 2½ l gesalzenem Wasser aufs Feuer. Wenn es kocht, schöpf es ab und gib gesalzenes Rindfleisch, so viel du willst, dazu und einen Markknochen oder ein altes Huhn, mit 1 kg entweder magerem Rindfleisch oder Schöps, eine ziemliche Menge von Lauch und Kohl. Du kannst auch weiße Rüben, Zwiebeln und gehackte Karotten dazugeben. Laß es mindestens 4 bis 5 Stunden kochen. Sollte ein Huhn dabei sein, gib es erst dann hinein, damit es richtig gekocht zu Tisch kommt. Denn es muß separat angerichtet werden.

Potato and watercress soup (England, um 1890)

30 g Butter, das Weiße eines Lauchs, 1 l Gemüsesuppe, 1 fein-geschnittene Zwiebel, ½ kg geschälte, gewürfelte Erdäpfel, Salz, Pfeffer, 1 Bund Brunnenkresse

Die Butter schmelzen und Zwiebel und Lauch darin andünsten. Die Suppe und die Erdäpfel dazugeben und kochen lassen, bis die Erdäpfel fast weich sind. Würzen und die Brunnenkresse dazugeben. Noch eine Weile köcheln lassen und servieren.

Mulligatawny (England, um 1890)

*1 gewürfelter Apfel, 1 kleingeschnittene Karotte, 2 feingehackte
Zwiebeln, 60 g Schmalz, 30 g Mehl, 1 EL Currypulver,
1 l klare Lammsuppe, 1 EL Chutney, 30 g Sultaninen, 1 Prise
Zucker, Salz, Pfeffer, Zitronensaft oder Essig*

Apfel und Gemüse in heißem Fett schwenken, Mehl und Curry
darüberstreuen und dünsten lassen. Mit der Suppe aufgießen und kochen lassen, bis die Suppe sämig ist. Die restlichen Zutaten beigeben
und 45 Minuten kochen lassen. Durchseihen und abschmecken.

Cock-a-leekie (Schottland, 1903)

*1 angebratenes Suppenhuhn, 1 Kalbshaxe, 12 geputzte Lauch-
stengeln, in 2–3 cm lange Stücke geschnitten, 5 l Fleischsuppe,
Salz, Pfeffer*

Das Fleisch mit der Suppe zustellen, abschäumen und die grünen Teile des Lauchs hineingeben. Den weißen Teil des Lauchs blanchiert man 5 Minuten lang. Wenn das Huhn fast gar ist, nimmt man
es heraus und löst das Fleisch von Haut und Knochen. Die Suppe
durch ein Tuch seihen. Das Fleisch in kleine Stücke schneiden, mit
dem Lauch in die Suppe geben und gar kochen. Abschmecken.

Bouillabaisse (Frankreich, um 1920)

Es werden einige mittelgroße, frische Fische mit festem Fleisch ausgesucht (Rötlinge, Grondin, Butt oder Steinbutt, 2 kleine Langusten, 2 Drachenfische). Die Flossen der Fische werden weggehackt, die Fische geschuppt, ausgenommen, gewaschen, die Köpfe entfernt, in Stücke von 4 bis 5 cm geschnitten, ebenso die Langustenschwänze. Die anderen Fische werden eingesalzen mit einigen Eisstücken in eine Terrine gegeben, zugedeckt 1 Stunde stehen gelassen. Die Schale der Langusten wird in Wasser eine halbe Stunde gekocht, herausgenommen, in zwei Teile zerhackt, das noch darin befindliche Fleisch passiert und bereitgestellt. Nun wird verschiedenes Suppengrün und Zwiebel gewürfelt und in einer Kasserolle mit Öl angeröstet; dazu kommen noch einige Pfefferkörner, 2 Knoblauchzehen, einige Pilze, ein Büschchen grüne Petersilie, die Fischköpfe, das Gerippe der Langusten und noch einige kleinere Fische. Alles dies wird mit Wasser aufgegossen, 15 bis 20 Minuten gekocht, abgeschaumt, abgeseiht und der erhaltene Fond womöglich bis zur Hälfte eingekocht. Der Boden einer hohen Kasserolle wird mit Paradeisscheiben belegt, mit Zwiebel und Schalotten bestreut, die Fischstücke mit den Langusten reihenweise eingerichtet, mit der vorgerichteten Fischsuppe begossen, 15 bis 20 Minuten schnell gekocht, die Kasserolle zurückgezogen, die Suppe mit einigen Löffeln Paradeismark legiert und, wenn sie kräftig und wohlschmeckend ist, mit dem Püree der Langusten, etwas Cayennepfeffer und einem Löffel Cognac gewürzt. Die Fischstücke werden entweder in den Suppentopf mit der ganzen Suppe gegeben oder separat angerichtet und mit Baguettescheiben umlegt, die vorher aus Olivenöl gebraten wurden.

Traditionell reicht man heute zur Bouillabaisse frisch geriebenen Gruyèrekäse und Baguettescheiben, die mit *sauce aïoli* bestrichen und in den Suppenteller gegeben werden. Für diese Sauce 3 Dotter mit etwas Salz steif verrühren. Langsam 200 ml Öl hineintropfen und sofort kräftig schlagen, damit die Mayonnaise nicht gerinnt. Mit etwas Zitronensaft und Cayennepfeffer abschmecken und mindestens 5 feingeriebene Knoblauchzehen untermischen.

Crème de riz (Frankreich, 1935)

Für jede Person 2 Eßlöffel Reis, 4 dl helle Rindsuppe und 100 g Butter rechnen. Reis in Butter farblos anlaufen lassen, mit der Suppe 2 Stunden langsam köcheln lassen und anschließend durch ein Haarsieb treiben. Mit Salz und Pfeffer abschmecken und in Tassen servieren. Mit einem Eßlöffel geschlagenem Obers und etwas gehackter Petersilie servieren.

Zitronenbouillon (Frankreich, 1959)

Man gibt 1 Eigelb, frischgehackte Petersilie und Zitronensaft in jede Suppentasse und füllt unter leichtem Rühren die heiße, aber nicht kochende Bouillon darüber. Mit einem Hauch Muskatnuß würzen.

Soupe au pistou (Nizza, 1960)

500 g frische Fisolen in kurze Stücke geschnitten, 4 mittlere Erdäpfel und 3 geschälte Paradeiser, beides klein gewürfelt, werden in 1½ l kochendes Wasser gegeben, leicht gesalzen und gepfeffert und fast weich gekocht. Man gibt eine gute Handvoll Fadennudeln hinzu und kocht weiter, bis die Nudeln weich sind. Inzwischen hat man die *aillade* bereitet: 3 Zehen Knoblauch, eine Handvoll frisches Basilikum und 1 geschälter, entkerner Paradeiser werden gut zerstoßen. Diesen Brei gibt man in die Terrine, zerquirlt ihn mit einigen Löffeln Suppe und gießt die restliche Suppe darüber.

DIE O(G)LIOSUPPE

Die Suppe, die spanischen Ursprungs ist, sich über ganz Europa verbreitete und in verfeinerter Form an die Fürstenhöfe kam, wurde einmal vom deutschen Kunsthistoriker Hanns Ottomeyer als »Leitfossil europäischer Tafelkultur« bezeichnet. Kaum eine Suppe findet sich so oft in der einschlägigen gastronomischen Literatur wie *Olla potrida, Patryden, spanische Ohli, Oylli, Oille, Olla, Oil, Oglio, Olio* etc. Karl Friedrich von Rumohr verglich 1822 den ursprünglich bäuerlich-rustikalen Eintopf gar mit einer wilden Landschaft, einer wahren Urgewalt: »Die Olla, die ihrer Natur nach auf dem Tische, wie ein aus mächtigen Flözen, Geschieben und Nestern bestehendes Gebirge erscheint, in dessen Zusammensetzung das riesenhafte Steertstück die runde Kuppe des Urgebirges darstellt, an das sich abgedacht die schwächeren Bildungen lehnen, bis die Gruppen der möglichst gesondert zu haltenden Gemüse den letzten Abhang mit einer Reihe duftender Chorizos verbinden.« Auch Marx Rumpoldt erwähnt den Eintopf in seinem 1581 erschienenen Kochbuch: »Darumb nennt man es Hollapotrida / daß vielerley zusammenkompt / und ist gut für König und Kaiser / für Fürsten und und Herren zu geben.«

Bereits bevor die Olla Luxussuppe wurde, war sie in besseren Kreisen in Spanien ein unverzichtbares Gericht geworden. Alexandre Dumas (1802–1870) berichtete über die Speise: »Man muss wissen, dass dieses Ragoût bei den spanischen Botschaftern Teil der diplomatischen Repräsentation und des offiziellen Zeremoniells ist. Man sagt, es gehöre laut Protokoll zwingend zum Dîner eines spanischen Granden oder eines kastilischen Titulado.«

Der Eintopf blieb in Spanien bis zur heutigen Zeit von Bedeutung. 1845 gab es in einem Reiseführer für Spanien folgende Auskünfte über die Olla: Man kochte sie in zwei Töpfen. In einen gab man geschnittenen Lattich, Kohl, Kürbis, rote Rüben, Karotten, Fisolen, Sellerie, Endivien, Zwiebeln, Knoblauch, Paprikaschoten sowie verschiedene spanische Wurstsorten (Chorizo, Longaniza, Morcillia). Als Basis dieses Fonds nahm man einen Schweinskopf. Im zweiten Topf köchelten Kichererbsen, Rindfleisch, Huhn und Speck vier bis fünf Stunden lang. Als weitere Zutaten kamen noch Truthühner und Süßkartoffeln in Frage. Das Gemüse arrangierte man auf einer großen Schüssel, gab die Fleischstücke und Würste darauf und goß die Brühe darüber. Als Ableitungen der alten Olla podrida gelten der niederländische *hochpot* oder *huspot* sowie der argentinische *puchero*.

Ihre große Bedeutung als Eintopf zeigt die Erwähnung der Olla in *Don Quijote de la Mancha*. Sancho Pansa ist Statthalter einer Insel, deren Arzt die Bewohner vor Krankheiten bewahren will. Zum Arzt sagt Sancho: »›Die große Schüssel, die dort vorne dampft, scheint mir Olla podrida zu sein, und da sich eine so große Mannigfaltigkeit von Eßbarem in derlei Olla podridas findet, so kann mir's ja nicht fehlen, daß ich irgendwas drin finde, das mir schmeckt und zuträglich ist.‹ – ›Auf keinen Fall!‹ sagt der Arzt, ›fern von uns bleibe ein so böser Gedanke; es gibt nichts in der Welt, das schwerer verdaulich wäre!‹ ... Da spricht Sancho, von Zorn entbrannt: ›Also denn, Herr Doktor Peter Stark ... verschwindet auf der Stelle ... Aber nun gebt mir zu essen, andernfalls nehmt meine Statthalterschaft wieder an Euch; ein Amt, das seinen Mann nicht nährt, ist keine Bohne wert.‹«

Vom Bauerntisch gelangte das Gericht bis auf die Tafel der Vornehmsten – und wurde aus Porzellantöpfchen mit Deckel, *pots à oille*, die im 18. Jahrhundert von den neu entstandenen Porzellanmanufakturen hergestellt wurden, oder aus innen vergoldeten Silbertassen getrunken. Da für die Olla viele Zutaten notwendig waren, wurde sie nur für große Gesellschaften ab zwanzig Personen zubereitet. Als besonderer Luxus servierte man die Suppe nur mehr als Kraftbrühe und verteilte die darin gekochten Zutaten an die Bediensteten. Die Mischung an Rohstoffen brachte einen undefinierbaren Wohlgeschmack und eine tiefe braunrötliche Farbe. Vermutlich wurde die Olla zuerst am Hof Ludwigs XIV. durch die Heiraten mit spanischen Habsburger-Prinzessinnen beliebt. Im Jahr 1671 hatte der Sonnenkönig bereits eigene Gefäße für die *oille*. Die runden Suppenterrinen, in denen die Olio serviert wurde, hatten ihren Platz in der Mitte der Tafel und waren wichtigster Teil der ersten Tracht des nach dem *service à la française* gedeckten Tisches. In Paris erfuhr die *oille* mehrere Varianten, die je nach ihrer Hauptzutat benannt waren (*jambon, céleri, perdrix, marrons, julienne* etc.). Im Lauf des 18. Jahrhunderts wurde die Suppe zur eingekochten Essenz aller ihr beigegebenen

Fleischsorten und Gemüse; sie konnte allerdings mit einer Einlage serviert werden. Erst am Wiener Hof war die Suppe ausschließlich klar, die reine Kraft, die ohne Einlage, Schnittlauch etc. serviert wurde. Die Olla war derart beliebt, daß man auf ein Gericht mit diesem Namen nicht einmal an Fasttagen verzichten wollte. Die Fastenolla wurde aus Fischen oder verschiedenem Wurzelwerk zubereitet.

Auch in Frankreich hatte man einen ähnlichen, kräftigen Eintopf wie die Olla potrida – den *pot au feu*. Johann Wolfgang von Goethe (1749–1832) schrieb über diese Köstlichkeit, die nach der französischen Revolution (1789–1799) zum Nationalgericht der Franzosen wurde, im Herbst des Jahres 1792 aus Givry-sur-Meuse, wo er bei einem Einwohner sein Quartier hatte: »... von da gelangte man durch die eigentliche Haustüre in ein geräumiges, hohes, dem Familienleben bestimmtes Zimmer, es war mit Ziegelsteinen gepflastert, links, an der Wand, ein Feuerherd, unmittelbar an Mauer und Erde; die Esse, die den Rauch abzog, schwebte darüber. Nach Begrüßung der Wirtsleute zog man sich gern dahin [zurück], wo man eine entschieden bleibende Rangordnung für die Umsitzenden gewahrte ... Hier war der Ehrensitz, der sogleich dem vornehmsten Fremden angewiesen wurde; auf mehrere hölzerne Stühle setzten sich die übrigen Ankömmlinge mit den Hausgenossen. Die landsittliche Kochvorrichtung, pot au feu, konnt' ich hier zum ersten Mal genau betrachten. Ein großer eiserner Kessel hing an einem Haken über dem Feuer; darin befand sich schon ein gutes Stück Rindfleisch mit Wasser und Salz, zugleich aber auch mit weißen und gelben Rüben, Porrée, Kraut und anderen vegetabilischen Ingredienzien. Indessen wir uns freundlich mit den guten Menschen besprachen, bemerkt' ich erst, wie architektonisch klug Anrichte, Gossenstein, Topf- und Tellerbretter angebracht seien: nett und der Ordnung gemäß. Eine Magd besorgte alles aufs zierlichste; die Hausfrau saß am Feuer, ein Knabe stand an ihren Knien, zwei Töchterchen drängten sich an sie heran. Der Tisch war gedeckt, ein großer irdener Napf aufgestellt, schönes weißes Brot in Scheiben hineingeschnitten, die heiße Brühe drüber gegossen und guter Appetit empfohlen ... Hierauf folgte das zu gleicher Zeit gar gewordene Zugemüse, sowie das Fleisch, und jedermann hätte sich mit dieser einfachen Kochkunst begnügen können.«

Hollapotrida (Marx Rumpoldt, 1581)

Nimm eine weite, verzinnte Fischkasserolle, bereite Kräuter und Fleisch schön nacheinander und stückweise vor, Gebratenes oder Gekochtes, wie zuvor beschrieben, daß man Gebratenes und Gekochtes miteinander vermengt. Grüne Kräuter kleingehackt, geriebenes Brot, Parmesankäse, kleingeschnittener Knoblauch und Gewürz werden durcheinander gemengt, daß es nicht verklumpt. Wenn alles zubereitet ist, nimm die Rinder-, Hühner- und Kapaunerbrühe, die nicht zu stark gesalzen ist, und seihe sie durch ein Tuch darüber. Tu auch eine Mehlschwitze darüber, setz es auf Kohlen, nicht auf ein brennendes Feuer, damit es nicht anbrennt. Und paß auf, daß du es nicht verkochen läßt, damit du jedes Stück extra in einem Teller anrichten kannst. Und eine solche Speise kannst du auf zehn oder zwölf Tellern anrichten oder auf einem einzigen. Und ein Koch muß sehr geschickt sein, um alles zusammenzubringen. Wer es anrichten will, muß zwei oder drei Tage zuvor anfangen, damit er alles zusammenbringt und sauber zurichtet, daß es wohlschmeckend und nicht versalzen wird. Darum nennt man es Olla potrida, weil vieles hineinkommt, und es ist gut für König und Kaiser, für Fürsten und Herren.

Pot au feu (Frankreich, um 1860)

Ein Tafelspitz von 3 bis 4 kg wird in einen Suppentopf gelegt, mit 6 bis 8 l Wasser aufgegossen und zum Kochen gebracht. In dieser Zeit werden ungefähr 1½ kg Kalbs- und Rindsknochen angebraten, ebenso das Junge von 2 bis 3 Hühnern, die Suppe, sobald sie zu kochen beginnt, abgeschaumt, mit Salz gewürzt, die angebratenen Knochen dazugegeben, mit verschiedenem Suppengemüse versehen und gekocht. In der Suppe werde 2 junge Hühner mitgekocht und früher herausgenommen. Wenn das Fleisch weich ist, wird es herausgenommen, die Suppe durchgesiehen und anschließend durch Etamin gefiltert. Das Gemüse, Rindfleisch und Hühnerfleisch in gefällige Stücke schneiden und eine Suppenterrine damit belegen. Die heiße Suppe darübergießen und separat auf kleinen Tellern gebähte Brotschnitten und gedünstete Kohlviertel mit Rindsmark reichen. Schmackhafter wird die Suppe, wenn 500 g Rindsleber braun gebraten mit in der Suppe gekocht werden.

Marmite (Paris, um 1900)

Zu 50 l Suppe werden 15 kg Suppenfleisch, 5 kg Rindsknochen, 500 g Kernfett und 5 kg Kalbsschulter oder -stelzen benötigt, außerdem ungefähr 500 g Zwiebeln, 1 kg Wurzelwerk und ca. 1 kg Salz. Der Kessel wird mit zerschnittenem Kernfett belegt, heiß gemacht und damit das Wurzelwerk geröstet. Das in Stücke geschnittene Rindfleisch mit den Knochen dazugeben, unter Rühren 20 Minuten gedünstet, mit 50 l Wasser aufgegossen und aufkochen gelassen. Unterdessen wird das Kalbfleisch mit 100 g Butter im Rohr gebraten, glasiert und mit dem Saft, ohne Fett, in die Suppe gegeben. Beim ersten Aufwallen die Hitze reduzieren und die Suppe 3 bis 4 Stunden köcheln lassen. Durch ein Tuch seihen.

Hochepot flamand (um 1910)

Ein schönes Stück Rindsrippe in kochendes Wasser legen (man rechnet 2 l Wasser pro Kilo Fleisch) und Wurzelwerk dazugeben. In Butter oder Schweinefett ein Stück Bug, Brust oder Kammstück vom Hammel, ein Stück vom Kalb, eine Schweinsstelze und ein Schweinsohr dünsten lassen. Kräftig mit Salz und Pfeffer würzen. Wenn das Rindfleisch kocht, das Gedünstete dazugeben, zudecken und 3 bis 4 Stunden köcheln lassen. 45 Minuten vor Ende der Garzeit kleine rohe, geschälte Erdäpfel, in Scheiben geschnittene Landjägerwurst und kleine Knoblauchwürstchen dazugeben. Die Suppe in eine Terrine über geröstete Brotwürfel gießen. Kleingeschnittenes Fleisch und Gemüse extra reichen.

AM KAISERHOF ZU WIEN

»Oylli-Suppe. (Une oylle.) Diese kräftige, von allen andern sich unterscheidende Suppe wird nur bey lärmenden Unterhaltungen als Erfrischung, im Grunde aber als Stärkung und Anreitzung der Kräfte angesehen.« Dies schrieb F. G. Zenker, der erste Mundkoch des Fürsten Joseph von Schwarzenberg, 1843 über die Oliosuppe. Der spanische Hintergrund der Speise blieb den Köchen und Kochbuchautoren bis zum Beginn des 20. Jahrhunderts bewußt – meist führten sie in ihren Aufschreibungen sowohl die luxuriöse *Olio* als auch die sättigende, eintopfartige *Olla potrida* an. Die Olio wurde jedoch häufig aus Kostengründen in einer einfacheren Version angeboten, als sie am Wiener Hof gebräuchlich war. Manchmal waren die Rezepte, die die Kochbuchautoren anboten, nachgerade als schlicht zu bezeichnen.

Wann diese Suppe tatsächlich an den Wiener Hof kam, läßt sich nicht genau feststellen. Vielleicht fand sie unter Kaiser Karl VI. (1685–1740) Eingang in die Hofküche. Der Monarch hatte ja nicht nur Wiener Köche in Spanien beschäftigt, sondern auch spanische Köche nach Wien mitgebracht. Im Laufe des 18. Jahrhunderts entwickelte sich die Olla in Wien langsam zur klaren Suppe. Das Siedefleisch wurde als Deputat an das Küchenpersonal verteilt, weil es nach der vier- bis fünfstündigen Kochprozedur für die Herrschaftstafel nicht mehr zu verwenden war. Wie oben angedeutet, wurde die Oliosuppe als besonders kräftigend angesehen. Daher stand sie Anfang des 19. Jahrhunderts jeden zweiten Tag auf dem Speisezettel von Erzherzog Ferdinand (dem späteren Kaiser, 1793–1875). Offenbar erhoffte man sich Vorteile für die Konstitution des gesundheitlich etwas labilen und von epileptischen Anfällen geplagten Thronfolgers.

Aufgrund der kräftigenden und belebenden Wirkung der Oliosuppe war sie zu jener Zeit bereits zur beliebten Stärkung bei Empfängen, Bällen und Soupers nach Theatervorstellungen geworden. Bei großen Festen anläßlich des Wiener Kongresses wurde sie ebenso gereicht wie bei Bällen nach dem anstrengenden Cotillon. Für die Oliosuppe gab es am Kaiserhof in Wien ab 1903/04 – nach dem großen Umbau der Hofküchen – eine eigene Küche, in der sich zur Zubereitung der Suppe vier kupferne, eingemauerte Suppentöpfe befanden, die je rund 200 Liter faßten. Die Zubereitung der Suppe, deren Rezept bei Hof aufbewahrt wurde, mußten alle Hofköche beherrschen. Denn durch den Ablösemodus (eine Küchenmannschaft hatte jeweils vier Wochen Hauptdienst), war nicht vorhersehbar, wer zu einer bestimmten Zeit in der Küche stehen würde.

Die Oliosuppe blieb die Spezialität des Wiener Hofs. Gelegentlich verlangten Mitglieder der kaiserlichen Familie – z.B. Erzherzog Otto (1865–1906), der Vater des letzten österreichischen Kaisers Karl (1887–1922) – nach Vereinfachung des Rezepts für einen kleineren Kreis, wobei die Hofköche überzeugt waren, daß eine Zubereitung von weniger als 10 Litern absolut unmöglich und dem Wohlgeschmack der Suppe abträglich sei.

Nach dem Zusammenbruch zahlreicher europäischer Monarchien (ab 1918) geriet die Oliosuppe – wie viele andere Hofspezialitäten (z.B. Mandelmilch, Gerstenschleimsuppe) – in Vergessenheit. Auch aus den Kochbüchern, in denen die Oliosuppe zum Fixpunkt der feinen Küche geworden war, verschwand sie. Bei diesem Obsoletwerden der Oliosuppe spielte natürlich auch ihre Kostspieligkeit eine Rolle sowie die Tatsache, daß die Zutaten nach dem Kochen nicht mehr brauchbar waren. Das konnte sich in der Zwischenkriegszeit kaum jemand leisten, und schon gar nicht in der Nachkriegszeit.

Es gab und gibt weiterhin Ragoûtsuppen, die ihre Entstehung vermutlich der Anregung durch die Olla verdanken. Der *Altwiener Suppentopf*, den man gelegentlich noch auf Speisekarten von Restaurants findet, erinnert in seiner Zusammensetzung an die Ursprungsform der Olla potrida. Allerdings besteht er aus klarer Rindsuppe mit einer Einlage aus Rind- und Hühnerfleischstückchen, geschnittenen Karotten und Sellerie sowie Nudeln. Vermutlich wurde er in der Zwischenkriegszeit aus der Taufe gehoben, um an die Suppenherrlichkeit der alten Wiener Küche zu erinnern.

Eine üppige Olipodrigo zu machen (Holland, um 1590)

Nimm einen guten, zugerichteten Kapaun, Lamm, Kalb, Rindfleisch, koche es, bis es fast fertig ist; dann nimm Würste, Schweinsfüße, Knochen, zwei große Markknochen, kleine Kalbsbrieseln und koche es miteinander, bis sie fast fertig sind. Füge Salat hinzu sowie Pfeffer, Muskatblüte und Muskatnuß, dann lege Schaf- und Schweinsfüße auf den Boden deiner Kasserolle und schichte das übrige Fleisch darüber mitsamt der Suppe. Laß es eine dreiviertel Stunde kochen; dann gieße die Suppe ab, gib 4 bis 5 Dotter, die mit Verjus aufgeschlagen wurden, dazu, nimm noch Butter und laß es aufkochen. Schütte dies über alles, nachdem du das Fleisch auf die Schüssel gelegt hast. Nimm auch Maroni, Spargel oder Artischokken, nach der Zeit des Jahres und gib diese, nachdem sie gar sind, auf die Schüssel, bestreue den Rand der Schüssel mit gehacktem, hartgekochtem Dotter und feingehacktem Petersil. So ist es gut.

Oil maigre (Paris, 1693)

Nimm gute Erbsenbouillon oder Fischbrühe. Wirf alles Wurzelwerk, das du hast, hinein, & laß es gut kochen. Richte deine Olio mit einem Profiterol in der Mitte auf einer Schüssel an und gib die Wurzeln herum. Gib die Brühe in kleine Schüssel. Man kann die Wurzelolio & andere Gemüse auch am Gründonnerstag servieren.

Olypodrigo (Marperger, 1716)

Eine Suppe, die »in Spanien und Franckreich [ein] sehr bekanntes Essen / welches aus allerhand unter einander gekochten guten Fleisch mit Vögeln / als Tauben / Hünern und dergleichen / wie auch etwas klein geschnittenen Speck / und unterschiedlichen Küchen-Kräutern bestehet«.

Ouille (Menon, Frankreich, um 1745/50)

Gib in eine Kasserolle 1 Rebhuhn, eine Lammstelze, fünf oder sechs Pfund Rindsschlögel und Kalbsstelze. Das Fleisch über Feuer bei fleißigem Wenden bräunen. Mit heißer Brühe übergießen; bei kleinem Feuer sechs bis sieben Stunden kochen lassen. Nach einer Stunde Gemüse wie Petersilwurzeln, Karotten, Portulak, Zwiebeln, Rüben, Sellerie, Porree und ein Gewürzsäckchen (aus Pfefferkörnern, Ingwer, Zimt, Gewürznelken, Koriander, Muskat, einer Knoblauchzehe und wenig Bohnenkraut) dazugeben. Wenig salzen. Die Suppe soll hell, klar und gut im Geschmack sein.

Oley-Suppen (Wien, um 1765)

Nimm saftiges Rind-Fleisch, kälbernes Fleisch, einen zerhackten Capauner, eine alte Henn, kälberne Knochen, von schöpsenem Schlögel das Breite, Petersil-Wurzen, Speck, gelbe Rüben, und Zwiffel, dieses alles in ein Rein eingericht, laß schön braun dünsten, gieß eine gute Rind-Suppen daran, laß wohl sieden, durchgetrieben, gut gewürzt, und auf gebähten Schnitten angericht, gezieret mit gebakkenen Lämmer-Füßen, gebackenen Hühneln, oder wie es die Zeit zulasset.

Ogliosuppe (Wien, 1796)

Nihm in eine grosse Rein eine Kernfette oder Speck, lege ein Stückel geschnittenes Kalbfleisch von Hasel [vermutlich Halsl] darauf, du kannst auch, was immer von Gebrattenen hast, dazu nehmen, als: ein Schöpsenes, Kapauner, Fasan, oder Rebhündel, dann nihm einen ganzen spanischen Zwibel, eine Staude grünen, und ein wenig blauen Kohl, grosse Petersilwurzen, etwas Zeller, eine ganze Muskatblüthe, dünste dieses alles auf einem Kohlfeuer, bis es eine schöne Farbe bekömmt; wann es kracht [stark anbrät], so gib oben einen Saft drauf: hat es Farbe genug, so gieß es mit einer ordinären Fleischsuppe bey 4 Maaß an, und laß es ganz still sieden, bis das Fleisch samt den Kräutern weich ist, hernach seihe es durch ein Haarsieb, und gib es in Becherln zu trinken.

Ollio zum großen Ball (Wien, 1824)

600 lb Rindfleisch, 600 lb Kalbfleisch, 150 lb schebßenes,
50 lb schweineres, 200 Kalbsfüße, 16 lb Fetten, 16 lb Speck,
50 lb Schneydtschunken, 16 lb Salamy, 16 lb Schmalz,
16 lb Butter, 10 lb Salz, 16 lth Nelken, 10 Macis, 30 lb Zucker,
16 lb Kastanien, 6 Maß Zißer, 70 alte Hühner, 25 Gänß,
24 alte Indian, 50 Einheimische änthen, 50 Wilde änthen,
30 Kappaun, 24 Rebhüner, 12 Faßan, 1 Butten gelbe Rüben,
100 Kelch, 1 Butten weisse Rüben, 1½ Butten Scheer Rüben,
100 süßes Krauth, 60 Zeller, 25 Bischl Pettersillies, 60 spanische
Zwiefel, 1½ ordinäre dto.

Olio-Suppe (Franz Zelena, ehem. Haushofmeister Erzherzog Johanns [1772–1859] Wien, 1828)

5 Pfund Rindfleisch, 5 Pfund Kalbfleisch, nebst beyden Zuwagen, 1 Paar alte Hühner, und ½ Pfund Schneideschinken werden zuerst in einem kupfernen Kessel, wozu man auch Wurzelwerk, Zwiebel und ganzes Gewürz wirft, gut und langsam verdünstet. Dem fügt man dann 1 Schöpsen- und 1 Schweinsschulter, 1 Änte, 1 Fasan, 1 Repphuhn und 1 Kapaun, alles gut in Saft gebraten, und mehrere Lamms- und Schweinsfüße bey, wie auch 6 Stück Kohl, eben so viel weiße und gelbe Rüben, ein großes Häuptel weißes Kraut, einige Kohlrabi, 1 Seitel dürre Erbsen, und in Speck und Zucker braun passirte Scherrüben, oder Steckrüben. Alles dieses wird mit einer verhältnißmäßigen Menge Wassers 8 Stunden langsam gesotten. Dieses verhältnißmäßige Maß bezieht sich sowohl auf die Größe des Kessels, als auf die Menge der Zuthaten, weil durch zu vieles Wasser an der Kraft der Substanz verloren gehen könnte. Ist es gut gesotten, wird es abgeschäumt, durch eine Serviette oder Seihtuch abgeseiht, vom Fette gereinigt, und so fertig, wo man will gebraucht. Auch die Menge der Olio-Suppe kann man durch mehr oder weniger Zuthaten vermehren oder vermindern. Diese so allgemein beliebte kräftige Suppe wird gewöhnlich auf Bällen, oder Abendunterhaltungen als Erfrischung, auch als Stärkung des Magens angeboten, und klar in Kaffehschalen servirt.

Olio-Suppe (Preßburg, 1834)

Man läßt frisches Rindsfett oder Speck in einer Casserolle mit Zwiebeln und magerem Rindfleisch auf einer starken Gluth angehen bis es auf dem Boden braun wird. Dann gibt man es in eine Casserolle von 6 Maaß, dazu 3 Pfund Kalbfleisch, welches mager und flechsig ist, einen Rindsfuß, 1 Paar Kalbsfüße, eine alte Henne, ein Paar Stück Petersilie, Pastinak, gelbe Rüben, die läßt man, nebst einem Pfunde Schinken, 4 Stunden sieden. Dann seiht man es rein ab, und gibt es in Schalen zu trinken.

Ragoûtsuppe (Elisabeth Stöckl, Wien, 1835)

Man hacke von einer Gans oder Aente das sogenannte Junge, nämlich Flügel, Füße, Hals, Kopf und den Magen in kleine Stükken und siede es in guter Fleischbrühe weich. Nun lasse man etwas Mehl in Butter anlaufen, gebe einige klein gehackte Champignons und etwas grüne Petersilie darein, gieße sie mit der Suppe von dem Jungen auf, lasse sie gut versieden und richte sie über dasselbe und geröstete Semmelschnitten an. Man kann auch gebackene Semmelknödeln darein geben, oder sie mit Leber, welche mit Mehl bestäubt und aus dem Schmalz gebacken wird, garniren.

[Diese Suppe kann man auch mit Kalbsbries, Kalbsohren etc. bereiten.]

Oylli-Suppe (F.G. Zenker, Wien, 1843)

Ein gebratener Kalbsschlegel, ein gebratener Schöpsenschlegel, vier gebratene Kapauner, vier Repphühner und zwey Hasen werden mit zwölf Maaß Brühe genässet und in's Kochen gebracht. Ein Pfund Reis wird mit gekocht, damit die Suppe schleimig wird, mit Concassé, Muskatblüthe und ein wenig fein Zimmet gewürzt, gut zugedeckt, zwey Stunden langsam kochen gelassen, dann wird sie durch ein Haartuch in den Suppentopf gesehet, und klar in Kaffehbechern servirt.

Olla Potrida (Fourret, Exmundkoch des spanischen Königs, 1843)

Ein Tafelstück von ungefähr zehn Pfund (Schwanzstück), ein Kalbsbrustknorpel, eine schöpserne Brust, etwas gesalzener Schinken, ein fettes Huhn, zwey Tauben, zwey Wachteln, zwey Repphühner mit einer Taubendressur, eine Ente, ein Pfund Kaiserfleisch, eine Hamburgerwurst und acht Bratwürste mit spanischem Pfeffer gewürzt und zwey Pfund Tags vorher eingeweichten spanischen Erbsen werden zusammen in einer angemessenen Casserole mit leichter Brühe genässt, mit sechs Dütchen spanischem Pfeffer, einer Gewürznelken, etwas Muskatblüthe und Muskatnuß gewürzt, und bis zum gehörig Weichwerden langsam gekocht. Daß diese Fleischgattungen nicht auf ein Mahl gekocht werden können, ist leicht einzusehen. Der Autor scheint dieß und die Berechnung der nöthigen Zeit, die eine Kalbsbrust, eine Ente, das Huhn, die Repphühner, die Wurst, die Wachteln, und endlich die Bratwürste brauchen, und welche von drey Minuten der Bratwürste bis zu drey Stunden des Rindfleisches sich erstreckt, dem Scharfsinn des Künstlers überlassen zu haben, weil er sich mit keiner Sylbe darüber äußert. Es werden dann vier große Häuptel Kohl auf vier Theile geschnitten, zwölf Häuptel Salat, vier und zwanzig daumendick und lang zugeschnittene gelbe Rüben, und eben so viele weiße Rüben; welches zusammen in Wasser abgekocht, dann in eine Casserole eingerichtet, mit Speckplatten bedeckt, mit fetter Brühe begossen, und genau bedeckt, langsam weich gekocht. Zwölf Artischoken werden entblättert, enthaart, reinlich rund zugeschnitten, und in einer Presse weich gekocht.

Olio, »spanische Hofsuppe« (Wiener Hofkoch Friedrich Funk, um 1890)

Für 100 Personen:

Es werden ca. 10 kg Kalbfleisch (Stelzen und Karreespitzen) in Stücke gehackt und mit ¼ kg Butter angebraten. In dieser Zeit wird ein großer Kessel mit 30 l Wasser und 15 kg magerem, frischem Suppenfleisch samt dazugehörigen Knochen zum Kochen gebracht, das angebratene Kalbfleisch dazugegeben, mit den dazugehörigen Mengen Suppengrünzeug, Zwiebel und Gewürzen garniert, wiederholt abgeschaumt und weiter wie eine gewöhnliche Suppe behandelt. Während die Suppe kocht, werden nun folgende Fonds bereitet:

a) aus Kastanien. ½ kg Kastanien werden gebraten, geschält, mit 5 dkg Staubzucker glaciert, mit 1 l Suppe [Rindsuppe] aufgegossen, 1 Stunde gekocht, abgeseiht, zugedeckt, für den zweiten Tag aufbewahrt;

b) von Hasen. Der abgezogene und abgehäutete Hase wird in Stücke zerteilt, mit Speck gebraten, in eine Kasserolle gegeben, 1 l Suppe vom Kessel aufgegossen, womöglich vollständig ausgekocht und abgeseiht;

c) von Scherrüben. Diese werden geschält (½ kg) in Würfel geschnitten, mit Butter und Zucker angebraten, mit 1 l Suppe aufgegossen, ausgekocht und abgeseiht;

d) vom wilden Geflügel. 2 Rebhühner und 1 Wildente werden regelrecht hergerichtet, mit verschiedenen Gemüsen richtig gebraten, in eine hohe Kasserolle umgeleert, mit 2 l Kesselsuppe aufgegossen, 2 Stunden gekocht und abgeseiht;

e) von Linsen. ¼ kg Linsen werden ausgewaschen, mit 1 l Suppe gekocht, ebenfalls abgeseiht;

f) von frischem Kraut. Ein Krautkopf (1½ kg), wird in Salzwasser blanchiert, mit Wurzelwerk, das mit Räucherspeck angeröstet wird, eingerichtet, mit Speckscheiben belegt, weichgedünstet, braun koloriert, mit 1 l Suppe aufgegossen, eine Stunde ausgekocht, der Fond ebenfalls geseiht und zu den übrigen gestellt.

Die Kesselsuppe wird abgefettet, passiert und für den zweiten Kochtag bereitgehalten. An diesem Tag wird 1 kg mageres, womöglich noch blutiges Rindfleisch in dünnere Blätter geschnitten, mit 10 Eiweiß gestoßen, die Suppe nochmals entfettet, alle vorbereiteten Fonds dazugegeben, aufgestellt, mit dem Fleisch geklärt, verrührt, nochmals mit verschiedenem Wurzelwerk und ¼ kg Pilzen garniert und unter öfterem Aufrühren zum Kochen gebracht. Außer diesen Bestandteilen werden überdies 2 angebratene alte Hühner und ½ kg gebratene Schöpsenkeule mitgekocht.

Die Suppe wird aufmerksam 4 Stunden bis zu 30 l eingekocht, wiederholt abgeschaumt, nun behutsam durch ein Suppentuch geseiht, abgeschmeckt und heißgestellt. Die *Olio* soll eine klare, rötlichbraune Farbe und einen köstlichen, nicht definierbaren Wohlgeschmack besitzen.

Oglio-Suppe (Marie von Rokitansky, Innsbruck, 1897)

Man belegt eine Casserolle mit viel Speck, kleinblättrig geschnittenem Wurzelwerk und Zwiebel, mit klein geschnittener Rinds- und Kalbsleber, zusammen ein Dessertteller voll, mit einem zerschnittenen, alten Huhn, schöne Rindsknochen und etwas Milz und läßt alles rösten, ohne es umzurühren, bis der Speck und das Wurzelwerk Farbe bekommet, gießt dann kaltes Wasser darauf, daß alles davon bedeckt ist und läßt es langsam und gleichmäßig 7 bis 8 Stunden kochen. Hierauf wird die Suppe durch ein feines Tuch oder Sieb gegossen, doch recht vorsichtig, daß nichts Trübes dazu kommt. Die Suppe muß klar und schön braun sein. Sie wird in Tassen bei Bällen, Abendgesellschaften, Frühstück etc. serviert. Man kann auch Rindfleisch mitkochen und nach dem Rösten die ganze Masse in den papianischen Topf geben und darin, mit kaltem Wasser übergossen, kochen lassen. Viele geben auch Kalbfleisch dazu, doch ist es nicht rathsam, da dies die Suppe trübe macht und man dieselbe dann mit Eiklar klären muß.

Oliosuppe (Wiener Hofküche, um 1900 für Erzherzog Ottos Küche vereinfacht)

1. Fond: 1 kg Kastanien, ½ kg Linsen, 2 kg Rindfleisch,
¼ kg Rindsleber
2. Fond: 2 kg Schweinernes, 2 kg Schinken, 1 Wildente,
3 Rebhühner
3. Fond: 3 kg Kalbfleisch, 3 Stück Kalbsfüße, ¼ kg Kalbsleber,
1 Ente, 3 kg Lammfleisch, 1 Gans, 2 alte Hühner
4. Fond: ¼ kg Champignons, 4 Stück Kohl, 4 Stück weißes
Kraut, 5 Petersilwurzeln, 8 Stück Porree, 5 gelbe Rüben,
3 Goldrüben, 8 Scheerrüben, 4 weiße Rüben, 5 Stück Sellerie,
2 Stück Zwiebeln

Zwiebeln und Wurzelwerk mit Speck anrösten, die anderen Zutaten des 4. Fonds dazugeben, mit Wasser aufgießen und würzen. Die Zutaten der anderen Fonds ebenfalls mit Wasser aufgießen und würzen. Vier bis fünf Stunden kochen und abseihen. Die vier Fonds zusammenschütten, entfetten, mit 15 Eiklar klären und durch ein Passiertuch seihen. Es sollen sich 8 bis 10 l Suppe ergeben.

Olla Potrida (Rokitansky, 1897)

In Butter und etwas Speck läßt man fein gewiegte Zwiebel, einige entkernte Paradiesäpfel, grüne Petersilie, verschiedene Wurzeln und grobnudelig geschnittene Gemüse, wie: Kohl, Kohlrüben, weiße Rüben, Salat und Paprika, dünsten. Dann gibt man verschiedene Fleischgattungen, wie Schöpsen-, Ziegen- und Geflügelfleisch dazu und dünstet es mürbe, vergießt es mit einem Sude von gekochtem Lammskopf und gibt auch das Fleisch des Kopfes dazu. Beim Anrichten werden die schönsten Stücke obenauf gelegt und alle möglichst nett zugeschnitten.

Altwiener Suppentopf (Weisshappel, Wien, um 1930)

1 l kräftige Rindsuppe, in Scheiben geschnittenes, gekochtes Suppengemüse (Sellerie, Karotte, gelbe Rübe), in feine Ringe geschnittener Lauch, in Würfel geschnittenes Siedfleisch (Rind und Huhn), Fadennudeln, Schnittlauch

Die Suppe zum Kochen bringen und die Nudeln darin weichkochen. Die übrigen Zutaten dazugeben, kurz ziehen lassen und mit Schnittlauch bestreut servieren.

Puchero (Argentinien, 1966)

200 g durchwachsenes Rindfleisch, ½ Ente, 150 g Bauchfleisch vom Schwein, 4 kleine Räucherwürste, 100 g Karotten, 2 Stangen Lauch, 100 g Fisolen, 100 g Kohl, 100 g Kohlrabi, 100 g Sellerie (alle Gemüse grob geschnitten), 200 g in Wasser geweichte Kichererbsen, 2½ l Wasser, Salz Pfeffer

Bauchfleisch und Rindfleisch in Wasser kochen. Ente anbraten und in den Suppentopf geben. Nach 2 Stunden Gemüse, Kichererbsen und Würste dazugeben, weiche Fleischteile herausnehmen und in Stücke schneiden. Suppe mit Salz und Pfeffer abschmecken. Die festen Teile auf einer Platte anrichten, das Gemüse herumlegen; die Fleischsuppe wird in tiefen Tellern oder Schüsseln serviert.

Puchero (Brasilien, 1966)

*250 g durchwachsenes Rindfleisch, 150 g magerer Speck,
4 Räucherwürste, 250 g geschälte, gewürfelte Erdäpfel,
1 Maiskolben, 1 Stange Porree, 100 g Fisolen, 200 g Karfiol,
2 Zwiebeln, 100 g Kohl, 100 g Kürbis (alle Gemüse grob
geschnitten), 125 g eingeweichte Kichererbsen, 100 g Reis,
½ Tasse Sangrita, ½ Tasse Paradeisketchup, 1½ l Wasser,
Salz, Pfeffer*

Rindfleisch und Speck mit Wasser aufsetzen, nach 2 Stunden
Kochzeit den Speck entfernen und die Gemüse sowie die Kichererbsen und die Würste dazugeben. Eine halbe Stunde vor Ende der
Kochzeit – die Gemüse müssen noch knackig sein – Reis, Erdäpfel
und Kürbis dazugeben. Mit Sangrita, Ketchup, Salz und Pfeffer abschmecken.

DER »POTAGER DU ROI«

Schon früh war bekannt, daß aromatische Wurzeln und Kräuter den Geschmack des Fleisch- oder Fischabsuds ungemein verbessern und ihn somit zur Suppe erheben konnten. Doch solange der Mensch keinen festen Wohnsitz hatte, konnte er nur zufällig ihm zufallende Gewächse für seine Kochkünste ausprobieren. Als der Mensch seßhaft wurde, war es ihm möglich, Gemüse und Kräuter verschiedener Art zu ziehen, um sie zum Aromatisieren von Suppen und Saucen ständig bei der Hand zu haben. Bis ins 20. Jahrhundert fehlte auf keinem Bauernhof der Küchengarten, in dem Karotten, Petersilie, Porree, Zwiebel, Knoblauch, Kraut, Kohl, Salat, Spargel, diverse Gewürzkräuter etc. gezogen wurden.

In England wurden schon im frühen Mittelalter neben den Lustgärten Gärten für die Küche angelegt. Allerdings waren diese innerhalb der befestigten Burg angesiedelt und daher nicht sehr groß. Sie lieferten nicht nur Pflanzen für die Küche, sondern auch Kräuter zu Heilzwecken, aromatische Gewächse zum Ausstreuen auf den Böden der Burg, Mittel zum Vertreiben von Insekten und für andere Haushaltszwecke. Der Übergang von Heilpflanzen einerseits und Gemüsen und Kräutern für die Küche andererseits war lange Zeit fließend. Lauch und Petersilie waren die häufigsten Pflanzen, gefolgt von Rüben, Bohnen, Erbsen, Knoblauch, Schnittlauch, Zwiebel, aber auch Isop, Minze, Veilchen, Fenchel und Salbei. Hülsenfrüchte wurden aufgrund ihrer »Gewöhnlichkeit« schon bald außerhalb der Burgmauern angepflanzt, weil ihr Verlust durch kriegerische Bedrohung nicht so sehr beklagt wurde wie jener von aromatischen Kräutern.

Bereits 812 hatte Karl der Große (747/748–814) festgelegt, was seine Untertanen im karolingischen Reich anzupflanzen hatten. Trotz der nachfolgenden zahlreichen kriegerischen Auseinandersetzungen wurden die Küchengärten bei Schlössern und in Klöstern weiterhin gepflegt. Die französischen Könige Karl VIII. (1470–1498) und Ludwig XII. (1462–1515) brachten von ihren Feldzügen in Italien nicht nur zwei neue Pflanzen – Spargel und Melone – mit, sondern auch italienische Gärtner. Der obere Garten von Schloß Blois wurde zu einem Küchengarten bestimmt. Franz I. (1494–1547), Heinrich II. und Katharina von Medici setzten diese Tradition fort.

Im Jahr 1654 erschien in Paris ein Fachbuch für Gärtner: *Le jardinier françois*. Für die Küchenabteilung des Gartens wurden folgende Pflanzen als zweckdienlich vorgeschlagen: Spargel, Gurken, Kraut, Salat, Karfiol, kleine weiße Rüben, Karotten (gelb, weiß, rot), Schwarzwurzeln, Kren, Petersilie, Rapunzel, Chicorée, Endivie, Sauerampfer, Kerbel, Myrrhe, Sellerie, Spinat, Bohnen, Fisolen, Lupinen, Erbsen und Linsen, Zwiebeln, Knoblauch und diverse aromatische Kräuter (Basilikum, Lavendel, Ysop, Melisse, Kamille, Estragon, Pimpinelle, Thymian, Majoran, Salbei, Rosmarin, Fenchel, Anis). Bekannt wurden diese Küchengärten besonders durch Jean Baptiste de la Quintinie (1624–1688), einen Juristen, der sich immer mehr dem Studium der Gartenkultur zuwandte. Er sammelte Erfahrungen auf diesem Gebiet, wo er nur konnte, und erwarb sich großen Ruhm, indem er in den schönsten und größten Gärten des französischen Adels arbeitete – in Rambouillet, Chantilly, Sceaux und Vaux-le-Vicomte. Darauf gründete sich seine Berufung durch Ludwig XIV., unter anderem den *potager* oder Küchengarten in Versailles anzulegen. De la Quintinie wurde zum Direktor aller Obst- und Küchengärten der königlichen Familie ernannt.

Quintinie wollte seine Idee vom *potager* wissenschaftlich-ästhetisch aufgefaßt wissen und beklagte in seinem Werk, daß das Wissen um die Kultur des Suppengartens wenig verbreitet sei. Allerdings mußte er einräumen, daß diese Art von Gärten schon über Jahrhunderte in allen Klimazonen auf der ganzen Erde bekannt waren. Nicht jeder konnte sich allerdings einen Gartenfachmann leisten, sodaß – sehr zum Mißfallen de la Quintinies – die Gemüse- und Obstsorten *pêle-mêle*, bunt durcheinander, wuchsen. Dennoch leisten bis heute überall auf der Welt die kleinen Gärten vor oder hinter dem Haus ihre wichtigen Dienste: Ob es sich nun um frische Kräuter, ein paar Wurzelgewächse oder größer angelegte Beete mit Kohl, Kraut, Spargel etc. handelt, ist nicht so bedeutend. Wichtig ist, daß ein paar frische Zutaten den Geschmack der Suppen ungemein verbessern. Besonders in Frankreich kann man bis heute die Beziehung der Bevölkerung zum Kochen und Ziehen dafür dienlicher frischer Pflanzen beobachten: Gemüse- und Obstgärten haben immer noch Vorrang vor den Blumengärten.

Turnip soup (England, um 1300)

*4 bis 5 geschälte, gewürfelte Rüben, ½ feingehackte Zwiebel,
¾ l kräftige Hühnersuppe, Salz, powder douce (eine pulverisierte
Mischung aus Zimt, Nelken, Ingwer, Muskatnuß und Zucker),
Safranfäden*

Die Rüben in einem Topf mit Wasser bedecken, zum Kochen
bringen und köcheln lassen, bis sie weich werden. Die übrigen Zutaten dazugeben und aufkochen. Heiß servieren.

Beef and vegetable pottage (England, um 1420)

*900 g Wadschunken, 4–6 Markknochen, 2 l Wasser, 2 Stangen
Lauch, 2 Selleriestangen, 2 Zwiebeln, ¼ von einem harten weißen Krautkopf, 100 g weiße Brösel, Safranfäden, Salz, Pfeffer
aus der Mühle*

Das Fleisch von den Knochen lösen und in Würfel schneiden,
mit den Knochen und Wasser in eine tiefe Pfanne geben und zum
Kochen bringen. Gut abschöpfen und ohne Deckel 2 bis 2½ Stunden köcheln lassen. Die Gemüse in einem eigenen Topf 10 Minuten kochen. Abseihen und in dicke Scheiben schneiden. Wenn das
Rindfleisch weich ist, die Markknochen entfernen und das Gemüse
in die Suppe geben. Die Brösel einrühren, mit den Gewürzen kräftig
abschmecken. Nochmals aufkochen lassen und heiß servieren.

Potage aux choux (Massialot, 1691)

Feingeschnittenen Kohl in Rind- oder Geflügelsuppe kochen.
Die Suppe abseihen. Einige Kohlblätter blanchieren, mit Fleisch-
oder Geflügelfarce füllen, in Butter dünsten und als Einlage in die
Suppe geben.

Crème de citrouille (Massialot, 1691)

Einen Kürbis schälen und entkernen. In Salzwasser mit 1 Porree und 1 Zwiebel weichkochen. Durch ein Sieb passieren, mit Obers und Dotter legieren und mit Salz und Pfeffer abschmecken. Man kann diese Suppe mit gekochten Meeresfrüchten verschiedenster Art servieren.

Potage de pourpier (Cuisinier Royal, um 1700)

Wenn der Portulak noch jung ist, so lasset selbigen so lang wie er ist, kochet ihn in einem Topfe, in halb Erbsen-Brühe, und halb Zwiebel-Brühe, lasset darauf Rinden in durchgeseiheter Gesundheits-Brühe aufschwellen, leget ein klein Brod in die Mitte, beleget den Rand der Schüssel mit Portulak, sehet zu, daß die Potage, und Portulac-Brühe einen guten Geschmack habe, schüttet dieselbe darüber, und richts warm an.

Pease pottage (Brighton, um 1790)

30 g Butter, 2 dicke, kleingewürfelte Scheiben Speck ohne Schwarte, 1 feingehackte spanische Zwiebel, 450 g grüne Erbsen, 1,2 l kräftige Hühnersuppe, das Herz eines grünen Salats, einige Zweige frische Petersilie, Minzeblätter, Salz, Pfeffer aus der Mühle

Die Butter in einem Topf schmelzen, Speck und Zwiebel goldgelb braten. Die Erbsen und die Suppe hinzufügen und würzen. 10 Minuten kochen lassen. Die Blätter des Salatherzes in feine Streifen schneiden und überkochen lassen. Petersilie und Minze beifügen und abschmecken. Sehr heiß servieren.

Leek soup (Edinburgh, 1810)

Schneide ein Dutzend Lauchstangen in 2 cm lange Stücke, dann wirf sie ins Wasser. Gib sie in einen Topf mit 3 l Wasser mit etlichen Dörrpflaumen. Mit Salz und Pfeffer würzen. Röste Weißbrotscheiben ohne Rinde in Butter und lege sie auf einen Teller. Wenn der Lauch weich ist und die Suppe um ein Drittel reduziert ist, gib sie auf Teller und serviere sie. Um die Suppe gehaltvoller zu machen nimm Rindsuppe.

Green summer soup (Edinburgh, 1810)

Nimm eine kräftige Rindsuppe und koche darin ganz junge grüne Erbsen. Wenn sie fertig sind, trag sie auf.

Klare Erbsensuppe (Graz, 1818)

Siede Erbsen, so viel du brauchst, mit geputzten Petersilwurzeln, Seller und gelben Rüben recht gut, ein halbe Stunde vor dem Anrichten seihe so viel Suppe in einen Hafen, als du brauchst, mache mit Zwiebel ein gelbliche Einbrenne, und die Suppe damit eingebrennt, salze sie, lege gestoßene Muskate daran, und laß es gut sieden.

Kräutersuppe (Friedrich Hampel, k.u.k Hofkoch, um 1900)

Lungenkraut, Sauerampfer, Kerbelkraut, Löwenzahn, Rukkerln und Erdbeerblätter, darunter einige frische Veilchen, werden durchgeklaubt, gewaschen, ausgedrückt und grob geschnitten. 3 bis 4 Hände voll dieser Kräuter genügen für 1½ l Suppe. Nun wird ein Stück gewiegte Zwiebel mit 50 g Butter angeröstet, darinnen 4 bis 5 blättrig geschnittene Pilze gedünstet, die Kräuter dazugegeben, verrührt, die Kasserolle zugedeckt, nach 15 Minuten mit 50 g Mehl gestaubt, mit kräftiger Fleischsuppe aufgegossen, alles 15 Minuten gekocht, zurückgezogen und mit 3 Dottern, die in 4 EL Rahm verrührt wurden, legiert. Sogleich zu Tisch tragen. Man kann als Einlage Reis, Nockerln, Bröselknödel, Nudeln und Semmelcroûtons geben.

Velouté de laitue (Loiretal, 1970)

*400 ml Milch, 1 l Wasser, Salz, Pfeffer, 1 EL Schnittlauch,
1 TL gehackte Petersilie, 1 TL gehackter Kerbel, 2 große, in
Scheiben geschnittene Erdäpfel, 2 gewaschene, zerpflückte Salatherzen, 2 EL Crème fraîche, 1–2 Dotter, Butter*

Milch, Wasser, Salz und Pfeffer kochen, Kräuter und Erdäpfel dazugeben. Köcheln lassen, bis die Erdäpfel weich sind. Salat in Butter 5 Minuten anschwitzen. Zur Suppe geben, aufkochen, abschmecken und pürieren. Dotter und Crème fraîche in eine Schüssel geben, mit etwas Suppe verrühren und in den Suppentopf geben. Nicht mehr kochen lassen. Mit knusprigem, warmem Schwarzbrot servieren.

Potage au cerfeuil (Normandie, 1996)

1 kg geschälte Erdäpfel, 600 ml Wasser, 1 großer Bund frischgepflückter Kerbel, 100 g Crème fraîche, 50 g Butter, Salz, Pfeffer

Erdäpfel in dicke Scheiben schneiden und in Salzwasser weichkochen. Kerbel waschen, gut abtropfen lassen und mit der Schere in Stücke schneiden. Erdäpfel pürieren und das Kochwasser nach und nach dazugeben. Kerbel unterrühren und 2 Minuten ziehen lassen. Mit Salz und Pfeffer abschmecken, Butter und Crème fraîche bei niedriger Hitze unterrühren.

DIE SUPPENKULTUR ASIENS

Asien war wegen seines Reichtums an Gewürzen schon früh Anziehungspunkt für seefahrende Händler. Deshalb waren Asiens Küchen schon lange Zeit mit den Eßgewohnheiten der Portugiesen, Holländer und Araber konfrontiert. Die Suppen Asiens wurden aber auch sehr stark in das ausgeklügelte Gesundheitsbewußtsein der dort ansässigen Völker einbezogen. Erwärmende, kühlende und neutrale Elemente, in die man Fleisch, Fisch, Kräuter und Gemüse einteilte, waren von großer Bedeutung. Im Körper des Menschen soll(te) nämlich immer Ausgewogenheit von *yin* und *yan* herrschen. Die sämigen oder klaren Suppen stärken den Körper und unterstützen den Kreislauf. Bei klaren Brühen mit Kräutern nimmt man diese vor dem Genuß heraus und trinkt die Suppe. Die weiteren Geschmacksträger (Fleisch, Fisch) ißt man häufig separat. Da die Wirkung der Suppen nur durch regelmäßigen Verzehr eintritt, gehören sie zum fixen Bestandteil der Mahlzeit. Die Chinesen glauben, daß sie durch Essen bestimmter Tierorgane ihre eigenen stärken und verwerten daher beinahe alles – auch für ihre Suppen.

Suppen haben in Asien so wie in Europa große Bedeutung, sie werden allerdings anders serviert als in Europa. So ißt man in Laos zwar bei jeder Mahlzeit Suppe, allerdings niemals am Beginn, sondern zwischendurch oder am Ende der Mahlzeit. Asiens Küchen sind aufgrund ihrer Vielfalt und ihrer langen Tradition von besonderem Interesse. Die Küchen in dieser Region wurden nicht nur von den vorhandenen Lebensmitteln und Gewürzen stark geprägt, sondern auch von einer – im Vergleich zu Europa – sehr frühen Kreativität und Phantasie der Köche sowie von der Religion und agressiven oder friedlichen Besuchern. Dominant war und ist die chinesische Küche – trotz der unterschiedlichen geographischen Gegebenheiten in Asien. Obwohl die Küche Chinas weithin bekannt und einflußreich war, bildeten sich in Asien dennoch immer wieder »Kochinseln« heraus, wo sich kaum Einflüsse durch das Nachbarland feststellen lassen, wie z.B. bei den Koreanern. Die koreanische Küche ist vor allem durch das extreme Klima geprägt, das warme und kräftige Speisen erfordert. Suppen sind fester Bestandteil des koreanischen Menus: Scharf und wärmend im kalten Winter, kühlend im heißen Sommer. In anderen Ländern Asiens (Indien, Birma, Philippinen) hat die Suppe kaum Stellenwert. Es gibt allerdings diverse Pürees aus Linsen und recht flüssige Eintöpfe, die an Suppe erinnern. Die indische Küche war seit jeher von religiösen und kulturellen Ideen beherrscht, die weitgehend Vegetarismus vorschrieben; Suppen waren und sind kaum von Bedeutung.

Aufgrund der Ausdehnung des Landes erreichte die Küche in China eine Vielfalt und einen Abwechslungsreichtum, die einzigartig auf der Welt sind. Durch den Fortschritt der Landwirtschaft, später durch Handel und das Kennenlernen westlicher Lebensmittel verfeinerte sich die chinesische Küche immer weiter, auch in Bezug auf Eßsitten und Kochgeschirr. Der große Niedergang der chinesischen Küche setzte jedoch mit den Kommunisten ab 1949 ein, als das Essen großteils vereinheitlicht wurde und viele Nahrungsmittel gegen harte Devisen exportiert wurden. *The Summons of the Soul*, ein etwa 300 v. Chr. verfaßtes philosophisches Buch, erwähnt in China saure und bittere Suppen. Um 600 n. Chr. dürfte das älteste Kochbuch(fragment?) Chinas zu datieren sein. Suppen kamen darin noch nicht vor. Rund 700 Jahre später führt das Kochbuch des Ni tsan Kochanweisungen für Suppenfleisch, vegetarische Suppen und Fischsuppen an. Doch nicht alle Chinesen konnten dieselben Suppen essen. Während der Kaiserhof und der Adel sich an Haifischflossen- oder Vogelnestersuppe delektierten, mußten die Bauern ihre Suppe aus Bohnenpaste und dem Gemüse kochen, das sie jeweils gerade hatten.

Das Kochbuch des Hu szu-hui Anfang des 14. Jahrhunderts betrachtete Suppen nur im Zusammenhang mit der Vorbeugung bzw. Heilung von Krankheiten. So sollte Suppe aus Hammelinnereien Nierenkrankheiten, Schwächezustände und Knochenschwund heilen, Hammelrückenknochensuppe wurde bei Impotenz und Nierenleiden empfohlen, Fuchsfleischsuppe stärkte bei allgemeiner Schwäche und Erkrankungen »aller fünf inneren Organe«, Fasansuppe sollte man bei Diabetes verordnen, Goldkarpfensuppe wurde bei Hämorrhoiden, Blähungen und Blut im Stuhl verschrieben, Hirschhufsuppe half angeblich bei Rheumatismus.

Ein Gedicht aus der Zeit der Ming-Dynastie (1368–1644) zeigt, welche Bedeutung Suppen in China erlangt hatten:

»Eine Schüssel Fischsuppe ist nur ein paar Groschen wert;
doch zubereitet wie in den Tagen der ehemaligen Hauptstadt
zaubert sie Lachen auf das kaiserliche Gesicht.
Daher kommen die Leute in Scharen, um sie ums doppelte zu
kaufen;
zum einen kaufen sie die kaiserliche Miene, zum andern die
Suppe.«

Im 16. Jahrhundert schrieb Li yü (1611–1680) über die »dienliche Löffelspeise«: »Brühe ist eine andere Bezeichnung für Suppe.
Die Bezeichnung Suppe ist edel und altertümlich. Ich sage aber
nicht Suppe, sondern Brühe, weil ich fürchte, daß die Leute diesen Namen mit Altedlem verbinden und ihn nur deshalb schätzen.
Dies wäre so, als ob man für Bankette eigens [Suppen] bereitet, ohne zu wissen, daß Suppe [nur] mit Reis verzehrt wird. Gibt es Reis,
so benötigt man eine Suppe dazu. Ohne Suppe bekommt man nämlich den Reis nicht hinunter. Bereitet man eine Suppe, um den Reis
hinunterzubekommen, so geschieht dies aus Sparsamkeit und nicht
aus Verschwendungssucht ... Reis gleicht einem Boot, Suppe gleicht
Wasser. Sitzt ein Boot auf einer Sandbank fest, so kann nur Wasser
es befreien, sitzt Reis im Hals fest, so kann man ihn nur mit Brühe hinunter bekommen. Das ist der einzige Weg ... Ißt man zu Reis
Suppe, so ist er gut verdaulich. Dieser Grundsatz ist leicht einzusehen. Deswegen essen diejenigen, die ihr Leben pflegen, immer
Suppe zu Reis.« In China gab es zu jener Zeit nicht bloß Kochvor-
schriften, sondern auch Gedanken über den unmittelbaren Zusammenhang zwischen Essen und Wohlbefinden. Süße Suppen bildeten
einen leichten, angenehmen Abschluß einer Mahlzeit; die Kräutersuppen waren bekannt für ihre heilenden Eigenschaften.

Japan war von einem kulturellen Austausch sehr lange völlig
isoliert; seine Küche unterscheidet sich daher stark von den übrigen
asiatischen, weil die Japaner bis etwa 1850 praktisch völlig abge-
schlossen von der übrigen Welt lebten. Nicht einmal die Nachbar-
küchen hatten auf diese – man könnte beinahe sagen, zur Ideologie
erhobenen – Kochkunst Einfluß. Die Japaner lebten und leben überaus naturverbunden und ziehen ganz frische Zutaten vor. Die beinahe asketisch-elegante Präsentation eines Gerichts ist jedoch niemals
Selbstzweck, sondern gehört als Teil zum Ganzen, zum Gesamtkunst-
werk der japanischen Speisen. Gemüse, Kräuter und andere Lebensmittel, die in der übrigen Welt nach der Entdeckung Amerikas einen

regen Austausch erfuhren, waren in Japan bis in die zweite Hälfte des 19. Jahrhunderts unbekannt. Nur die einheimischen, regionalen Möglichkeiten wurden ausgeschöpft, allerdings für eine Küche, die in ästhetischer und unkomplizierter Hinsicht ihresgleichen sucht – jedoch geschmacklich nicht jedermanns Sache ist. Hauptnahrungsmittel waren in Japan immer Reis, Fisch, Meeresfrüchte und Seetang. Es gibt Nachweise, daß auch ein wenig Fleisch (von den einheimischen Tieren) verspeist wurde. Seit der Edo-Periode (1603–1868) aßen die Japaner drei bis fünf Mahlzeiten pro Tag.

In Vietnam legte und legt man sehr viel Wert auf Suppen. *Phò* ist – obwohl ein ausgesprochen vietnamesisches Gericht – stark von Frankreich und China beeinflußt. Das vietnamesische Wort für Suppe leitet sich entweder vom Französischen *feu* (Feuer) oder vom chinesischen Wort *feu* ab. Die Liebe zur Suppe lernten die Vietnamesen offenbar von ihren Kolonialherren; heute gibt es in Hanoi *phò*-Straßen. In Südvietnam wurde *phò* erst in den fünfziger Jahren des 20. Jahrhunderts als Speise beliebt. Man ißt diese Suppe zum Frühstück, aber auch zu Mittag und am Abend.

In jenen asiatischen Ländern, in denen die Bevölkerung überwiegend zum Islam übertrat, gingen manche Kochtraditionen verloren, weil Schweinefleisch und Alkohol verboten sind. In Malaysien beispielsweise haben Suppen einen weniger hohen Stellenwert als in der übrigen asiatischen Welt oder in Europa. Auf den Philippinen ist heute noch der Einfluß der spanischen Seefahrer zu sehen, wie die zahlreichen Topfgerichte belegen, die ebenso von lokalen und chinesischen Elementen bestimmt sind und eine nationale Kochkunst nicht wirklich aufkommen ließen. In Vietnam hingegen haben die kolonisierenden Franzosen deutliche Spuren hinterlassen, in Indien die Briten. Sri Lankas Küche besticht durch die reichliche Verwendung von Gewürzen und den holländischen Einfluß; im 15. und 16. Jahrhundert war das Land ein wichtiges Zentrum der Gewürzhändler. Auch in Thailand gehört die Suppe zu den täglichen Mahlzeiten, die mittags und abends auch aus Suppe bestehen. In Asien bereitet man Suppen meist in Tontöpfen zu, in denen die Zutaten drei bis vier Stunden langsam köcheln. Es gibt auch zweiteilige Dampftöpfe, die einen noch schonenderen Kochvorgang ermöglichen, man erhält sozusagen die Essenz aller mitgekochten Zutaten. Das glasierte Material ist viel neutraler als Edelstahltöpfe und beläßt den Suppen viel stärker ihren Eigengeschmack.

Ein eigenes Kapitel ist der Nahe Osten, der durch die rege Handelstätigkeit im Mittelmeerraum bzw. durch Nordafrika stark beeinflußt wurde. Dies ging auch an der griechischen Küche nicht spurlos vorüber. Levantinische und arabische Traditionen bestimmten die Küchen im Vorderen Orient, in der Türkei und Ägypten. Der Gebrauch von Olivenöl, Geflügel, Hammelfleisch und Gemüsen ist ebenso charakteristisch wie die unentbehrlichen Kichererbsen, Minze, Kardamom, Kreuzkümmel, Sternanis etc. In der Türkei, deren Küche als *die* vielfältige Feinschmeckerküche des Nahen Ostens gilt, hat sich die Suppe ihren Platz als Beginn der Mahlzeit schon seit langem erobert; selbst bei sehr warmer Witterung wird sie heiß serviert.

REZEPTE

Dong gua tang (Singapur, 1920)

*1 Wintermelone (ca. 30 cm lang), 1½ l kräftige Hühnersuppe,
¼ Tasse gewürfelte Hühnerbrust. ¼ Tasse in Wasser geweichte,
ausgedrückte Winterpilze, ¼ Tasse kleingeschnittene Bambussprossen, ¼ Tasse gewürfelter mildgeräuchter Schinkenspeck,
¼ Tasse Abalone, 1 Scheibe frischer Ingwer, 2–3 in Ringe
geschnittene Frühlingszwiebeln, 1 EL chinesischer Wein,
¼ Tasse Lotossamen (eingeweicht und das bittere grüne
Mittelteil entfernt), Salz*

Die Wachsschicht an der Melone abreiben. Das obere Viertel
der Melone abschneiden und aufbewahren, es dient später als Dek-
kel. Samen und Fruchtfleisch mit einem Löffel herausschaben. Die
Samen wegwerfen. Einen Teil des Fruchtfleisches als Suppeneinlage
würfeln. Die ausgehöhlte Melone in der Hühnersuppe überkochen.
Die Winterpilze klein schneiden, mit den Bambussprossen, Hüh-
nerbruststücken, Melonenfleisch, Frühlingszwiebeln, Wein und Lotossamen in die Melone geben. Mit der Suppe nicht ganz voll füllen
und mit dem Deckel verschließen. Etwa 5 Stunden, bis die Melone
gar und transparent ist, dämpfen. 10 Minuten vor Ende der Garzeit
Salz und Abalone dazugeben.

Sayur bening (Malaysien, um 1950)

*300 g in feine Streifen geschnittener Kohl, 3 EL getrocknete An-
chovis, halbiert und ohne Köpfe, 6 geschälte, geviertelte Schalotten, 1–2 geputzte rote Chilis, 1 l Wasser, Salz*

Die Anchovis abspülen und im Mörser grob zerreiben, ebenso
die Chilis und Schalotten. Das Gemüse in einem Topf aufs Feuer geben und die Würzpaste einrühren. Sobald das Wasser kocht, salzen
und die Kohlstreifen einmal kurz aufkochen lassen. Statt Kohl kann
man jedes Gemüse der Saison verwenden.

Sop ikan pedas (Indonesien, 1980)

*500 g Fischfleisch (Makrele, Zackenbarsch), Saft von 1 Limette,
3 EL Öl, 1 Halm zerdrücktes Zitronengras, 1 Scheibe Galgantwurzel, ca. 1 cm dick, leicht zerdrückt, 1 Salamblatt, 1 l Wasser,
6–8 Belimbing wuluh, längs halbiert, Salz;
Würzpaste: 5 geschälte, gehackte Schalotten, 2 in Ringe geschnittene Chilis, 2 geschälte, geviertelte Knoblauchzehen, 1 Scheibe
Ingwerwurzel, 1 cm dick, 1 Scheibe Gelbwurz, 1 cm dick*

Fischfilets oder -steaks mit Limettensaft marinieren. In der
Zwischenzeit die Zutaten der Paste im Mörser zerstoßen. Das Öl in
einem Topf erhitzen, die Würzpaste, das Zitronengras, Galgant und
Salamblatt darin braten, bis es duftet. Mit Wasser ablöschen. Den
Sud zum Kochen bringen, Temperatur reduzieren und den Fisch
hineingeben. Mit Salz abschmecken und 5 Minuten köcheln lassen.
5 Minuten bevor der Fisch gar ist, Belimbing wuluh zugeben und
köcheln lassen.

Yukkai jank kuk (Korea, 1980)

*500 g Gustostück vom Rind, 2 l Wasser, 1½ EL Chilipulver,
2 EL Sesamöl, 12 feingehackte Frühlingszwiebeln, 2 TL ge-
stampfter Knoblauch, 1 EL weißer Sesamsamen, geröstet und
zerstoßen, 1 TL Zucker, ½ TL weißer Pfeffer, 1½ EL dunkle
Sojasauce*

Das Rindfleisch würfeln und mit Wasser zum Kochen bringen.
1½ bis 2 Stunden sanft köcheln; das Fleisch soll sehr weich sein. Das
Chilipulver mit Sesamöl vermischen und in einer Pfanne erhitzen.
Zwiebeln und Knoblauch darin 2 Minuten dünsten. Sesamsamen,
Zucker, Pfeffer und Sojasauce unterrühren und 2 bis 3 Minuten ziehen lassen; Fleisch aus der Suppe nehmen und kurz mitbraten. Alles
in die Suppe geben und aufkochen. Bei kleiner Hitze etwas ziehen
lassen und heiß servieren.

Naing kuk (Korea, 1980)

2 geschälte, in feine Scheiben gehobelte Gurken, 2 EL helle
Sojasauce, 1½ EL weißer Essig, 1 EL feingehackte Frühlings-
zwiebeln, ½ TL Zucker, ½ TL Chilipulver, 1½ TL Sesamöl,
1¼ l kräftige, klare Hühnersuppe, entfettet, 2 TL Sesamsamen

Die Gurkenscheiben in eine Schüssel geben, mit Sojasauce,
Essig, Frühlingszwiebeln, Zucker, Chilipulver und Sesamöl vermischen und 1 Stunde stehen lassen. Die kalte Hühnersuppe darübergießen. Den Sesam in einem Töpfchen rösten und zerstoßen. Die
Suppe anrichten und den Sesam darüberstreuen.

Miso shiru (Japan, 1987)

1 Stück Seetang, 5 cm im Quadrat, 750 ml Dashi (Seegras-Fisch-
Brühe), 2 schwarze japanische Pilze (Shiitake, 25 Minuten in
Wasser geweicht), 50 g rote Misopaste (rot fermentierte Sojaboh-
nenpaste), ½ Tafel fester Tofu, 1 Frühlingszwiebel, Wasserkresse,
Petersilie oder japanischer Klee

Seetang einschneiden, damit das Aroma austreten kann. Die
Brühe in einem Topf mit dem Seetang erhitzen, eine halbe Tasse davon zur Seite stellen. Den Rest zum Kochen bringen, Seetang herausnehmen, die entstielten, in feine Streifen geschnittenen Pilze in
die Suppe geben. Miso mit der halben Tasse Suppe gut verrühren.
Tofu in Stückchen, Zwiebel diagonal schneiden. Die Paste langsam
in die kochende Brühe einrühren und ziehen lassen. Tofu und Zwiebeln dazugeben, erhitzen. In Suppentassen schöpfen und mit japa-
nischem Klee servieren.

Lin jee ju chou tong soey (China, um 1920)

*185 g abgepackte Vogelnester, 45 g getrocknete Lotoskerne,
1¼ l Wasser, 60 g Zucker, ⅛ l dünne Kokosmilch*

Die Vogelnester in Wasser 5 Stunden einweichen, mit einer Pinzette Federchen oder andere Verunreinigungen entfernen. Gut durchspülen, mit kochendem Wasser bedecken und 1 Stunde stehen lassen. Die Lotoskerne 3 Stunden in Wasser einweichen, dann in kochendes Wasser geben und kochen, bis sie weich sind. Wasser abgießen und Kerne abschrecken. Mit einer großen Nadel das Herz eines jeden Kerns entfernen (schmeckt bitter!). Wasser zum Kochen bringen, Zucker zugeben und auflösen. Vogelnester und Lotoskerne hineingeben und 5 Minuten ziehen lassen. Kokosmilch einrühren und heiß servieren.

Yü dou t'ong (China, 1987)

350 g weißes Fischfilet, 1 EL Reiswein, 1 EL geriebener frischer Ingwer, 1 EL feingehackte Frühlingszwiebeln, ⅛ l Wasser, Salz, 1 Eiweiß, 1 TL Schweineschmalz, 1¼ EL Maisstärke, 1¼ l Fisch- oder Hühnersuppe, 1 Frühlingszwiebel, 1 kleine Senfgurke, 2 EL feingehackter Schinken (die letzten drei in feine Streifchen geschnitten)

Fischfleisch würfeln, in eine Schüssel geben und den Wein dazugießen. Saft von Ingwer und Frühlingszwiebeln durch ein Leinentuch hineindrücken, Wasser und Salz dazugeben und fein pürieren. Eiweiß, Schmalz und Stärke dazugeben und durchmischen. Kleine, runde Bällchen formen und in Salzwasser köcheln, bis sie an die Oberfläche kommen. Mit einem Schaumlöffel herausheben. Suppe zum Kochen bringen, Schinken, Zwiebel und Senfgurken mit den Bällchen in die Suppe geben, kurz köcheln lassen und sofort servieren.

Gemüsesuppe (China, 1960)

20 g feingeschnittene Frühlingszwiebeln, 200 g kleingewürfelte Karotten, 500 g in Scheiben geschnittener Rettich, 10 g Sternanis, 10 g eingeweichte chinesische Blumenpilze, 10 g eingeweichter getrockneter Seetang, Salz

3 l Wasser zum Kochen bringen. Alle Zutaten hineingeben und auf kleiner Hitze die Flüssigkeit bis auf die Hälfte reduzieren. Eventuell mit Salz abschmecken.

Eierblumensuppe (China, 1970)

¾ l Hühnersuppe, 1 Ei, 2 Eiklar, etwas Erdäpfelstärke, Schnittlauch

Den Großteil der Suppe erhitzen. Kalte Suppe mit Ei und Eiklar verschlagen und in die Suppe rühren. Mit Stärke binden und mit Schnittlauch bestreut servieren. Man kann die Suppe auch mit geschnittenem Hühnerfleisch und Frühlingszwiebeln anrichten.

Hühnersuppe (China, 1990)

50 g geschnittener frischer Ingwer, 50 g feingeschnittene Frühlingszwiebeln, 1 Suppenhuhn, 100 g Reis, 5 g Sternanis, 2 l kochendes Wasser, Salz

Das Huhn blanchieren und das Wasser wegschütten. Das Huhn und alle übrigen Zutaten in kochendes Wasser geben und garen, bis das Huhn weich ist. Das Huhn herausnehmen, in mundgerechte Stücke zerteilen, in die Suppe geben und abschmecken. Heiß servieren.

Lu sun tang (China, 1993)

500 g Schweinsschulter, 200 g grüner Spargel, 2 Eier,
3 EL Erdäpfelmehl, 1 l Hühnersuppe oder klare Gemüsesuppe,
Salz, Pfeffer, 3 EL Karottenöl

Das Schweinefleisch im Ganzen in 1½ l Wasser eine halbe
Stunde kochen. Dann das Wasser wegschütten und das Fleisch in
5 cm lange Streifen schneiden. Den Spargel waschen, schälen und
in 5 cm lange Stücke schneiden. Die Eier in einer kleinen Schüssel
gut verrühren. Das Erdäpfelmehl mit Wasser verrühren.

In einem Topf die Suppe zum Kochen bringen, salzen und
pfeffern. Den Spargel dazugeben und 3 Minuten kochen lassen. Mit
dem angerührten Erdäpfelmehl die köchelnde Suppe binden. Unter
Rühren die Eier hineinlaufen lassen, sodaß sich Eierflocken (Blumen) bilden. Fleischstreifen und Karottenöl dazugeben, aufkochen
und heiß servieren.

Hai chan gan ping tang (China, 1993)

80 g Stockfisch, 100 g getrockneter Tintenfisch, 100 g getrocknete
Jakobsmuscheln, 100 g getrocknete Krabben, 1 l klare Gemüse-
suppe, 20 g Bocksdorn, Pfeffer, Salz, 10 cl Reiswein, 2 Scheiben
Ingwer

Fisch und Tintenfisch in kleine Stücke schneiden und in heißem Wasser 20 Minuten einweichen. Die trockenen Meeresfrüchte
ebenfalls einweichen. Alles in die Suppe geben. Dann kommen die
übrigen Zutaten dazu. Die Suppe gibt man in eine große Porzellan-
schüssel, die man zudeckt und 2 Stunden im Wasserbad gart. Nochmals mit Salz und Pfeffer abschmecken und heiß servieren.

Ji gan tang (China, 1993)

450 g Hühnerleber, 3 Scheiben Ingwer, 1 l Hühnersuppe,
10 g Bocksdorn, Salz, Pfeffer, 2 EL Sesamöl

Die Lebern säubern und in kochendem Wasser eine Minute
blanchieren. Die Suppe mit Ingwer und Bocksdorn 20 Minuten köcheln lassen. Die Lebern, Salz, Pfeffer und Sesamöl zugeben und
weitere 10 Minuten kochen. Die Suppe heiß servieren.

Long yan zhou (Mongolei, 1960)

150 g Klebreis, 10 g getrocknete Drachenaugen,
5 g Ginsengbartwurzel

Den Reis 20 Minuten in kaltem Wasser einweichen. In einem
großen Topf 2 l Wasser zum Kochen bringen. Das Drachenaugen-
fleisch und Ginseng dazugeben und eine halbe Stunde köcheln lassen. Den abgetropften Reis dazugeben und weitere 15 bis 20 Minuten kochen. Die Suppe lauwarm servieren.

Tom yam kaeng (Thailand, 1980)

1½ l Fischsuppe (Fischabfälle mit frischem Ingwer und Frühlings-
zwiebeln abkochen), Saft von 2 Limonen, Limonenblätter,
2 Stengel Zitronengras, 1 TL zerdrückter frischer Knoblauch,
2 frische rote Chilis, entkernt und feingeschnitten, 1 EL Fischsau-
ce, 2 TL gemahlener Koriander, Salz, weißer Pfeffer, Chilisauce
oder Cayennepffer, 750 g rohe, ungeschälte Garnelen, Limonen-
saft, gehackte frische Korianderblätter und Frühlingszwiebeln

Die Suppe in einen Topf gießen, Limonensaft, Limonenblätter, Zitronengras zerpflücken und Knoblauch, Chilis, Fischsauce,
Koriander, Salz und Pfeffer dazugeben. 15 Minuten köcheln lassen. Die Suppe abschmecken und Chilisauce dazugeben – sie soll
extrem scharf schmecken. Die Garnelen am Rücken aufschlitzen,
Darm entfernen und abwaschen. In der Suppe 8 Minuten kochen.
Mit weiterem Limonensaft abschmecken, gehackten Koriander und
Frühlingszwiebeln auf die Suppe streuen. Zitronengras und Limettenblätter vor dem Servieren entfernen.

Keng kalampi (Laos, 1970)

1 kleine feingehackte Zwiebel, 1 feingehackte Knoblauchzehe, 1 TL geriebene Galgantwurzel / oder junger Ingwer, 2 TL gemahlene Koriandersamen, 2 EL Pflanzenöl, 375 g gehackter Kohl, schwarzer Pfeffer aus der Mühle, 1½ l Rindsuppe, 2 EL Fischsauce, Salz

Zwiebel, Knoblauch, Ingwer und Koriander in Öl andünsten. Kohl und Pfeffer dazugeben und unter Rühren weitere 2 Minuten dünsten. Die Suppe dazugießen, mit Fischsauce und einer kräftigen Prise Salz abschmecken. Aufkochen und 12 Minuten sanft sieden lassen.

Mi tham cap (Vietnam, um 1900)

2 l Hühner- und Schweinssuppe, 1 mittlere feingehackte Zwiebel, 2 EL feingehackter Ingwer, ¼ TL Fenchelsamen, 250 g eßfertige Shrimps, Krabbenfleisch aus der Dose, Wontons aus der Dose, einige dünne Streifen gebratenes Schweinefleisch, Salz, 1 EL Fischsauce, Fadennudeln, Petersilie, Basilikum

Die Suppe erhitzen, Zwiebel, Fenchel, Ingwer und Fischsauce dazugeben. Aufkochen und 15 Minuten köcheln lassen. Die Fadennudeln in Salzwasser separat weichkochen, abseihen und abschrecken; in die Suppenschüsseln geben. Auf die Nudeln gleiche Portionen von den Shrimps, Krabbenfleisch, Wontons und Schweinefleisch geben und mit der kochenden Suppe übergießen. Mit Basilikum und Petersilie bestreuen.

Banh cahn tom cua (Vietnam, 1920)

125 g Bauchfleisch, 125 g Hühnerbrust, 125 g geschälte Garnelen, 125 g gekochtes Krabbenfleisch, 125 g gesäuberte Tintenfische, 125 g Eierfadennudeln, 1½ l klare Hühnersuppe, 4 feingehackte Frühlingszwiebeln, Salz, Pfeffer, 2 feingehackte Schalotten, 2 EL Pflanzenöl, 2 EL gehackter frischer Koriander, Fischsauce, Chilisauce

Leicht gesalzenes Wasser in einem großen Topf zum Kochen bringen, das Schweinefleisch darin 30 Minuten köcheln, bis es weich ist. Hühnerbrust dazugeben und weitere 15 Minuten kochen. Fleisch herausnehmen, die Brühe wegschütten. Von den Garnelen den Darm entfernen, Krabbenfleisch und Tintenfisch klein schneiden. Die Nudeln in einen Topf mit kochendem Salzwasser geben, aufkochen und abseihen. Schweine- und Hühnerfleisch in dünne Scheiben schneiden, in die kochende Hühnersuppe mit den Meeresfrüchten geben. Die Hälfte der Frühlingszwiebeln mit Salz und Pfeffer in die Suppe geben und 6 Minuten köcheln. Schalotten in Öl fast knusprig braten. Suppe in Tassen schöpfen, mit den Schalotten, Koriander und Frühlingszwiebeln garnieren. Separat Chilidipsauce oder Fischsauce zum individuellen Abschmecken servieren.

Phò aus Rindfleisch (Vietnam, 1950)

1¼ l Wasser, 1 kg Rindspareribs oder 1½ kg Ochsenschlepp, 1 Zitrone, 1 Sternanis, 2 Nelken, etwas frische Ingwerwurzel, ½ TL schwarze Pfefferkörner, 2 EL Salz, 1 EL Fischsauce, 250 g zerteilte Salatherzen, 1 EL gehackte grüne Teile vom Jungzwiebel, 1 kleinere feingehackte Zwiebel, 250 g Karotten, 250 g in Ringe geschnittene Zwiebeln, 250 g feingeschnittenes, zartes Rindfleisch, 200 g Reisnudeln

Das Wasser zum Kochen bringen, die feingehackte Zwiebel an der Flamme bräunen. Spareribs oder Ochsenschlepp in das Wasser geben und abschäumen. Gebräunte Zwiebeln und Karotten nach einer Stunde zur Suppe geben. Eine weitere Stunde kochen. Dann das Fleisch und Gemüse herausheben und die Suppe abseihen. Würzen und weiter kochen lassen.

Die Reisnudeln in Salzwasser kochen und mit heißem Wasser abspülen. In eine Schüssel etwas Rindfleisch und Reisnudeln geben, mit Salat, Zwiebelringen und Jungzwiebeln bestreuen und die kochende Suppe darübergießen

Mien fa (Vietnam, 1950)

*2 l Hühnersuppe, 2 EL Nuoc mam, 2 EL Zitronensaft,
6 in dünne Scheiben geschnittene Frühlingszwiebeln (nur das
Weiße), 250 g feingeschnittenes gekochtes Hühnerfleisch,
Glasnudeln, Sojabohnensprossen, feingehackter frischer
Koriander*

Die Glasnudeln in Stückchen brechen und mit kaltem Wasser
bedeckt mindestens 30 Minuten stehen lassen, dann gut ausdrük-
ken. Die Suppen mit Nuoc mam, Zitronensaft und weißen Zwie-
belscheibchen aufkochen, 30 Minuten köcheln lassen und durchseihen. Hühnerfleisch und Nudeln in Suppentassen verteilen, mit der
kochenden Suppe übergießen und mit Sojabohnensprossen und Koriander bestreut servieren.

Fasoládha (Athen, 1950)

*500 g geweichte, weiße Bohnen, 4 kleine, in Scheiben geschnitte-
ne Karotten, 1 Büschel feingehackte Sellerieblätter, Pfeffer, Salz,
1 EL Paradeismark, 3 feingehackte Schalotten*

Die Bohnen mit frischem Wasser bedecken und 3 Stunden kochen lassen. Die Gemüse dazugeben und kochen, bis sie weich sind.
Abschmecken und heiß oder kalt servieren.

Kakviá (Griechenland, 1960)

*1 Bund gehackte Sellerieblätter, 8 kleine Fischfilets, Saft von
2 Zitronen, ¼ l Olivenöl, 1 kg in Scheiben geschnittene Zwiebel,
Pfeffer, Salz, 1 kg geschälte Paradeiser (Dose)*

Gemüse mit Fischen und Gewürzen in einen Topf geben, Wasser angießen und 50 Minuten kochen. Die Suppe abseihen und die
Fische mit durchpassieren. Abschmecken und sehr heiß servieren.

Brautsuppe (Türkei, um 1930)

3 feingehackte, große Zwiebeln, 1 große, gewürfelte Karotte, 50 g Butter, 100 g gewaschener Bulgur, 150 g gewaschene rote Linsen, Salz, Pfeffer, 1 Muskatblüte, 1 TL getrocknete Minze, 1 TL süßer Paprika, 2 EL Paradeismark, 1 geviertelte Zitrone, frische Minze zum Garnieren

Zwiebeln und Karotte in heißer Butter andünsten. Bulgur und Linsen darunterrühren, 1 Minute schmoren lassen. 2½ l Wasser dazugießen, würzen und 40 Minuten kochen lassen. In Suppenteller frische Minze geben, die abgeschmeckte Suppe darüber schöpfen und mit Zitronenvierteln serviren.

Düğün çorbası (Türkei, 1960)

500 g Lammfleisch ohne Knochen, 500 g Suppenknochen vom Lamm, 2 l Wasser, 1 geviertelte Zwiebel, 1 geviertelte Karotte, Salz, Pfeffer aus der Mühle, 50 g Butter, 100 g Mehl, 3 Dotter, 2–3 EL Zitronensaft, 2 EL zerlassene Butter, 2 TL Paprikapulver

Lammfleisch mit Knochen, Zwiebel und Karotte mit Wasser zustellen. Zum Kochen bringen und abschöpfen. Salzen, pfeffern und langsam kochen lassen, bis das Fleisch weich ist. Knochen herausnehmen, Fleisch in kleine Stücke schneiden und die Suppe durchseihen und weiter köcheln lassen. Butter zerlassen, Mehl dazugeben und 2 Minuten dünsten. Nach und nach die heiße Suppe dazugeben, ständig umrühren und schwach weiterkochen lassen. Die Dotter mit dem Zitronensaft verrühren, etwas heiße Suppe daruntermischen und in die Suppe gießen. Gut verrühren (nicht mehr kochen lassen) und das Fleisch hineingeben. Die zerlassene Butter mit Paprika vermischen. Die Suppe in tiefen Tellern servieren und auf jede Portion etwas von der Paprika-Buttermischung geben.

Rote Linsensuppe (Türkei, um 1970)

400 g gewaschene rote Linsen, ¾ l klare Gemüsesuppe, Salz, Pfeffer, Paprikapulver, 1 feingeschnittene Zwiebel, 1 gewürfelter Erdapfel, 1–2 getrocknete Chilischoten, 1 in Scheiben geschnittene Karotte, 1 in Scheiben geschnittene Stangensellerie, 1 EL Reis, 2 gewürfelte Scheiben Weißbrot, 2 zerdrückte Knoblauchzehen, 2 EL Olivenöl, gehackte Petersilie

Die Linsen mit den Gewürzen in der Gemüsesuppe aufkochen lassen. Die Gemüse und den Chili dazugeben, überkochen. Den Reis einrühren und noch 20 Minuten kochen lassen. Die Suppe pürieren und wenn nötig mit etwas Wasser verdünnen. Nochmals aufkochen lassen. Das gewürfelte Weißbrot mit Knoblauch in Öl anrösten. Die Suppe damit und mit Petersilie bestreuen.

Ezo gelin çorbası (Türkei, 1989)

100 g über Nacht eingeweichte, abgetropfte rote Linsen, 1 l Knochen- oder Hühnersuppe, 1 EL Reis oder Bulgur, 1 feingehackte Zwiebel, 1 EL Paradeismark in etwas kaltem Wasser verdünnt, 2 EL Butter, Salz, Paprika, 1 TL getrocknete Minze

Linsen, Suppe, Zwiebel, Reis, Paradeismark, Butter und Salz in einem Topf zum Kochen bringen. Köcheln lassen, bis Linsen und Reis weich sind. Paprika und Pfefferminze dazugeben, 5 Minuten kochen lassen und abschmecken.

Adtz (Ägypten, um 1950)

250 g geschälte gelbe Linsen, 1 große feingehackte Zwiebel, 2 in Scheiben geschnittene Jungzwiebeln, 2 in Scheiben geschnittene Karotten, 2 gewürfelte Erdäpfel, 250 g grüne Erbsen, 2 l kräftige Hammelbrühe, 2 EL Fett, 4 Kerne Kardamom, Salz

Die Linsen waschen, mit Suppe und Zwiebel 1 Stunde kochen lassen. Das Gemüse im Fett in einer Pfanne anbraten. In die Suppe geben und kochen, bis alles weich ist. Gut abschmecken. Man kann Fleischreste und geröstete Fladenbrotwürfel als Einlage geben.

Artischockensuppe (Ägypten, 1970)

4 küchenfertige Artischocken, 1 Knoblauchzehe, 1 TL Olivenöl, Salz, Zitronensaft

Die Artischockenböden in 4 bis 5 Stücke schneiden. 10 Minuten in Salzwasser liegen lassen. Die Artischockenstücke und Knoblauchzehe in etwas Wasser mit Salz ½ Stunde kochen lassen. Zitronensaft und Öl dazugeben und heiß servieren.

DIE VIELFALT DER (EHEMALIGEN) »RUSSISCHEN« KÜCHE

Man kann prinzipiell nicht von einer russischen Küche sprechen, sondern nur von den Küchen zahlreicher Volksstämme, die zum Großteil im Norden Asiens beheimatet sind und je nach dem herrschenden Prinzip benannt wurden. In dieser Vielvölkerküche dominierte die Hauptströmung des ursprünglichen russischen Reiches. Charakterisiert wurde die Küche einerseits durch sehr sparsame Verwendung von Salz – das zwar schon in der Frühen Neuzeit systematisch aus dem Weißen Meer durch Verdampfen erzeugt wurde, jedoch sehr teuer war – und andererseits durch einen großen Reichtum an Suppen, von denen sich die *Schtschi* zur Nationalsuppe entwickelte. *Borschtsch* ist eine Suppe, die aus der Ukraine stammt, jedoch in ganz Rußland sehr populär wurde. Suppen wurden in Rußland meist zu Mittag gemeinsam mit kleinen Pasteten, Croûtons und Knödeln gegessen.

In den Jahrzehnten, in denen das kommunistische Regime in Rußland an der Macht war, wurde alles versucht, um das Leben der Sowjetbürger zu vereinheitlichen. Nationale Identität wurde zugunsten eines staatlich gelenkten Einheitsdenkens unterdrückt. Die Planwirtschaft trug zur allmählichen Verdrängung der nationalen kulinarischen Eigenheiten bei: Es gab immer nur gewisse Lebensmittel zu bestimmten Zeiten – und diese kaum in ausreichenden Mengen. Desaströs auf die sowjetische Landwirtschaft und somit auf die Ernährung der Menschen wirkte sich Stalins (eigentlich Jossif Dschugaschwili, 1879–1953) Kollektivierung jeglichen Landbesitzes zwischen 1929 und 1934 aus, wodurch die privaten Bauernhöfe zerstört wurden. Die Sowjetunion wurde mehr oder weniger von Getreideimporten aus den USA und Kanada abhängig, mit denen ihre Bevölkerung einigermaßen überleben konnte.

Um die Frauen in den Arbeitsprozeß eingliedern zu können, entstanden überall Gemeinschafts- und Werksküchen, sodaß im privaten Haushalt kaum mehr gekocht wurde. Diese Entwicklung wurde allerdings aufgrund der Unpersönlichkeit dieser Eßanstalten von vielen nicht goutiert. Russische Luxusgüter (Kaviar, Zarenlachs, Lachs, Krimsekt etc.) wurden gegen Devisen exportiert bzw. in nur Ausländern zugänglichen Geschäften verkauft. So entstand ein küchenhistorisch völlig neues – weil nicht mit der Zeit langsam gewachsenes – Phänomen: die sowjetische Küche, die nicht nur in der sogenannten DDR-Küche ein Pendant hatte, sondern auch heute noch in jenen kommunistisch-stalinistischen Staaten, in denen zur Machtvermehrung der diktatorischen Regierung die Bevölkerung hungert bzw. auf ihre individuelle Zugehörigkeit zu einer Region oder Volksgruppe auch in kulinarischer Hinsicht verzichten muß(te). Zutaten bestimmter Art, die teuer und daher nicht jedermann zugänglich waren, verstießen gegen den gleichmacherischen Grundsatz: Mit Ausnahme der Politokratie durfte niemand Zugang zu außergewöhnlichen Lebensmitteln haben – nach dem von George Orwell (eigentlich Eric Arthur Blair, 1903–1950) formulierten Satz: »Alle sind gleich, aber manche sind gleicher.« Ähnliches versuchten auch die Kommunisten in den Satellitenstaaten der Sowjetunion. Ungarn entzog sich diesen Bemühungen weitgehend; zumindest an der Grenze zum Westen und in Budapest konnte man zur Zeit des *Gulaschkommunismus* einigermaßen gut essen. Auch in der ehemaligen ČSSR boten Wirtshäuser gute Würste und Braten an.

Interessant ist, daß im Jahr 1978 – also zu einer Zeit, als noch niemand den Fall des Eisernen Vorhangs und die Auflösung der UdSSR vorhersehen konnte – ein Buch von W.W. Pochljobkin über die *Kochkunst der sowjetischen Völker* erschien, das nicht nur die sogenannte *sowjetische* Küche berücksichtigte, sondern auch die Küchen jener Länder, die damals noch zur UdSSR gehörten: Ukraine, Weißrußland, Moldawien, Transkaukasien, Armenien, Aserbaidschan, Usbekistan, Tadschikistan, Turkmenistan, Kasachstan, Kirgisien, Estland, Lettland, Litauen, Nordkaukasien und die Mongolei. Sogar die jüdische Küche findet in diesem Buch Erwähnung. In dem Kochbuch ist nichts von Zwangswirtschaft zu spüren; die Zutaten werden so angegeben, als hätte niemals Mangel geherrscht. Allerdings hatte die durchorganisierte Sowjetherrschaft dazu geführt, daß einfache, billige Gerichte der zahlreichen Völker, die den sowjetischen Staat ausmachten, in Gemeinschaftsküchen angeboten wurden, die gelegentlich über die spezielle Einrichtung einer »Nationalitätengaststätte« verfügten und so eine Vielzahl von Gerichten im großen Land bekannt machten.

Wie Pochljobkin im Vorwort zu seinem Kochbuch schrieb, wurde seine Publikation »in nicht geringem Maße angeregt vom großen Interesse der sowjetischen Menschen an Geschichte und Kultur der Völker der Unionsrepubliken. Ebenso fördernd wirkte die Erhöhung des Lebensstandards in der Sowjetunion ... Die Kochkunst der Völker der Sowjetunion wird regelmäßig auf der Volkswirtschaftsausstellung der UdSSR zu *Dekaden* und *Wochen der nationalen Küche* vorgestellt.« Sollte in diesen Worten anklingen, daß schlecht genährte Menschen schlechte Sowjetbürger sind? Was verstand Pochljobkin unter sowjetischer Küche? – Er konnte sich in seinem umfassenden Werk, dem wissenschaftliche Forschung zugrunde lag, nicht allzu kritisch über den Zustand der russischen Küche äußern.

Über die Zeit, in der sein Kochbuch erschien, meinte er: »Was charakterisiert also die moderne sowjetische Küche der 80er Jahre und ihre zukünftigen Aufgaben? Zum einen sind das Internationalismus, Toleranz, Achtung und großes Interesse für die nationalen kulinarischen Eigenheiten aller Völker des Landes, zum anderen ein ernsthaftes Bestreben, die alten kulinarischen Traditionen sorgsam zu erhalten und sie dort und so wiederherzustellen, wo und wie das praktisch möglich ist.« Selbst kurz vor dem Ende des Kommunismus in Osteuropa waren dies sehr freimütige Worte.

In der russischen Küche gibt es eine Vielzahl von Suppentypen, von denen solche auf Graupen- und Graupen-Gemüse-Basis die ursprünglichsten sind. Eine weitere Grundsuppe ist *Schtschi* – verschiedene kräftige Kohlsuppen. Gerne nehmen die Russen auch Nudelsuppen (*Lapscha*), die mit Milch-, Fleisch- und Pilzen zubereitet werden. *Rassolnik* und *Soljanka* sind gehaltvolle Suppen, die auf Fleischbrühe basieren und salzig oder sauer schmecken können, während *Ucha* und *Kalja* Fischsuppen sind. Schließlich gibt es noch leichte Suppen, die aus Wasser und Gemüse gekocht werden, aber auch zahlreiche kalte Suppen, deren Grundbestandteil *Kwaß* ist.

In Armenien basier(t)en die Suppen auf Paradeisern, einer Mischung aus Eiern und Zitrone oder Joghurt. Die Würze kommt von Zwiebeln, Knoblauch und Kräutern. Gern gegessen wird eine Suppe aus Gurken und Joghurt; die beliebteste Suppe ist *Bosbasch*. In der Ukraine bildete sich erst recht spät (von der Mitte des 18. Jahrhunderts bis zum Beginn des 19. Jahrhunderts) eine eigenständige Küche heraus. Zuvor dominierten polnische und weißrussische Einflüsse. Deutsche, ungarische, tatarische und türkische Kochtechniken bestimmten die Zubereitung der Speisen. Die lange Dominanz der »Andersgläubigen« (Mohammedaner) führte dazu, daß die Ukrainer Schweinefleisch und Speck besonders schätz(t)en. Weißrußland hatte bis 1917 keine eigene nationale Entwicklung gekannt. Dort herrschte eine bäuerliche Küche vor, deren Wurzeln bis ins 13. und 14. Jahrhundert zurückreichen. Ausgedehnte Wälder ergänzten mit Pilzen und Kräutern die Kost aus Kohl, Erbsen, Bohnen, Karotten und Erdäpfeln – letztere waren hier um fast 100 Jahre früher bekannt geworden als in Rußland. Kalte und warme Suppen sind hier sehr beliebt.

Moldawien ist sehr reich an Obst und Gemüsen. Als Schnittstelle zu verschiedenen Ländern besaß Moldawien den ältesten und belebtesten Handelsweg der *Waräger* (slawische Bezeichnung für Skandinavier) und Griechen. Später hatten die türkischen Besatzer großen Einfluß auf die Küche der Moldawier. Danach kamen russische und ukrainische Elemente hinzu. Mais lernten die Moldawier Ende des 17. Jahrhunderts kennen; er wurde rasch zum Hauptnahrungsmittel der ärmeren Schichten. In Transkaukasien findet man wohl die reichste Auswahl an pflanzlichen Nahrungsmitteln in Rußland. Gemüse, Obst und umfangreiche Viehzucht wurden durch das milde Klima immer begünstigt. Usbeken und Tadschiken ernährten sich ursprünglich vor allem von Mehlspeisen, Sauermilch und Hülsenfrüchten; im Laufe der Zeit nahm aber die Verwendung von Fleisch immer weiter zu. Hirse, Reis und Getreide zähl(t)en zu den wichtigsten Nahrungsmitteln.

In Estland, Lettland und Litauen – Ländern, die früher zur Sowjetunion gehörten – dominierte eine bäuerlich-kräftige Kost, die überaus bodenständig war. Pochljobkin fand heraus, daß Suppen insbesondere in Estland eine große Rolle spielen. »In dieser Vielfalt übertrifft die estnische Küche alle anderen Küchen. So gibt es Suppen jeweils aus Milch mit Teigwaren, mit Graupen, mit Gemüse, Fisch, Pilzen, Eiern, Bier und sogar Suppen aus Milch mit Milchprodukten, wobei sie alle aus frischer Milch im Unterschied zu den Sauermilchsuppen der mittelasiatischen und transkaukasischen Suppen zubereitet werden. Auch süße Suppen gibt es, in denen aber Milch nicht die Grundlage, sondern nur eine Zutat bildet. Suppen ohne Milch sind Kartoffelsuppen, Kohlsuppen und Erbsensuppen, die unter geringer Zugabe von geräuchertem, aber ungesalzenem Schweinespeck zubereitet werden. Die eigentlichen Fleischsuppen sind weder in ihrer Zubereitung noch in der Zusammensetzung originell. Das Fleisch wird gewöhnlich im Stück gekocht, während der andere Teil der Suppe aus Kartoffeln, Kohl oder Erbsen, einer geringen Menge Steckrüben und Möhren und einer bestimmten Art von Graupen besteht, am häufigsten aus Perlgraupen.« Die lettische Küche wurde von der estnischen Milchküche beeinflußt. Mit dem aufsteigenden Bürgertum im 19. Jahrhundert machten sich auch deutsche, russische und schwedische Einflüsse breit. Suppen hatten eher geringe Bedeutung; man verzehrte gern kalte Happen nach russischer oder schwedischer Rezeptur als Vorspeise. In Litauen bildete sich bereits ab dem 14. Jahrhundert eine eigenständige Küche der privilegierten Magnaten. Die altlitauische Küche kannte Spezialitäten wie Pelmeni, Gänsebraten, Kohlrouladen, Hecht mit Sauerkraut und Chinkal. Vieles kam aus dem Osten, aber auch aus der polnischen Küche. Erst im 19. Jahrhundert bildete sich in Litauen eine einfache bäuerliche Küche heraus.

In den übrigen Teilen der ehemaligen Sowjetunion – vor allem dort, wo bis zum Beginn des 20. Jahrhunderts nomadisierende Stämme lebten – war die Suppenkultur wenig ausgeprägt. Auch in den Gebieten des hohen Nordens hatte die Suppe geringere Bedeutung. Man ernährte sich von Eintopfgerichten aus Hammelfleisch und Gemüse, Käse war sehr verbreitet. Waldgeflügel, Pilze und Kräuter wurden – soweit vorhanden – gern zum Kochen verwendet. Im Norden bildeten Rentiere und Elche die Ernährungsbasis, ebenso der Fischfang.

Schtschi (seit 1000 Jahren wenig verändertes Rezept)

500 g Sauerkraut, Salz, 5 bis 6 getrocknete Steinpilze, 1 EL Buchweizengraupen, 2 feingehackte Zwiebeln, 1 gewürfelter Erdapfel, 1 gewürfelte Karotte, 1 gewürfelte Rübe, 1 gewürfelte Petersilwurzel, 1 EL gehackte Dille, 4 Knoblauchzehen, 8 schwarze Pfefferkörner, 100 ml Rahm, 1–2 EL Öl

Das Sauerkraut [sowie Karotte, Rübe, Petersilwurzel, Dille, Knoblauch und Pfefferkörner] mit ½ l kochendem Wasser aufgießen und in einem Tontopf für 20–30 Minuten ins mittelheiße Backrohr geben. Den Sud in ein Porzellangefäß abgießen. Das Kraut in ein Emailgefäß geben, salzen, mit Zwiebeln vermengen, mit aromatisiertem Pflanzenöl übergießen und gut verrühren. Den Sud dazugeben und weiterkochen lassen. Die Pilze und den Erdapfel in einem Topf mit 2 Glas Wasser erhitzen, die Pilze herausnehmen und kleinschneiden, wieder in die Suppe geben. Fertig kochen und in die Krautsuppe schütten. Buchweizengraupen einrühren und alles weich kochen. Mit Rahm servieren.

Erdäpfel-Pochljobka (um 1890)

1½ l Wasser, 5–6 geschälte, gewürfelte Erdäpfel, 1 feingehackte Zwiebel, ½ Knoblauchzwiebel, 3 Lorbeerblätter, 1 EL feingehackte Dille, 1 EL feingehackte Petersilie, 6–8 schwarze Pfefferkörner, Salz

Im Salzwasser die Zwiebel und die Erdäpfel kochen, bis letztere weich sind. Die Gewürze 7 Minuten, die Kräuter 2 Minuten vor Ende der Garzeit zugeben.

Owduch (Aserbaidschan, 1900)

250 g gekochtes Kalbfleisch, 4 hartgekochte Eier, 400 g feinge-
hackte Jungzwiebel, 200 g gehackte Kresse, gehacktes Koriander-
laub, gehackter Estragon, gehacktes Basilikum und gehackte
Minze, 1½ l Sauermilch Katyk, 1 Glas abgekochtes kaltes
Wasser, Salz

Die saure Milch durchseihen und aufschlagen, Wasser dazugeben, salzen, durchrühren und sehr kalt stellen. Die gehackten Kräuter und Eier auf Teller verteilen und mit der kalten Flüssigkeit begießen.

Abuschapur (Armenien, 1910)

1½ l Wasser, 200 g getrocknete Marillen, 3 feingehackte Zwie-
beln, 75 g Butter, 75 g Zucker

Die Marillen waschen und 20 Minuten im Wasser kochen.
Zucker dazugeben. In der Butter die Zwiebeln hellbraun rösten, in
die Suppe geben und aufkochen lassen.

Brintschoba (Tadschikistan, 1920)

1 Tasse Reis, 4 feingeschnittene Zwiebeln, 2 in Scheiben
geschnittene Karotten, 4 gewürfelte Paradeiser, 75 g Pflanzenöl,
750 g gewürfelte Erdäpfel, 2 Tassen Rahm, 1 Tasse gehackte
Korianderblätter und Basilikum, ½ TL Paprika, 4 Lorbeer-
blätter, Salz

Im erhitzten Fett die Zwiebeln, Karotten und Paradeiser an-
braten, mit 1½ l Wasser aufgießen, den Reis dazugeben und salzen.
Wenn der Reis halb gar ist, Gewürze und Erdäpfel beigeben, bis die
Erdäpfel weich sind. Mit den Kräutern und Rahm anrichten.

Bosbasch (um 1920)

500 g gewürfeltes Hammelfleisch, 2 l Wasser, Gemüse nach Saison, Weinessig, 30 g Butter, Salz

Das Fleisch mit dem Wasser zustellen und 1 bis 1½ Stunden kochen lassen. Fleisch aus der Brühe nehmen und in Butter mit dem Gemüse anbraten. Mit der Brühe auffüllen und eventuell zusätzlich mit säuerlichem Obst fertigkochen. 10 Minuten vor dem Ende der Garzeit salzen. Mit Weinessig säuern. Man kann auch Zitronen- oder Granatapfelsaft verwenden.

Pilzkwaß (Weißrußland, um 1930)

1½ l Brotkwaß, 8 getrocknete Steinpilze, 3 feingehackte Zwiebeln, 1 feingehackte Petersilwurzel, 3 EL feingehackte Dille, 1 EL feingehackte Petersilie, ½ TL Koriander, 2 Lorbeerblätter, 1 gewürfelte kleine Sellerieknolle, 1 EL feingehackte Sellerieblätter, 6 Pfefferkörner, Rahm

Die Pilze einweichen, zerschneiden und den Kwaß mit Zwiebeln, Petersilwurzel und Sellerieknolle dazugeben. Zugedeckt eine Stunde köcheln lassen. Anschließend die übrigen Gewürze beigeben und 20 Minuten im Rohr bei kleiner Flamme stehen lassen. Rahm unterrühren und mit Dill und Petersilie bestreuen. Pilzkwaß wird im Sommer kalt, im Winter heiß serviert.

Kohlsuppe (1935)

Kohlköpfe vierteilen, in Fett und Parmesan ganz weich dünsten, gekochte Makkaroni, gekochte grobe Graupen, Wurststücke, Fleischreste, Erdäpfelwürfel dazugeben. Mit brauner Suppe aufgießen, salzen und köcheln lassen. Mit etwas Mehl binden und mit Parmesan servieren.

Ukrainischer Borschtsch (um 1950)

500 g Rindfleisch mit Knochen, ¼ Krautkopf, 4 Erdäpfel,
1 große rote Rübe, 25 g gewürfelter Schweinespeck, 25 g Butter,
2 Paradeiser, ⅛ l Rahm, 1 in Scheiben geschnittene Karotte,
1 in Scheiben geschnittene Petersilwurzel, 2 feingewürfelte Zwie-
beln, 1 EL Essig, 2 TL Zucker, 3 Lorbeerblätter, 4 bis 5 Ze-
hen geriebener Knoblauch, 3 Neugewürzkörner, 6 Pfefferkörner,
1 EL gehackte Petersilie

Aus Fleisch und Knochen eine Suppe kochen. Rote Rüben, Essig, Speck und Suppenfett mit den Paradeisern dünsten. Zwiebeln,
Karotten und Petersilwurzel in Butter braten. Erdäpfel und Kraut
15 Minuten in der Suppe kochen, die übrigen Zutaten dazugeben
und 10 Minuten köcheln. Mit Petersilie und Knoblauch verfeinern,
abschmecken und Rahm auf jeden Teller geben. Mit heißer Suppe
umgießen.

Altlitauische Gänsefleischsuppe (um 1880)

1,3 kg Gans (oder Ente), 1 Tasse Perlgraupen, 2 Becher Rahm,
2 EL Butter, 5 feingeschnittene Steinpilze, 2 feingehackte Zwie-
beln, 1 in Scheiben geschnittene Karotte, 3 gewürfelte, geschäl-
te Äpfel, 1 in Scheiben geschnittene Petersilwurzel, ½ gewürfelte
Sellerie, ½ TL Kümmel, 1 Tasse Saft von roten Rüben, Saft einer
Zitrone, gehackte Dille

Die Gans vom Fett befreien, in große Stücke schneiden und
zugedeckt zusammen mit dem Gemüse und den Äpfeln kochen.
Kurz vor Ende der Garzeit den Kümmel beifügen. Pilze mit Zwiebeln in ½ l Wasser kochen, Saft von roten Rüben und Zitrone dazugeben. Perlgraupen weichkochen, abseihen und mit Butter zu einem souffléeartigen Püree verrühren, Rahm dazugeben und schaumig aufschlagen. Alles Vorbereitete in die Suppe geben, erhitzen,
gut verrühren, aber nicht mehr kochen lassen. Abschmecken und
mit Dille bestreuen.

Litauische Suppe (1960)

1 in dünne Streifen geschnittene Stange Porree, ½ in dünne Streifen geschnittene Sellerieknolle, 1 in feine Streifen geschnittene Zwiebel, 2 Eßlöffel Margarine (Butter), 1 l Knochensuppe, 2 gehäufte Eßlöffel gekochte, passierte Erdäpfel, 1 Paar Frankfurter, 1 hartgekochtes, in Scheiben geschnittenes Ei

Margarine in einem Suppentopf zerlassen, das Gemüse hineingeben, 3 Minuten dünsten lassen und die Knochensuppe dazuschütten. Die Suppe 10 Minuten kochen lassen, Erdäpfel dazugeben und weitere 5 Minuten kochen lassen. Frankfurter in dünne Scheiben schneiden, in etwas Fett anbraten. In Suppenteller Frankfurter- und Eierscheiben geben, die Suppe darüberschöpfen und mit Schnittlauch bestreuen.

Pijowa (Usbekistan, um 1960)

1½ kg feingeschnittene Zwiebeln, 500 g gewürfeltes Hammelfleisch, 150 g Hammelfett, 3 gewürfelte Paradeiser, 4 Lorbeerblätter, 1 TL Paprika, 3 EL gehackte Korianderblätter, Salz

Hammelfett erhitzen, Zwiebeln, Fleisch und Paradeiser hineingeben, salzen und 20 Minuten braten. Mit Wasser auffüllen und ½ Stunde köcheln. Bei Bedarf Wasser nachgießen. 5 Minuten vor dem Servieren die Gewürze dazugeben. Vom Feuer nehmen und noch 10 Minuten stehen lassen. Man ißt dazu Fladen, die in die Suppe gebröckelt werden.

Syrbuschka (Moldawien, 1960)

½ l Wasser, 1 l Molke aus Schafmilch, 1 in Scheiben geschnittene Karotte, 1 feingehackte Zwiebel, 4 in dünne Schnitzel geschnittene Erdäpfel, 2 EL Maisgrieß, ½ TL Koriander

Karotten und Zwiebel in Salzwasser kochen, dann Erdäpfel dazugeben. Maisgrieß zugeben und die Suppe 10 Minuten kochen lassen. Molke zugießen, mit Salz abschmecken und Koriander zugeben. Noch 5 Minuten köcheln lassen.

Milchsuppe mit Kraut (Estland, 1920)

2 l Milch, ½ l Wasser, ½ gewürfelter Krautkopf (Weißkraut),
3 in Scheiben geschnittene Karotten, 7 gewürfelte Erdäpfel,
1 in Scheiben geschnittene Petersilwurzel, 1 EL Butter,
2 TL feingehackte Dille, 1 EL Mehl, Salz

Kraut und Karotten im Salzwasser halb gar kochen, Erdäpfel und Petersilwurzel dazugeben und fertiggaren. Mehl in kalter Milch verquirlen, in die fast fertige Gemüsesuppe geben, aufkochen lassen und Butter und Dille hineinrühren. Abschmecken.

Schorba (Turkmenistan, um 1900)

600 g in Stücke geschnittener Fisch, 2 feingehackte Zwiebeln,
1 in Scheiben geschnittene Karotte, 1 in Scheiben geschnittene
Petersilwurzel, 3 EL Öl, 3 Lorbeerblätter, 10 zerstoßene Pfeffer-
körner, ½ TL Paprika, 2 EL gehackte Petersilie, 2 EL gehacktes
Fenchel- oder Kümmelkraut, etwas Safran, Salz, 2 l Wasser
Nudeln: 1 Tasse Mehl, 1 Ei, 2 EL Wasser, 1 EL feingehackte
Dille, Salz

In einer Kasserolle das Öl erhitzen und Zwiebeln, Karotte und Petersilwurzel dazugeben. 10 Minuten dünsten lassen. Den Fisch dazugeben, salzen, pfeffern, Safran, Paprika, Petersilie, Fenchel- oder Kümmelkraut und Lorbeerblätter dazugeben. Mit kochendem Wasser auffüllen und 10 Minuten stark kochen lassen. Dann den Fisch herausheben, die Nudeln einkochen. Wenn die Nudeln gar sind, den Fisch wieder hineingeben und ein paar Minuten ziehen lassen.

Für die Nudeln das Wasser mit dem Ei verrühren, Dille dazugeben und leicht salzen. Mit dem Mehl zu einem festen Teig verkneten, eine Kugel formen und mit einem feuchten Tuch abgedeckt ca. 15 Minuten rasten lassen. Dünn auswalken und feine Nudeln schneiden. Nur die Hälfte der Nudeln für die Suppe verwenden.

Gemüse-Okroschka (um 1980)

1¼ l Kwaß, ¼ l Salzgurkenlake, 1 Karotte, 1 rote Rübe, ¾ Glas in Würfel geschnittene gekochte Erdäpfel, ¾ Glas geschnittene, gesalzene Pilze, 1½ Stück in Scheiben geschnittene Salatgurken, 1 Glas Zwiebelschlotte, 1 feingehackte Zwiebel, 1 EL feingehackte Dille, 1 EL feingehackte Sellerieblätter oder Kerbel, 1 gewürfelter Apfel, 2 hartgekochte Eier, ½ TL Senf, ½ TL schwarzer Pfeffer, Salz

Die gekochte und in kleine Würfel geschnittene Karotte und Rübe, die Erdäpfel, die Gurke, den Apfel und die Pilze sowie die Kräuter, Gewürze und Zwiebel in der Gurkenlake ansetzen und 20 bis 30 Minuten stehenlassen. Dann wird Kwaß zugegossen, gesalzen, gepfeffert, gerührt, und zum Schluß kommen die gehackten Eier und Senf dazu.

Einfacher Borschtsch (An Bord in der Nordsee, 1980)

1 Glas roter Rübensalat, 1 Dose Rindsfond, 2 TL Zitronensaft, gehackte Petersilie oder Schnittlauch

Rote Rüben mit dem Fond vermischen, Zitronensaft dazugeben und erhitzen. Vor dem Servieren mit Petersilie oder Schnittlauch bestreuen.

EUROPA UND SEINE KOLONIEN

Die Kolonialisierung der Erde, die mit der Entdeckung Amerikas durch Kolumbus (1492) einen vorläufigen Höhepunkt erreichte, beeinflußte die Entwicklung der Gerichte und Küchen nachhaltig. Überall trafen die Europäer auf die lokalen Essens- und Kochgewohnheiten sowie auf neue Nahrungsmittel und Gewürze und brachten zusätzlich die ihnen geläufige Kost und ihnen vertraute Lebensmittel mit. Sie hatten großen Einfluß, manchmal wurden die alten Essensgewohnheiten nahezu völlig verdrängt. So hielten die frühen Missionare die Essensgewohnheiten bei den Inselbewohnern des Pazifik für heidnisch und unzivilisiert, denn diese aßen nur einmal am Tag und häufig nur drei bis vier Mal pro Woche. Die »christliche Segnung« von drei Mahlzeiten pro Tag führte jedoch bei den Inselbewohnern zu Fettleibigkeit und Bluthochdruck, weil dem regelmäßigen Essen nicht die entsprechende körperliche Bewegung gegenüberstand. In Meso- und Südamerika war den europäischen Priestern der Mais ein Dorn im Auge. Er war nicht nur wichtigstes Grundnahrungsmittel der Indios, sondern auch stark in den alten Religionen verhaftet. Man verehrte Götter des Maises (es gab zwei männliche Götter – Cinteotl und Xochipilli – und eine Göttin – Chicomecoatl). Der Plan, den »heidnischen« Mais durch Weizen zu ersetzen, scheiterte vor allem am Klima, aber auch am (heimlichen) Widerstand der Bevölkerung, die bis heute in abgelegenen Gebieten ihre alten Riten nicht abgelegt hat, wenn sie auch durch die christliche Religion überlagert scheinen.

Sehr oft vermischten sich die verschiedenen Arten zu kochen, unbekannte Zutaten wurden ausgetauscht. Allerdings übersahen die erobernden Europäer häufig, wie sehr die lokale Nahrungsaufnahme bzw. Kochweise an die Verhältnisse im jeweiligen Land angepaßt war. In manchen Fällen überdeckte die Küche der Kolonialherren völlig die einheimische Kost, sodaß sich in diesen Ländern erst nach dem Ende der Kolonialherrschaft allmählich eine eigenständige Küche herausbilden konnte, die Hand in Hand mit dem steigenden

Selbstbewußtsein ging. Ein Beispiel für die letztere Entwicklung ist Australien. Das Land, das ab 1788 von Briten im Zuge der Anlage einer Strafkolonie besiedelt wurde, liegt zwar mit zwei Dritteln seiner Landmasse in den Tropen, ist aber dennoch der zweittrockenste Kontinent der Erde. Die große Ausdehnung des Landes bringt eine Vielfalt an landwirtschaftlichen Erzeugnissen mit sich. Exotische Früchte, Fische, Meeresfrüchte, Reis etc. bereichern den Speiseplan. Doch diese Vielfalt gab es vor den Briten noch nicht; außer den Macadamianüssen, den Fischen und Meeresfrüchten brachten die Europäer fast alles mit, auch Rinder, Schafe, Schweine und Geflügel. Trotz der Fruchtbarkeit des Landes war die Landwirtschaft anfangs nicht sehr erfolgreich. Man lebte von lagerfähigen Lebensmitteln wie Mehl, Zucker, getrocknetem, eingesalzenem Fleisch und Tee, die man jederzeit an einem Lagerfeuer zu einer Mahlzeit verwandeln konnte. Noch heute spricht man in Australien, wenn es um die Geschichte der Eßgewohnheiten geht, von »one continuous picnic«.

Darum ist es erstaunlich, daß die Einwanderer sich überhaupt nicht mit den Eßgewohnheiten und Speisenquellen der *aborigines*, der Ureinwohner, beschäftigten, von denen sie hätten lernen können. Sie waren Jäger und Sammler und betrieben Brandrodung, weil sie wußten, daß manche Pflanzen nur nach einem Feuer keimen. Sie kannten viele Wasserstellen und hatten einen besonderen Trick beim Fischfang entwickelt: Sie gaben bestimmte Alkaloide ins Wasser und brauchten dann bloß die betäubten Fische an der Wasseroberfläche einzusammeln. Känguruhs, Wallabies, Krokodile und Emus dienten der Urbevölkerung als gute Eiweißquelle.

Neben den Briten kamen nach *The Great Famine* (1845) viele Iren nach Australien. Auch sie brachten ihre typischen Speisen mit. Da die Einwanderer den Austausch mit den Ureinwohnern scheuten und die britische Küche dominant blieb, konnte sich keine eigentliche nationale Küche entwickeln. Der britische Einfluß auf die Küche blieb bis in die fünfziger Jahre des 20. Jahrhunderts vorherrschend; doch dann änderten sich die Essensgewohnheiten rasant. Viele Menschen wanderten aus dem Baltikum, aus Griechenland und Italien, aus dem Libanon und Ende der siebziger Jahre aus Asien nach Australien ein. Die Obst- und Gemüsesorten, die nun auf den Märkten angeboten wurden, vervielfachten sich. Doch trotz des tiefgreifenden Wandels im 20. Jahrhundert weist Australien keine große Suppenvielfalt auf. Regionale Lebensmittel wurden zu Suppen adaptiert, es gibt auch einige wenige kräftige Suppen, die an Bauernkost in Europa erinnern. Bei den ausgeklügelteren Suppenrezepten kann man den mediterranen und asiatischen Einfluß erkennen.

In Zentralafrika machten die Waldbewohner auf alle Tiere Jagd: von Antilopen und Vögeln bis zu Elephanten und Flußpferden. Die Frauen sammelten Beeren, Früchte, Insekten, Maden, Blätter, Pilze, Nüsse und Wurzeln. Sie kochten in Beuteln aus Leder und brieten ihre Nahrung am Spieß. Durch Kontakte mit anderen Afrikanern lernten sie Maniok kennen. Nach 1500 kamen durch die europäischen Kolonialherren die pflanzlichen Schätze Amerikas auch nach Afrika. Bei den eher dicklich zubereiteten Gerichten – die durch den Gebrauch von Stärke ihren Charakter erhielten – ist eine Unterscheidung in Eintöpfe, Suppen und Saucen schwer zu treffen. Überdies gab es dazu häufig stärkehaltige Zuspeisen. Auch hier gilt jedoch wie im übrigen Afrika, daß die Kolonialherren große Änderungen im kulinarischen Bereich bewirkten. Niederländer, Briten und Deutsche waren anfangs sehr einflußreich, was die afrikanische Küche anlangte. Später kamen die Einwanderer, vor allem aus Asien, die die Entwicklung der Küche in Afrika mit ihren Eigenheiten (insbesondere Gewürzen) beeinflußten.

In Nordafrika herrschte – mit Ausnahme von Marokko – lange Zeit der Einfluß der türkischen Eroberer vor. Die Franzosen kamen 1830 nach Algerien, 1881 nach Marokko und 1912 nach Tunesien und hinterließen dort ebenfalls ihre kulinarischen Spuren. Ostafrika war eher landwirtschaftlich geprägt, während die Westafrikaner Fischer, Bauern und Viehzüchter waren. Die Strukturen in diesem Teil Afrikas wurden von den Europäern am stärksten zerstört: Ein großer Teil der westafrikanischen Bevölkerung wurde in die Sklaverei nach Nord- und Südamerika geführt.

Der Kolonialismus und der Austausch von Nahrungsmitteln und Gewürzen aus (Süd-)Amerika, Asien und Afrika prägten die gesamte mediterrane Küche. In den wärmeren Ländern wurde (und wird) scharf gewürzt. Einerseits empfindet man scharf als stimulierend – beim Genuß scharf gewürzter Speisen werden im Körper Glückshormone ausgeschüttet – andererseits ist Schärfe gesund und übertünchte manchmal den *haut goût* von Fleisch oder Fisch, der auf mangelnde Kühlmöglichkeiten zurückzuführen war.

Cazuela (Chile, um 1955)

Man schneidet ein Huhn in Stücke, legt es in frisches Salzwasser, läßt einmal aufkochen, schäumt ab, läßt es 2 Stunden köcheln und gießt es in ein anderes Gefäß um. Im gleichen Topf läßt man roten Nelkenpfeffer in Schmalz dünsten, gibt die Geflügelstücke dazu, läßt sie bräunen und gießt mit der Suppe auf. Dann gibt man gewürfelte Erdäpfel, ungeschälten, gewürfelten Kürbis, in Scheiben geschnittene grüne Maiskolben, zerdrückten Knoblauch, feingehackte Zwiebeln, Fisolen, Erbsen, Reis, feingehackte Petersilie und Pfeffer dazu und läßt 1 Stunde schwach kochen. Dann gießt man alles in eine Suppenterrine, in der man 2 Eier mit wenig Suppe verrührt hat. Die Cazuela kann man auch mit Rind- oder Hammelfleisch zubereiten.

Bauernsuppe mit Gemüse und Graupen (New South Wales, um 1870)

*1 l klare Hühner- oder Rindsuppe, 2 geschälte, feingehackte
Karotten, 1 geschälte, feingehackte weiße Rübe, 1 geschälter,
feingehackter Pastinak, 2 feingeschnittene Stangen Sellerie,
1 großer geschälter, gewürfelter Erdapfel, feingehackte Petersilie,
80 g Graupen, Salz, Pfeffer*

Die Suppe mit den Gemüsen zum Kochen bringen und 30 Minuten köcheln lassen. Die Graupen dazugeben und simmern lassen, bis die Graupen weich sind. Mit Salz und Pfeffer abschmecken und die Petersilie unterrühren. Mit frischem, noch warmem Brot servieren.

Känguruhschwanzsuppe (South Australia, 1994)

3 kg Känguruhschwanz, in Stücke geteilt, 2 EL Butter,
2 EL Pflanzenfett, 1 Kalbshaxe in Scheiben geschnitten,
3 geviertelte Zwiebeln, 3 geschälte, geviertelte Karotten,
2 Stangen Sellerie, Petersilgrün, 2–3 frische Thymianzweige,
1 Lorbeerblatt, 125 ml Madeira, 125 ml Weinbrand,
3 l Wasser, Salz, frisch gemahlener Pfeffer, 1 in Scheiben
geschnittene, bißfest gegarte Karotte

Schwanzstücke mit Kalbshaxe, Zwiebeln und Karotten in Butter und Öl 7 bis 8 Minuten leicht bräunen lassen. Selleriestangen, Petersilie, Thymian und Lorbeerblatt in ein Mullsäckchen geben. Madeira und Weinbrand dazugießen und mit dem Kräutersäckchen 15 Minuten sanft köcheln lassen. Mit Wasser aufgießen, salzen und pfeffern. Unbedeckt köcheln lassen, bis das Fleisch weich ist (ca. 2 Stunden); bei Bedarf Wasser nachgießen. Die Suppe durch ein feines Sieb seihen, das Fleisch zur Seite geben. Die Suppe ohne Deckel auf ca. 1½ l einkochen lassen. Abkühlen und einen Teil des Fetts abnehmen. Das Fleisch von den Knochen lösen, in kleine Stücke schneiden und in die Suppe geben. Im Kühlschrank über Nacht durchziehen lassen. Am nächsten Tag die Suppe aufwärmen, in Tassen geben und mit den Karottenscheiben garnieren.

Selleriesuppe mit Petersilpesto (New South Wales, 1990)

2 EL Butter, 800 geschälte, gewürfelte Knollensellerie, 1 geschäl-
ter, gewürfelter saurer Apfel, 1½ l kräftige klare Hühnersuppe,
Salz, Pfeffer
Petersilpesto: 1 Bund Petersilie ohne Stengel, 100 g leicht geröste-
te Pinienkerne, Salz, Pfeffer, 250 ml aromatisches Olivenöl

Die Butter in einem Topf zerlassen, Sellerie darin 20 Minuten unter Rühren dünsten, dann die Apfelwürfel dazugeben und weich-dünsten. Mit Hühnersuppe aufgießen und zum Kochen bringen. Durch ein feines Sieb passieren, salzen und pfeffern. Für das Pesto Petersilie, Pinienkerne, Salz und Pfeffer pürieren. Öl einlaufen lassen, bis sich ein cremiges Püree ergibt. Einen Eßlöffel Pesto auf jeden Suppenteller setzen und mit der heißen Selleriesuppe umgießen.

Linsensuppe mit pikanter Wurst (Victoria, 1996)

100 ml Öl, 375 g gewürfelte pikante Rohwurst, ½ TL gemahlener Koriander, 1 feingehackte große Zwiebel, 1 geschälte, feingehackte Karotte, 2 feingeschnittene Stangen Sellerie, gehackte Petersilie, 50 ml trockener Weißwein, 1¼ l klare Kalb- oder Rindsuppe, 300 g braune Linsen, Salz, Pfeffer

1 Eßlöffel Öl in einem schweren Topf erhitzen und die Wurst darin braten, bis sie ihr gesamtes Fett abgegeben hat. Abgießen und die Wurst zur Seite stellen. Das restliche Öl im gleichen Topf erhitzen, Koriander hineingeben und ca. 2 Minuten rühren, dann die Zwiebel dazugeben und glasig anlaufen lassen. Dann das restliche Gemüse dazugeben und dünsten lassen. Den Wein dazugießen und auf die Hälfte reduzieren lassen. Suppe und Linsen dazugeben und offen köcheln lassen, bis alles weich ist. Die Wurst in die Suppe geben und abschmecken.

Scharf-saure Garnelensuppe (Sydney – aus Thailand, um 1980)

400 g geschälte Garnelen, 3 EL Pflanzenöl, 1½ l Wasser, 2 feingehackte Knoblauchzehen, 1 geschälte, feingehackte Korianderwurzel, 2–3 Scheiben Galgantwurzel, 4 zerdrückte schwarze Pfefferkörner, 3 in Scheiben geschnittene Stengel Zitronengras, das Grün von 4 Frühlingszwiebeln in Ringe geschnitten, 4 frische Limettenblätter, 1½ EL Fischsauce, 1½ EL frischer Limettensaft, 2 in Scheiben geschnittene frische rote Chilischoten, 2 EL fein geschnittenes Koriandergrün

Öl erhitzen, die Garnelenabfälle (Köpfe, Schalen) erhitzen und braten. Wasser zugießen und 30 Minuten kochen lassen. Dann durch ein Sieb seihen. Im Mörser Knoblauch, Korianderwurzel und Pfefferkörner zu einer Paste zerstoßen. Diese Paste, Zitronengras, Galgant, Frühlingszwiebeln, Limettenblätter und Garnelen in die Suppe geben und köcheln lassen. Zuletzt die Fischsauce, den Limettensaft und die Chilis unterrühren und die Korianderblätter darüberstreuen.

Caldo gallego (Nordspanien, 1950)

500 g eingeweichte Kichererbsen, 500 g durchzogener Speck,
3 rote Paprika (gebraten und die Haut abgezogen), 500 g in
feine Scheiben geschnittene Chorizo, 1 feingehackte Schalotte,
2 geschälte, gewürfelte Erdäpfel, 6 feingehackte Knoblauchzehen,
2 l klare Gemüsesuppe, 1 TL gemahlene Nelken, 1 TL Paprika,
4 Lorbeerblätter, Thymian, Salbei, Petersilie, Salz, Pfeffer,
1 Dose geschälte Paradeiser, Olivenöl

Die Kichererbsen in Wasser weichkochen, abseihen und auf die
Seite stellen. Olivenöl in eine große, tiefe Pfanne geben, den Speck
darin braun braten, dann die Chorizo, Schalotte, Erdäpfel, Knoblauch, Kichererbsen, Kräuter und Gewürze dazugeben. Die Parade-
ser und Paprika pürieren, in die Pfanne mit dem Speck geben, die
Suppe darübergießen und 30 Minuten köcheln lassen. Nochmals
abschmecken und sehr heiß servieren.

Fischsuppe mit Curry (Südafrika, um 1970)

500 g Fischabfälle und Gräten (Hecht, Seeteufel, Kabeljau),
2 gewürfelte große Erdäpfel, 2 feingeschnittene Zwiebeln,
75 g gewürfelte Sellerieknolle, 1 in Scheiben geschnittene
Lauchstange, 1 feingehackte Knoblauchzehe, 1 Stück (3 cm)
feingehackte frische Ingwerwurzel, 60 g Butter, 3 EL Mehl,
150 ml trockener Weißwein, Safranfäden, 1 TL Currypulver,
Salz, Pfeffer, 200 g geräucherter, in Streifen geschnittener Hecht

Fischabfälle 1 Stunde wässern. Gemüse, Knoblauch und Ingwer in Butter andünsten, Fischabfälle dazugeben, Mehl darüber
stauben und mit Wein aufgießen. 1 l Wasser dazugeben und 30 Minuten kochen lassen. Safran und Curry einrühren und weitere 30
Minuten kochen lassen. Durch ein feines Sieb passieren, mit Salz
und Pfeffer abschmecken. Die Hechtstreifen auf Teller verteilen und
die heiße Suppe darübergießen.

Sder (Tunesien, 1980)

100 g grober Grieß, 1 EL Paradeismark, 2 EL Harissa,
2 EL feingehackte Petersilie, 4 zerdrückte Knoblauchzehen,
1 EL feingehackte Sellerieblätter, 2 EL getrocknete Minze,
½ EL Kümmel, Cayennepfeffer, 1 dl Olivenöl, 1 feingeschnittene,
eingelegte Zitrone, 1 EL eingelegte Kapern, 3 Stück tunesisches
Trockenfleisch, Salz, Zitronensaft

Öl erhitzen, Paradeismark, Harissa mit etwas Wasser verrühren, mit dem Dörrfleisch, Knoblauch, Kümmel und Cayennepfeffer ins Öl geben. Leicht andünsten lassen, mit Wasser aufgießen und kochen lassen, bis das Dörrfleisch weich ist. Dann Petersilie, Sellerie, Kapern und Zitrone dazugeben. Wasser nachgießen. Beim ersten Aufkochen Grieß hineinschütten und ständig mit einem Holzlöffel umrühren. Mit Salz und Zitronensaft abschmecken. Mit der Minze bestreuen und heiß servieren.

Scharfe Hühnersuppe (Tunesien, um 1990)

1 Suppenhuhn mit Hühnerklein, 300 g Hühnerklein,
2 in Scheiben geschnittene Karotten, ½ Stange in Scheiben
geschnittene Sellerie, 1 in dünne Scheiben geschnittener Porree,
100 ml Paradeismark, 1 TL Harissa, 100 g gekochte, feine
Nudeln, feingehackte Petersilie, Olivenöl, Salz, Pfeffer

Huhn und Hühnerklein in 1½ l Salzwasser 2 Stunden köcheln lassen. Abseihen und das Fett abschöpfen. In einem Topf den Boden mit Olivenöl bedecken und das Paradeismark kurz darin dünsten. Mit Suppe aufgießen, das Gemüse dazugeben und eine weitere Stunde köcheln lassen. Harissa einrühren und mit Salz und Pfeffer abschmecken. Mit den Nudeln und dem Hühnerfleisch sowie Petersilie anrichten. Fladenbrot dazu reichen.

Fischsuppe (Ghana, um 1990)

1 kg gewürfeltes Rotbarschfilet, 2 Paradeiser, 3 feingehackte Chilis, 1 feingehackte Zwiebel, feingehackte Petersilie, frischer Thymian, Salz, Pfeffer

Fisch, Paradeiser, Zwiebel und Chilis in 1 l Wasser zum Kochen bringen und 30 Minuten köcheln lassen, wenn nötig, Wasser nachgießen. Kurz vor der Fertigstellung den Thymian und die Petersilie beifügen. Abschmecken und zu Fufu servieren.

Schorba (Libyen, 2000)

200 g gewürfeltes Lammfleisch, einige Lammknochen, 2 gewürfelte Karotten, 1 in Scheiben geschnittene Stange Sellerie, 1 in Scheiben geschnittener Porree, 2 in Scheiben geschnittene Zwiebeln, 3 EL Paradeismark, 3 kleine Paradeiser, 80 g tropfenförmige Nudeln, 150 g Kichererbsen (aus der Dose), gehackte Petersilie, Chilipulver, Kurkuma, Zimt, getrocknete Minze, 1 Zitrone, Pflanzenöl, Salz, Pfeffer

Im Backofen 1 Zwiebel und das restliche Gemüse 30 Minuten mit den Knochen anrösten. In einen Topf geben und mit 2 l Wasser aufgießen, salzen und ohne Deckel 1½ Stunden kochen lassen. Zwiebel und Fleisch in Öl anbraten, Paradeiser, Paradeismark, Salz, Pfeffer, Chilipulver, Kurkuma und Zimt unterrühren. Die Suppe durch ein Sieb seihen und dazugießen. So lange köcheln, bis das Fleisch fast weich ist. Kichererbsen, Nudeln, Petersilie und Minze dazugeben und ziehen lassen, bis die Nudeln weich sind. Nachwürzen und mit Zitronensaft abschmecken. Mit Fladenbrot servieren.

DAS ERBE DER DONAUMONARCHIE

»Die Wiener Küche ... ist von jeher das Ergebnis einer vielschichtigen, vielbahnigen Wechselwirkung von Nehmen und Geben ... So wie Wien politisch, ethnisch und kulturgeschichtlich ein Schmelztiegel war und ist, in den Fremdes und Bodenständiges hinein- und aus dem etwas Neues, Eigenes herauskommt, so ist auch die Wiener Küche eine Art Schmelzofen. Die Mitgift jeder Nation, jedes Volkes, jeder Köchin brachte neue Rezepte, neue Nuancen, neue Gewürze, neue Zutaten, neue Kombinationen, neue Eß- und Kochkulturen. Das alles vereinigte sich in der Donaumetropole, akklimatisierte sich, das alles floß zunächst einmal in die Wiener Hofküche und gelangte von dort in die Fürstenschlösser und viel später in die Bürgerhäuser ... Böhmische Köchinnen und Handwerker, schwäbische *Menscher*, Offiziersburschen aus dem Balkan, byzantinische Kammerzofen, bayrische und mährische Stubenmädel ... die Wiener Herrschaftsfamilien in den Sommerfrischen, die Verwandten in Böhmen und Ungarn, die Paläste und Landschlösser der Liechtenstein, Harrach ... Esterházy, Palffy ... sie alle steuerten ihr Scherflein und Wissen zum Rezept-Repertoire der Wiener Küche (bei).« So äußerte sich Franz Maier-Bruck 1975 über die Wiener Küche und seine Sicht ihrer Entstehung. Obwohl heute der Forschungsstand wesentlich weiter und differenzierter ist – die Speisen kamen nicht alle »von oben« in die Bürgerküche, ihre Einführung und Akzeptanz hing auch zu einem Gutteil von der technischen Entwicklung in der Küche ab – ist sein *Großes Sacher Kochbuch* doch eine besondere Publikation mit zahlreichen Hintergrundinformationen. Es erschien zu einer Zeit, als sich weder in Österreich selbst noch in den Nachfolgestaaten (damit wurden alle Gebiete der ehemaligen Habsburgermonarchie bezeichnet, die eigenständige Staaten wurden, mit Ausnahme Österreichs und Ungarns) der Donaumonarchie kaum jemand ernsthaft Gedanken über die Geschichte und Entwicklung der Kochkunst bzw. bestimmter Gerichte machte. Diesbezüglich war dieser Teil Europas ein Entwicklungsgebiet; in Frankreich hingegen waren schon ab dem 17. Jahrhundert ernstzunehmende Bücher über Gastronomie, Gastrosophie und Kulinarik erschienen.

Im letzten Drittel des 18. Jahrhunderts begannen die Kochbuchautoren, ihre Bücher mit dem Vermerk *Wiener Küche* bzw. *Wiener Kochbuch* zu versehen und darauf hinzuweisen, daß ihre Rezepte und Menuzusammenstellungen für bürgerliche Haushalte gedacht waren. Frühere Kochbücher waren aus Kostengründen (Buchdruck!) nur den reichsten Schichten (Hof, Adel) vorbehalten. Dementsprechend aufwendig, komplex und exotisch muten manche Rezepte an – für den hohen Preis eines Kochbuchs wollte man dem Käufer etwas Besonderes bieten. Bis zum Barock unterschieden sich die (höfischen) Suppen im Habsburgerreich kaum von jenen in Frankreich – mit Ausnahme der vielgerühmten Rindsuppe. Seit der Zeit des Biedermeier kann man jedoch von eigenständigen Suppen sprechen, die durch die ländlich-bäuerliche Küchenkultur in der Habsburgermonarchie ergänzt wurden. Dies waren vorwiegend gebundene Suppen, die vor allem nahrhaft sein sollten; der Luxuscharakter als Appetitanreger war ihnen völlig fremd. Erdäpfelsuppen waren in Böhmen sehr populär, pikante Bohnensuppen kamen vom Balkan, klare Gemüsesuppen (*minestrone*) aus der Lombardei. Sie fanden in den Suppen der Steiermark, Kärntens, Niederösterreichs, Oberösterreichs etc. (Schwammerlsuppe, Brotsuppe, Brennsuppe, Stosuppe, Gulaschsuppe, Graupensuppe etc.) ein deftiges Pendant.

Erst ab Ende des 18. und im Verlauf des 19. Jahrhunderts wurden die in der Donaumonarchie üblichen und populären Speisen in den Kochbüchern aufgenommen, sodaß sich gegen Ende des 19. Jahrhunderts immer mehr das herauskristallierte, was man heute landläufig als Wiener Küche bezeichnet. Die Autoren der in Wien unter *Wiener Küche* herausgebrachten Kochbücher suchten begierig immer öfter nach Rezepten von Speisen, die in den Kronländern und in der ungarischen Reichshälfte beliebt waren – eine bis heute gepflogene Tatsache bei Kochbüchern, die ihren Lesern natürlich immer etwas Neues bieten wollen. Vor allem auf diesem Wege – und nicht so sehr durch die vielzitierten böhmischen Köchinnen – verbreitete sich das Wissen um die Küche innerhalb aller in der Monarchie lebenden Nationalitäten und trug zu dem bei, was wir heute immer noch als typische Wiener Küche ansehen.

Durch den Zusammenbruch des Habsburgerreichs ging zwar vieles verloren, aber etliches aus der gemeinsamen Vergangenheit konnte sich über die rigorosen Grenzen und über die Probleme, die Restösterreich mit den Nachfolgestaaten hatte, hinüberretten. Der Zweite Weltkrieg und die kommunistische Herrschaft isolierten die ehemaligen Kronländer Österreichs und auch Ungarn. So besann man sich erst lange nach dem Fall des Eisernen Vorhangs (1989) der alten Wurzeln und befaßte sich wieder mit der ursprünglichen, für den Donauraum charakteristischen Küche.

In fast allen Regionen der ehemaligen Donaumonarchie waren Suppen ein wichtiger Bestandteil der Mahlzeit, so auch in Ungarn. Ein dreigängiges Menu ist ohne Suppe als Einleitung kaum vorstellbar. Schon in der Zeit, als die magyarischen Stämme sich in der Nähe des Don ansiedelten, kochten sie eine Art Suppe, die man heute wohl eher als dicken Eintopf bezeichnen würde. Viele typische Zutaten der heutigen ungarischen Köche stammen aus der Zeit des Nomadentums – die Ungarn mußten haltbare Lebensmittel mit sich führen (geronnene Milch, Tarhonya, Käse), die man in geeigneter Verpackung am Sattelknopf befestigte. Für Bauern und Hirten war der Knetteig besonders wichtig – ein Grundnahrungsmittel. Oft konnten sie in schlechten Zeiten nur Nudeln mit etwas Salz in einem Kessel kochen. Diese Nudelsuppe, die mit dem Kochwasser verzehrt wurde, war ein wichtiges Mittel zum Überleben. Man stellte Fadennudeln und Fleckerln her. Neben der Gulaschsuppe, den Fisch- und Paprikasuppen, hat das Land würzige Bohnensuppen, die Palotzensuppe und die Újházy Hühnersuppe hervorgebracht.

Tarhonyaleves (Ungarn, um 1780)

Fetten Räucherspeck würfeln und in einem Kessel auslassen. Feingeschnittene Zwiebeln darin anrösten, mit etwas scharfem Szegediner Paprika bestreuen, mit Wasser aufgießen und 15 Minuten kochen lassen. Die Eiergraupen (Tarhonya) hineingeben und kochen, bis sie weich sind. Mit Rahm verrühren, eventuell mit Salz abschmecken und heiß servieren.

Für die Tarhonya 4 Eier mit etwas Wasser, Mehl und Salz in einem Holztrog zu einem bröseligen Teig verkneten. Durch ein grobes Sieb auf ein Leinentuch drücken und unter häufigem Wenden an einem luftigen Ort gut trocknen lassen.

Braune Suppe (Wien, 1799)

Koche etliche Pfund Rindfleisch, dann nimm einige Pfund andres Rindfleisch aus dem Schlegel, schneide davon Scheiben, wie eine Handgroß, klopfe dieselben mit einem Messerrücken mürb. Setze Butter in einer Rein auf das Feuer, thu die Scheiben Fleisch dazu, und laß sie ganz braun braten. Wenn sie braun sind, so gieß Suppe von dem gekochten Rindfleisch dazu, thu Wurzeln und Gewürz daran, laß es kochen, gieß es ab, schöpf die Fette rein ab, und laß es setzen. Dann kannst entweder Fadennudeln, Semmelschnitten, oder Grünes hineinthun.

Krebsensuppe (Wien, 1805)

Nimm Krebsen, überbrenne es, löse es aus, und stoß die Schäller, stoß auch etliche Mandeln darunter, pfarze eine Semmel in Schmalz, stoß alles untereinander klein, gieß eine gute Rindsuppe daran, schlag es durch ein Sieb, lege auch ein Stückel Krebsenbutter daran, richte es auf gebähte Semmelschnittel an und gieb es auf die Tafel.

Eine Erdäpfelsuppe (Salzburg, 1816)

Man schälet 10 oder 12 mittlere Stücke Erdäpfel, schneide selbe in feine Scheiben, nimmt eine Casserolle oder einen Tiegel mit vielem Fett auf dem Boden, gibt eine gute Handvoll Zwiebeln, auch Petersilie, dann die Erdäpfel darauf; man läßt sie gut zusammen dünsten, stäubet 2 Löffel voll schönes Mehl daran, und läßt es noch eine Weile stehen; dann füllet man es mit einer guten Fleischsuppe auf, noch besser aber mit Jus-Suppe, so man sie hat, gibt etliche gebackene Semmelschnitzel darein, und läßt sie gut damit verkochen. Vor dem Anrichten wird es durch ein Sieb geschlagen, und über gebackene, gewürfelte Semmeln angerichtet.

Mailänder Suppe (1840)

125 g Makkaroni werden in zwei Zentimeter große Stücke gebrochen, in Salzwasser weichgekocht, abgesiehen und in einen Weidling gegeben. 2 dl Rahm werden mit 3 Dottern verrührt, nebst 60 g geriebenem Parmesan. Nun vermengt man diese Mischung mit den Makkaroni und füllt die Masse in ein gut gebuttertes, mit Mehl ausgefehtes Wandel, backe sie bei guter Hitze im Rohr 10 bis 15 Minuten, stürze sie, schneide Würfel davon, garniere sie mit geriebenem Parmesan und serviere sie zu kräftiger Fleischsuppe.

Ganselsuppe (Brünn, 1843)

Man nimmt in eine Rein ein Stückel Butter, etwas klein geschnittene grüne Petersilie, sechs Champignons in Blatteln geschnitten, stellt es auf Kohlen und läßt es eine Viertelstunde dünsten, dann stäubt man zwei mittlere Kochlöffel voll Mehl darauf, und läßt es noch ein wenig dünsten, und gießt gut Suppe darauf, in welcher junges Gansel weich gekocht wurde; dasselbe wird in Stückeln, der Magen aber länglicht wie Nudeln geschnitten, und wird mit etwas Muskatblüthe in die Suppe gegeben, lasse es noch ein wenig aufsieden, und richte sie über gebähte länglich geschnittene Semmeln an. Die Leber wird gebacken, in Blättchen geschnitten und dazu gegeben.

Szekler Estragonsuppe (Siebenbürgen, um 1850)

80 g frische Estragonblätter, 50 g Butter, 60 g Mehl,
1 l Knochensuppe, 120 g Gänsegrammeln, Pfeffer, Majoran,
1 Ei, Semmelbrösel, Essig, Salz

Aus Butter und Mehl eine Einbrenn machen, den feingehackten Estragon dazugeben, mit heißer Knochensuppe aufgießen, salzen und einige Zeit köcheln lassen. Die Gänsegraupen durchdrehen, mit Salz, Pfeffer und Majoran würzen und mit dem Ei und
den Semmelbröseln zu einem weichen Teig verarbeiten. Nockerln
formen und in die kochende Suppe geben. Vor dem Servieren die
Suppe mit etwas Essig säuern.

Lebersuppe (Böhmen, um 1850)

80 g Rindsleber, 40 g Schmalz, 40 g Mehl, 1 feingehackte kleine
Zwiebel, 1 l Rindsknochensuppe, Salz, Pfeffer, gehackte Petersi-
lie, geröstete Semmelwürfel

Die Zwiebel im Schmalz goldgelb rösten. Die Leber fein wie-
gen, ins Fett geben und dünsten lassen. Mit Mehl bestauben, durchrühren und rösten lassen. Mit der heißen Suppe ablöschen, salzen,
pfeffern und ca. 20 Minuten durchkochen. Mit Petersilie und Semmelwürfeln anrichten.

Polnische Suppe (1858)

Fette Knochen, 1 Zwiebel, 1 Petersilwurzel, 1 gelbe Rübe, ein
Stückchen Sellerie und rothe Rüben kocht man mit Wasser und
seiht es durch ein Sieb, wenn die Wurzeln weich gesotten sind. Dann
sprudelt man 2 Eier, 2 Löffel sauren Rahm, 1 Löffel Mehl, etwas
Weinessig mit dieser Suppe ab, salzt sie und läßt aufkochen. Dazu
kann man Erdäpfel mit Speck, Geräuchertes oder Würste geben.

Erdäpfelsuppe mit Steinpilzen (Böhmen, um 1860)

500 g geschälte, in Scheiben geschnittene Erdäpfel, 1 TL gemahlener Kümmel, 1 TL Majoran, Salz, Pfeffer, 1 zerdrückte Knoblauchzehe, 1 feingeschnittene Zwiebel, 70 g Schmalz, 40 g Mehl, 50 g frische, in Scheiben geschnittene Steinpilze (oder 5 g getrocknete, in Wasser geweichte), 20 g Butter, feingehackte Petersilie

Die Erdäpfel mit 2 l kochendem Wasser übergießen und mit Kümmel und Majoran weichkochen. Aus Zwiebel, Knoblauch, Schmalz und Mehl eine Einbrenn bereiten, mit Erdäpfelwasser aufgießen und in die heiße Suppe seihen. Pilze in Butter dünsten, in die Suppe geben und kurz köcheln lassen. Vor dem Auftragen die Petersilie über die Suppe streuen.

Wiener Rindsuppe (um 1880)

Dafür werden ca. 1½ kg Suppenfleisch (Tafelspitz) sowie 50 dkg Knochen und 20 dkg Rindsleber benötigt. Der passend große Suppenkessel (Eisenhäfen ohne beschädigtes Email, am besten verzinnte Kupferkessel) wird mit 2 l Wasser möglichst früh aufs Feuer gestellt, das Fleisch mit einem trockenen Tuch abgewischt, hineingegeben, ebenso die kleingehackten Knochen. Die Leber wird mit blättrig geschnittenem Wurzelwerk und 5 dkg Kernfett lichtgelb angeröstet. Wenn die Suppe beginnt aufzukochen, wird sie an den Rand des Herdes gezogen, abgeschaumt, mit Leber und Wurzelwerk *garniert*, die Kasserolle davon mit einigen Löffeln Wasser ausgeschwenkt und diese ebenfalls in die Suppe gegeben. Zur Verbesserung des Geschmackes wird 1 Eßlöffel getrockneter oder frischer Schwämme mitgekocht, die Suppe gesalzen. Während des langsamen Kochens der Suppe am Rande des Herdes wird Schaum und Fett wiederholt abgenommen. Ist das Fleisch weich, wird die Suppe durch eine Suppenseihserviette in eine zweite, reine Kasserolle gegossen, nochmals aufgekocht, abgefettet, abgeschmeckt und bereit gehalten.

187

Kräutersuppe (Rettigová, Böhmen, 1880)

125 g verschiedene feingewiegte Kräuter (Petersilie, Kresse, Estragon, Schnittlauch, Kerbel), 50 g Butter, 50 g Mehl, 50 g gewürfelter durchzogener Speck, 1½ l Gemüse- oder Knochensuppe, 3 EL Obers und 1 Dotter zum Legieren

Aus Butter und Mehl eine helle Einbrenn bereiten und mit Suppe auffüllen. Die Speckwürfel dazugeben und ca. 20 Minuten kochen. Alle Kräuter außer der Petersilie dazugeben und kurz aufkochen lassen; abschmecken. Mit Dotter und Obers legieren und vor dem Servieren die Petersilie darüberstreuen.

Nudelsuppe mit Wurst und Knoblauch (Vas-Zala, Ungarn, um 1880)

100 g Bandnudeln, 50 g Mehl, 150 g in Scheiben geschnittene Räucherwurst, 20 g Schmalz, 1 kleingehackte Knoblauchzehe, 20 g Gewürzpaprika, 1 dl Rahm, Salz, in Scheiben geschnittene grüne Pfefferoni und roter Paprika

Die Wurst in siedendes Wasser geben und 15 Minuten kochen lassen. Das Schmalz erhitzen, das Mehl bräunen, Knoblauch und Paprika dazugeben, vom Feuer ziehen und mit Rahm verrühren. Mit etwas kaltem Wasser ablöschen und verrühren. In die Wurstsuppe seihen, einige Minuten verkochen lassen und die Bandnudeln in der Suppe garen. Mit Pfefferoni und Paprika bestreuen.

Ochsenschleppsuppe (Wien, 1890)

Einen Ochsenschlepp in Scheiben schneiden und mit 1½ l Wasser zustellen. Das Suppengemüse, einen Paradeiser und ein paar Pfefferkörner dazugeben, salzen und kochen lassen, bis das Fleisch weich ist. Die Suppe durch ein Haarsieb seihen, das Fleisch von den Knochen lösen, klein schneiden und mit dem in Scheiben geschnittenen Gemüse in die Suppe geben. Man kann auch Suppennudeln hineingeben. Die Suppe wird mit Schnittlauch bestreut serviert.

Barscz (Polen, 1897)

Diese treffliche, polnische Suppe bereitet man, indem je ½ kg Rindfleisch und minderwerthiges Schweinefleisch in ½ l des Saftes von eingelegten, rothen Rüben so gesotten werden, daß stets so viel nachgegossen wird, um die gleiche Menge zu erhalten. Nach einer halben Stunde Siedens gibt man Wurzelwerk hinzu und setzt das Kochen fort, bis Alles weich ist. Die Brühe wird dann abgesiehen, mit 2 Decilitern saurem Rahm abgesprudelt und dann entweder in Tassen servirt oder mit dem fadenförmig geschnittenen Fleisch und Wurzelwerk, gebähter Semmel und Wurstscheiben gegeben.

Einmachsuppe (Wien, 1899)

In 12 dkg Butter macht man mit ebensoviel Mehl eine lichte Einbrenn und gießt dann langsam unter beständigem Rühren klare Rindsuppe zu, gibt Salz und einige Tropfen Citronensaft oder Wein und läßt es langsam aufkochen. Diese Suppe ist der eigentliche Grundbestandtheil aller übrigen Ragoutsuppen und kann in Ermangelung von Rindsuppe auch mittelst des Absudes von Knochen, jungem Geflügel, Kalbskopf und Kalbsfüßen hergestellt werden, wobei jedoch stets des Geschmackes wegen das gewöhnliche Grünzeug beizugeben ist. Man gibt die Einmachsuppe mit gebähter Semmel, Bröselknödeln, länglich geschnittenem Kalbsfleisch vom Kopf oder dem verwendeten jungen Geflügel (Ganselsuppe).

Tiroler Speckknödelsuppe (Innsbruck, um 1900)

150 g Semmelwürfel, 100 g gewürfelter Speck (oder Geselchtes), 1 feingeschnittene Zwiebel, 1 EL Butter, 1 EL frisch gehackte Petersilie, 1 Ei, ⅛ l Milch, Pfeffer, Salz, Mehl, 1 l kräftige Rindsuppe, Schnittlauch

Speck und Zwiebel mit Butter goldgelb braten. Dies in eine Schüssel zu den Semmelwürfeln geben und mit der mit dem Ei vermischten Milch übergießen. Salzen und mit Mehl zu einem Teig kneten. 30 Minuten stehen lassen und kleine Knödel formen. In Salzwasser kochen, bis die Knödel aufsteigen. In heißer Rindsuppe mit Schnittlauch servieren.

Újházisuppe (Ungarn, 1900)

Ein etwa 2 kg schweres, küchenfertiges Huhn wird in Stücke
zerlegt und in einem Topf mit 1½ l Wasser zugestellt. Die Suppe
wird kochen gelassen und abgeschäumt. Dann fügt man zwei Sel-
lerieknollen und 1 Karotte hinzu. Wenn das Gemüse fast gar ist,
kommen noch 100 g in Julienne geschnittene Champignons dazu.
Dann salzt man, gibt ein paar Pfefferkörner, ein Stückchen Ingwer
und Petersilblätter in ein Tuch, bindet es zu und hängt es in die Suppe. Langsam kochen, bis das Hühnerfleisch weich ist. Das Säckchen
herausnehmen, Fadennudeln einkochen und in einer Suppenschüssel anrichten.

Kisela dahorpe (Bosnien, 1906)

1 kg gewürfeltes Hammelfleisch wird auf Fett, Zwiebeln, Salz
und Paprika unter Deckel weich gedünstet. Ist dies geschehen, dann
staubt man das Fleisch mit 2 Löffeln Mehl, rührt es fortwährend
um, bis man sieht, daß das Mehl braun wird, vergießt das Fleisch
mit einer kräftigen Brühe aus Knochen und Wurzelwerk, gießt ein
wenig Essig dazu nebst 2 bis 3 dl Rahm, läßt die Suppe noch ein
Weilchen kochen und kocht sodann feine Nockerln ein.

Korhelyleves (Ungarn, um 1909)

500 g Sauerkraut werden mit 1½ l Wasser und in kleine Scheiben geschnittenen Rauchwürsten, je mehr desto besser, aufs Feuer
gestellt und ca. ½ Stunde lang gekocht. Nun macht man eine dünne
lichtbraune Einbrenn, gibt eine feingewiegte Zwiebel nebst einem
Mokkalöffel Szegeder Paprika dazu und vergießt die Einbrenn mit
der Krautsuppe. Abschmecken und fein gezupfte Nockerln einkochen.

Klare Fischsuppe (Böhmen, um 1920)

Wurzelwerk wird mit 20 dkg Butter, ungefähr 1 kg minder-
werthiger Fische oder Fisch-Abfälle (Köpfe etc.) gedünstet, bis das
Wurzelwerk braun ist, worauf man mit Wasser-, Erbsen- oder Fischbrühe aufgießt, Champignons, Salz und einige Lorbeerblätter beifügt und nahezu 2 Stunden sieden läßt. Dann wird die Suppe entfettet und durchgeseiht. Im Falle sie trotzdem trübe bleiben sollte,
klärt man sie mit zu Schnee geschlagenem Eiweiß. Die Farbe kann
man durch Caramél beliebig herstellen.

Kuttelflecksuppe (Prag, 1930)

Ein halbes Kilo sauber geputzte Kuttelfleck (lieber Tags vorher
geputzt) werden im gesalzenen Wasser kalt zugestellt, weich gekocht.
Als Zutaten kommen noch Fleischknochen, die aber lieber extra, der
kleinen Knochen wegen, die sich ablösen und in die Kuttelflecke ver-
irren, gekocht werden. Ein Stück Selchfleisch macht den Geschmack
pikanter. Als Gewürzbeilage kommt etwas Majoran, Ingwer, gesto-
ßener Pfeffer, alles erst der Einbrenn beigefügt, in Betracht. Auch
etwas Petersilie wird gehackt. Wurzeln von Sellerie und Petersilie
werden im Suppenwasser mitgekocht. Alle diese Zutaten, besonders
Selchfleisch, verbessern den Geschmack der Kuttelflecke sehr. Aber
die wahren Kuttelfleckschwärmer werden es vorziehen, Kuttelflecke
ohne Nebengeschmack zu essen. Einfach weichgekocht im Salzwasser und eingebrannt.

Erdäpfelsuppe (Prag, 1930)

4 große Erdäpfel werden extra weich gekocht. In einem andern Topf wird alles Gemüse, eine Rübe, eine Petersilie, eine halbe Selleriewurzel weich gekocht, nachdem es vorher nudlig geschnitten wurde. Dann wird noch ein Viertel einer kleinen Karfiolrose beigefügt, von Gewürzen kommt Kümmel, Majoran dazu. Etwas Salz zu den Erdäpfeln, etwas mit dem Gemüse mitkochen lassen. Die weichgekochten Erdäpfel werden durchs Sieb gedrückt, das Gemüse bleibt unpassiert. Nun wird ein Erdapfel auf Gansfett oder Schweinefett, nachdem er klein nudlig geschnitten ist, gelb anlaufen gelassen, zu dem andern vermischt und mit guter Rindsuppe, Ganssuppe oder Fleischextrakt kräftiger gemacht. Etwas feingehackte Petersilie. Sehr gut schmecken in der Erdäpfelsuppe frische Schwammerln oder getrocknete.

Prager Selchsuppe (1890)

Grieß in Fett anrösten. Mit Selchsuppe vom Kochen des Prager Schinkens aufgießen, einige Minuten kochen lassen, abschmecken und mit Schnittlauch bestreut anrichten.

Halászlé (Ungarn, um 1890)

Verschiedene Donaufische (Stör, Huchen, Fogos) werden geputzt, ausgenommen, gewaschen, in 4 cm große, viereckige Stücke geschnitten, eingesalzen und in einer zugedeckten Schüssel bereitgehalten. Nun werden 25 dkg Zwiebeln (für 1 kg Fische) mit 10 dkg Schmalz licht angeröstet, einige zerschnittene Paradeiser dazugegeben, mit 1 l Wasser aufgegossen, diese Zwiebelsuppe 30 Minuten gekocht, die Fische eingelegt, zurückgezogen, 20 Minuten stehen gelassen, die Fische in den Suppentopf gegeben, die Suppe mit 1 Eßlöffel Reismehl legiert, gesalzen, abgeschmeckt, über die Fische gegeben und sehr heiß serviert.

Zelňačka (Prag, um 1900)

40 g gewürfelter Speck, 1 feingehackte Zwiebel, 2 gehackte
Knoblauchzehen, 2 TL edelsüßer Paprika, 250 g Sauerkraut,
50 g Butter, 50 g Mehl, 2 geschälte, gewürfelte Erdäpfel,
1 Becher Rahm, 2 Paar in Scheiben geschnittene Frankfurter,
1 l Fleischsuppe, 1 TL gemahlener Kümmel, Salz

Speckwürfel in einem großen Suppentopf in Butter auslassen,
mit Zwiebel und Knoblauch andünsten. Paprika einrühren, mit
Suppe aufgießen. Das Sauerkraut mit Salz und Kümmel dazugeben
und kochen lassen. Aus Butter und Mehl eine Einbrenn machen,
mit Suppe aufgießen und in den Suppentopf geben. Kurz bevor das
Kraut ganz weich ist, die Erdäpfel hineingeben. Zum Schluß mit
Rahm und den Frankfurtern verfeinern und kurz ziehen lassen.

Gulaschsuppe (Wien, 1908)

Eine große Zwiebel schneidet man blättrig und dünstet sie
auf 6 Deka Butter goldgelb, gibt Salz und ¼ kg kleinwürflig geschnittenes rohes Rindfleisch dazu, läßt es eine gute Stunde dämpfen, schneidet dann 2 mittelgroße Erdäpfel in kleine Würfel, läßt sie
mit dem Fleische weiterdünsten, staubt das Ganze mit etwas Mehl,
einer Messerspitze Paprika, gießt kochendes Wasser darauf und läßt
es zusammen noch ¼ Stunde kochen.

Dalmatinische Suppe (Zagreb, 1916)

Man bereitet aus Knochen und Grünzeug eine Suppe. Eine
Einbrenn von 8 dkg Butter und 6 dkg Mehl wird damit aufgegossen,
gewürzt und gut verkocht. Als Einlage gibt man gebratenes Kalbfleisch oder Geflügelreste, etwas gedünsteten Reis, klein geschnittene, gekochte Makkaroni und geriebenen Parmesan-Käse nach Geschmack.

Fisch-Suppe (Zagreb, 1916)

In etwas Fett werden 3–4 geschnittene Zwiebeln geröstet, etwas Paprika, die zerhackten Fischköpfe, und noch einige zerhackte kleine Fische, ein Lorbeerblatt, einige Körner ganzen Pfeffers, etwas Salz und Essig dazugegeben, mit 3 Liter Wasser aufgegossen und wenigstens 2 Stunden gekocht. Hierauf wird es passiert, ein schöner zerschnittener Karpfen, eine Forelle und 1–2 Stirln hineingelegt und durchgekocht. Die Suppe wird mit Rahm verrührt.

Durchgeschlagene Erbsen Suppe (Prag, 1918)

Erbsen werden weich gekocht, durchpassiert, dann nehme man ein wenig Einbrenn, Pfeffer, Knoblauch, grüne Petersilie, gebe alles das in die Erbsen, dazu das nötige Wasser und lasse es eine ¼ Stunde gehörig durchkochen, schneide eine Semmel in 4eckige Würfel, röste sie schön gelb in Fett, gebe sie auf einen Teller und bringe sie samt der Suppe zur Tafel.

Klachelsuppe (Steiermark, 1930)

2 Schweinshaxen in 3 cm dicke Scheiben geschnitten, 400 g Schweinswangerl, Wasser, Salz, Essig, Thymian, 1 Lorbeerblatt, Majoran, Pfefferkörner, gewürfeltes Suppengrün, 1 in Scheiben geschnittene Zwiebel, Schmalz, 40 g glattes Mehl, gepreßter Knoblauch, 1 dl Rahm; frische Majoranblätter, frisch gerissener Kren

Haxen und Wangerl im Wasser mit Gewürzen und Gemüsen zustellen. 1½ Stunden köcheln lassen. Abseihen und die Suppe mit Schmalz und Mehl einbrennen. Mit Rahm, Essig, Knoblauch und Salz kräftig abschmecken. Als Einlage gibt man das nudlig geschnittene Fleisch und die Schwarten sowie frischen Majoran und Kren.

Selchfleischsuppe (Wien, 1935)

Die Suppe, in welcher man Selchfleisch gekocht hat, kann man verschieden zubereiten. Sehr schmackhaft ist sie, wenn man Grieß in viel Butter goldgelb röstet, frische oder auch getrocknete gehackte und weichgekochte Schwämme hinein gibt und dies mit der Selchsuppe aufgießt.

Ebenso gut schmeckt sie, wenn man Erbsenpüree damit aufgießt. Auch mit saurem Rahm oder mit saurer Milch verquirlt schmeckt Selchsuppe ganz gut, besonders wenn man große, dünngeschnittene Scheiben Kornbrotes in Butter im Rohr anröstet und dazu serviert.

Böhmische Selleriesuppe (um 1960)

*500 g gewürfelte Sellerie, 2 EL Öl, 40 g Mehl, 1 l Würfelsuppe,
1 Dotter, 125 ml Obers, Salz, weißer Pfeffer, Schnittlauch,
4 Scheiben Weißbrot, gewürfelt und geröstet*

Öl erhitzen, Selleriewürfel 10 Minuten darin dünsten lassen, mit Mehl stauben und mit Suppe aufgießen. Salzen und pfeffern. Sobald die Sellerie weich ist, die Suppe pürieren. Obers und Dotter vermischen und die Suppe legieren. Mit Brotwürfeln und Schnittlauch bestreut servieren.

Ausgebackene Suppe (Prag, 1965)

*2 Paar Frankfurter, Mehl, 2 Eier, Semmelbrösel, Schmalz,
1 l kräftige Rindsuppe*

Die Würstel in Scheiben schneiden, in Mehl, Eiern und Bröseln panieren und im Schmalz ausbacken. Ablaufen lassen und auf Suppenteller verteilen. Suppe und Schnittlauch darübergeben und sofort essen.

Bramborová polévka (Prag, 1965)

500 g geschälte, in Salzwasser gekochte Erdäpfel, ¼ l Milch, 40 g Butter, 30 g Mehl, Salz, 150 g gewürfeltes Geselchtes

Die Erdäpfel passieren. Aus Butter und Mehl eine lichte Einbrenn machen und mit dem Erdäpfelsud und der Milch aufgießen. Gut durchkochen, Geselchtes hineingeben und mit Salz abschmekken.

Serbische Bohnensuppe (um 1980)

1 Dose weiße Bohnen, 125 g in Streifen geschnittener durchzogener Speck, 250 g feingehackte Zwiebel, 2 feingewürfelte Knoblauchzehen, 1 EL süßer Paprika, ½ TL scharfer Paprika, 1 Dose (250 g) geschälte Paradeiser, 2 Rindsuppenwürfel, 1 TL Majoran, 2 grüne Paprikaschoten, 2 EL Ketchup, Salz, Petersil

Speck in einem Suppentopf ausbraten und Zwiebel und Knoblauch darin andünsten. Paprika und Bohnen mit der Flüssigkeit, Paradeiser, Majoran, Suppenwürfel und Wasser zugeben und 30 Minuten kochen. Paprikastreifen hinzugeben und kochen, bis der Paprika weich ist. Mit Salz und Ketchup abschmecken. Mit Petersilie bestreuen und mit Schwarzbrot servieren.

Südtiroler Weinsuppe (Bozen, 1970)

3 Scheiben entrindetes, gewürfeltes Bauernbrot, 3 EL Butter, 1 EL frisch gehackter Majoran, ¾ l kräftige Hühnersuppe, ¼ l trockener Weißwein, ¼ l Obers, 1 EL Speisestärke, 4 Dotter, Salz, frisch geriebene Muskatnuß, Pfeffer aus der Mühle, wenig Zimt

Das Brot in Butter mit Zimt anrösten. Die Suppe erhitzen, den Wein mit Stärkemehl verrühren und unter die Suppe mischen. Kurz kochen lassen. Obers und Dotter verquirlen und mit Salz und Muskat würzen. In die Suppe einrühren und bei kleiner Flamme schlagen, bis die Suppe bindet (nicht mehr kochen lassen!). Die Suppe mit den Gewürzen abschmecken und mit den Brotwürfeln und frischem Majoran servieren.

Minestrone (Udine, 1980)

*4 geschälte, entkernte, gewürfelte Paradeiser, 600 g weiße Boh-
nen aus der Dose, 2 gewürfelte Karotten, 2 kleine, gewürfelte
Zucchini, 2 feingehackte Zwiebeln, 5 EL Olivenöl, 250 g passierte Paradeiser, ¾ l kräftige Gemüsesuppe, 3 EL frisch gehacktes Basilikum, Salz, Pfeffer aus der Mühle, frisch geriebener Parmesan, 4 Scheiben frisches Vollkornbrot*

Olivenöl erhitzen und das Gemüse bei milder Hitze 2 bis 3 Minuten unter Rühren andünsten. Die passierten Paradeiser dazugeben, einkochen lassen und mit Suppe aufgießen. Zum Kochen bringen, die Paradeiswürfel dazugeben und 10 Minuten kochen lassen.
Die abgetropften Bohnen und das Basilikum dazugeben und 1 Minute ziehen lassen, abschmecken. Mit Parmesan bestreut servieren.
Dazu Vollkornbrot reichen.

JÜDISCHE SUPPENKULTUR

Die jüdische Küche ist vor allem durch die Diaspora geprägt. Wohin immer Juden nach ihrer Vertreibung aus Palästina kamen, nahmen sie die Einflüsse ihrer neuen Heimatländer – unter Berücksichtigung ihrer strengen Reinheits- und Küchengebote – auf. Schweinefleisch ist streng verboten, während Geflügel (Hühner, Gänse, Enten) immer sehr beliebt waren – v.a. bei den in Europa lebenden Juden. Durch die nunmehrige Zugehörigkeit der Juden zu unterschiedlichen Kulturkreisen finden sich in der jüdischen Küche polnische Elemente, Anregungen aus verschiedenen Regionen in Rußland, deutsche Elemente sowie Rezepte aus dem Gebiet der ehemaligen österreichisch-ungarischen Monarchie, in der viele jüdische Mitbürger lebten. Juden hatten sich in Moldawien ebenso wie in Buchara, in der Türkei und im Iran, in Italien, Frankreich, Spanien und Portugal angesiedelt. Mit dem Beginn der Herrschaft der Nationalsozialisten in Deutschland (1933) wurde die Lage für die Juden lebensbedrohlich. Zahlreiche Juden in Deutschland erkannten die Gefahr und verließen ihre Heimat, um nach Amerika oder Kanada auszuwandern. Später mußten jüdische Bürger auch aus den Ländern flüchten, die durch Nazideutschland besetzt wurden (Frankreich, Balkan etc.).

Generell weist die jüdische Küche folgende Hauptrichtungen auf: die Küche der Ashkenazi (Mittel- und Osteuropa), der Sepharden (Abkömmlinge der iberischen Juden sowie jener, die in Italien, Griechenland, der Türkei und auf dem Balkan lebten), Mizrahi (die jüdischen Gruppen in Nordafrika – Marokko, Tunesien, Algerien und Libyen), den jüdisch-arabischen Zweig (Libanon, Syrien und Irak) sowie persische, jemenitische und indische Ausprägungen. Obwohl der Staat Israel 1948 gegründet wurde, war aufgrund der politischen und militärischen Umstände lange Zeit nicht an die Pflege einer eigenständigen Küche zu denken. Die Einwanderer kochten schlecht und recht jene Gerichte, die sie aus ihren ehemaligen Heimatländern kannten. Erst Anfang der achtziger Jahre, als sich der

Staat gefestigt hatte und der materielle Hintergrund für genußvolles Kochen aufgebaut war, begann sich eine israelische Küche zu entwickeln.

In der jüdischen Küche darf Fleisch mit Milch nicht kombiniert werden – weder in einem Gericht, noch in der Speisenfolge. Beliebte Zutaten sind Gänse- oder Hühnerfett, Rinds- und Kalbsleber, Eier, Hecht, Erbsen, rote Rüben, Bohnen, Graupen. Mit diesen werden sogar Fischgerichte kombiniert. Suppen waren in der jüdischen Küche wie in so vielen europäischen Ländern sehr beliebt, besonders Fleisch- oder Geflügelsuppen mit gebähtem Brot oder gebackenen Nudeln. Die Juden, die früher in Mittel- und Osteuropa lebten, brachten es zu einer großen Suppenkultur mit besonderer Vorliebe für die sauren Suppen Polens und Rußlands. In keinem jüdischen Kochbuch fehlt Borschtsch – gekocht aus Kraut oder Kohl. Geradezu charakteristisch für die jüdische Kochkunst wurde die Hühnersuppe. Man serviert(e) sie mit Nudeln oder Reis.

Auch vor der jüdischen Küche machten letztlich Fertigsuppenprodukte nicht halt. Für die jüdische Küche sind koschere Suppenkonserven und -präparate erhältlich. Vor allem in Amerika haben sich Firmen dieses Warensegments angenommen. *Manischewitz* bietet verschiedene koschere Hühner- und Rindsuppen an, aber auch Mazzeknödelsuppen, Hühnersuppe mit Kreplach, Linsensuppe, Kichererbsensuppe, Minestrone etc. Eine Besonderheit ist das aus dem 18. Jahrhundert stammende Restaurant *Bookbinder's* in Philadelphia. Es wurde von Samuel und Sarah Bookbinder gegründet und geführt. Die Bookbinders benutzten ausschließlich Waren, die sie im Hafen erwerben konnten – also Fisch und Meeresfrüchte sowie Gewürze. Das überaus beliebte Restaurant mußte jedoch von der Familie in den dreißiger Jahren des 20. Jahrhunderts (*depression era*) verkauft werden. Die neuen Eigentümer begannen Anfang 1970 ihre Speisen auch verpackt anzubieten, unter anderem Suppen in Konserven. Später übernahm ein Konzern diese neue Schiene und verkauft(e) *crab bisque, lobster bisque, Manhattan clam chowder, snapper soup* etc. in Dosen – all diese Produkte sind koscher.

Spring soup (Boston, 1871)

Nimm ein großes Rinderbein, ein Stück Lamm und 1 kg Rindfleisch. Würfle verschiedene Gemüse wie Kohl, Kopfsalat, Estragon,
Kerbel, Spargel, junge Erbsen und Gurken. Schneide den Spargel
in 2 cm lange Stücke, gib einige französische Bohnen und klein-
geschnittenen Karfiol dazu. Entferne Knochen und Fleisch und
schmecke mit Cayennepfeffer, Salz, Ingwer, Muskatblüte und Mus-
aktnuß ab.

Erdäpfelsuppe (Wien, 1890)

*1½ kg geschälte, gewürfelte Erdäpfel, 40 g Gänsefett, 30 g Mehl,
1½ l Geflügelsuppe, Salz, gekochtes Suppengrün in Scheiben*

Die Erdäpfel in der Suppe weichkochen und pürieren. Eine
Einbrenn zubereiten, die Suppen damit binden und durch ein Sieb
streichen. 10 Minuten kochen lassen. Das Suppengrün einlegen.
Man kann auch gekochtes Geflügelklein und etwas Majoran in die
Suppe geben.

Eiergräupchen-Suppe (Kauders, Israelitisches Kochbuch, 1890)

Man nehme ½ Seidel Mehl, 1/8 Seidel Grieß und 1 Ei, knete
daraus einen festen Teig, reibe selben auf dem Reibeisen, nehme eine gute Rindsuppe, sobald dieselbe kocht, gebe die Eiergräupchen
hinein und nachdem dieselben 3 Minuten gekocht haben, gebe man
die Suppe zur Tafel.

Frimsel soup (USA, 1900)

Nimm eine große Rindsbrust (zwischen 2½ bis 3 kg), eine Kalbsstelze und gib sie in einen großen Topf mit genügend Wasser. Gib Zwiebeln, Sellerie, Petersil, Pfeffer, Ingwer und Muskatblüte hinein. Auch Safran kann man daran geben. Lasse das Ganze 3 Stunden kochen. Nimm das Fleisch heraus und seihe die Suppe. Bringe die Suppe wieder zum Kochen und gib Vermicelli hinein, laß sie kochen, bis sie weich sind, und schmecke mit Salz ab.

Mazzesknödelsuppe (Budapest, 1909)

Eine Zwiebel wird fein gerieben und gelb geröstet. Ein Eßlöffel Fett, die Zwiebel, für je 2 Personen 1 Ei, Salz, Pfeffer, 1 EL Rindsuppe werden mit soviel Mazzesmehl gut verrührt, daß es ein weicher Teig wird, welchen man eine Stunde stehen läßt. Nun macht man die Handfläche feucht, formt aus dem Teig kleine Knödel, welche in Salzwasser 15 bis 20 Minuten kochen sollen. In heiße Rindsuppe einlegen.

Ox tail soup (New York, 1910)

Schneide zwei Ochsenschlepp an den Gelenken in Stücke und koche sie in klarer Suppe, bis sie weich sind. Das Fett abschöpfen; einige gewürfelte Karotten und kleine Zwiebeln dazugeben. Schmecke mit Cayennepfeffer, Salz, Ingwerwurzel, Muskatblüte, Muskatnuß und 1 EL *Harvey's sauce* ab und lasse ein wenig köcheln. Mit dem ausgelösten Schleppfleisch servieren.

Bier-Suppe (milchig; Prag, 1918)

½ l Bier wird mit 140 g geriebenem Brod auf die Platte gestellt, ein wenig Kümmel, Stückchen Zucker und Stäubchen Salz daran gegeben, man lasse alles das gut durcheinander kochen; hierauf sprudle man ½ Seidel Schmetten, 30 g frische Butter, 2 Eidotter gut ab, quirle es in diese kochende Biersuppe hinein und gebe sie dann zu Tische.

Schav (Ungarn, um 1930)

500 g alte, mehlige, geschälte Erdäpfel, ca. 2 l kräftige (Hühner-)
Suppe, eine gute Handvoll Sauerampfer, Salz, wenig Zucker,
2 Eier

Den Sauerampfer waschen und grob schneiden. Die Erdäpfel in der Suppe kochen, bis sie zerfallen. Sauerampfer dazugeben
und 5 Minuten kochen. Das Ganze pürieren. Ein wenig Suppe mit
den Eiern verrühren. In die Suppe geben und bei milder Hitze aufschlagen, bis die Suppe dicklich wird. Mit Salz und wenig Zucker
abschmecken.

Marak Avokado (koscher; Israel, 1970)

2 feingehackte Frühlingszwiebeln, 100 g Margarine,
100 g Mehl, 1¼ l Hühnersuppe, 2 große Avokados, Salz,
weißer Pfeffer aus der Mühle, 2 Dotter, Saft von ½ Zitrone,
Zitronenscheiben zum Garnieren

Die Zwiebeln in Margarine weichdünsten, das Mehl einrühren und anziehen lassen. Die Hälfte der Suppe einrühren und zum
Kochen bringen. Ständig rühren. Avokados schälen, hacken und
mit der restlichen Suppe pürieren, abschmecken und zum Kochen
bringen. Dotter mit Zitronensaft verrühren und etwas heiße Suppe
daruntermischen. Die Flüssigkeiten in einen Topf zusammenleeren,
heiß halten, aber nicht mehr kochen. Heiß servieren und mit Zitronenscheiben garnieren.

UTENSILIEN RUND UM DIE SUPPE

Zum Zubereiten, Servieren und Essen von Brei, Mus und Suppe waren zahlreiche Utensilien nötig. Zu den ältesten zählen ein Metall- oder Tontopf zum Kochen sowie ein hohles Hilfsmittel zum Essen. Von den frühesten Gefäßen zum Kochen war schon in anderen Kapiteln die Rede (vgl. *Suppen der frühen Kulturvölker*).

Die Form des ursprünglichen Kochtopfs änderte sich im Lauf der Zeit kaum: Sie ist zylindrisch mit abgerundetem Boden, für die bessere Aufnahme der Wärme von offenem Feuer. Der Topf konnte auch auf drei Beinen stehen – die ersten Grapen sind aus dem 13. Jahrhundert bekannt. Nach der Erfindung des geschlossenen Herdes im 18. Jahrhundert, bei dessen Verbesserung Graf Rumford prominent mitgewirkt hatte, konnten die Kochkessel mit ebenem Boden ausgestattet und auf den Herd gestellt werden. Eine Rückkehr zur alten Form der Kochkessel waren beispielsweise die Oliokessel in der Wiener Hofküche: Sie waren am Boden abgerundet und eingemauert. Die Befeuerung kam direkt von unten, über Wasserleitungen wurde von oben Wasser zugeführt. Überdies hatten die Kessel einen Ausguß, über den man die fertige Suppe ablassen konnte.

Als Vorläufer des Löffels gelten Muscheln, Schneckenhäuser, flache ausladende Knochen von Tieren, später wurden löffelähnliche Formen aus (Span-)Holz oder Bein geschnitzt. Das alte Wort *spônn* bzw. *spônn* findet sich noch heute im Englischen *spoon*. In weiterer Entwicklung wurden Löffel aus Metall und Edelmetall ausgeformt. Ursprünglich nur mit einem sehr kurzen Stiel versehen, wurde der Löffel später verlängert, vermutlich um eine Verunreinigung der mit üppigen Spitzen, Krägen und Manschetten versehenen Kleidung zu verhindern. Bereits in der Antike begegnet uns der Schöpflöffel, der mit einem längeren Stiel (um sich nicht zu verbrennen!) und mit einer tiefen Laffe ausgestattet war.

Von großer Bedeutung in der Entwicklung der Gefäßformen rund um das Essen der Suppe ist die *Ecuelle*. Der Begriff geht auf das Lateinische *scutella* zurück, von dem sich das Althochdeutsche *scuzzila* ableitet, das im Mittelhochdeutschen zu *schüzzel* und letztendlich zu *Schüssel* wird. Die Ecuelle ist eine tiefe Schüssel, die meist mit einem breiten Rand oder zwei Ohren versehen war, damit man den breiigen oder flüssigen Inhalt trinken konnte. Ursprünglich aus Holz gefertigt, wurde die Ecuelle im 15. Jahrhundert aus glasierter Keramik hergestellt, später auch aus Zinn, Edelmetall, Fayence und Porzellan. Sie begegnet uns auch mit Deckel und Unterteller. Im Deutschen gibt es keine spezifische Bezeichnung für dieses Tafelgeschirr, es blieb bei Umschreibungen wie *Eßschüssel* oder *Ohrenschüssel*.

Im 17. Jahrhundert wurde die Ecuelle vom vertieften Teller – dem Suppenteller – verdrängt. Sie lebte allerdings in der sogenannten Wöchnerinnenschüssel (Kindbettschüssel) weiter. In dieser reichte man Wöchnerinnen oder Kranken eine stärkende Suppe, Mus oder Brei. Im 19. Jahrhundert mutierte die Ecuelle zur Breischüssel für Kinder, die aus Silber hergestellt zum beliebten Taufgeschenk wurde und überdies im Set noch aus einem Trinkbecher, einem kleinen Suppenlöffel, Messer und Gabel bestand. Die Ecuelle bzw. die mittelalterliche Eßschüssel ist auch der Urahne der Suppentasse. Im Frankreich des 17. Jahrhunderts gab es bereits *pots à oille* aus Silber, die sich schließlich in ganz Europa verbreiteten. In der 2. Hälfte des 19. Jahrhunderts wurden aus Porzellan Bouillontassen hergestellt, die ebenso wie die Ecuelle mit Unterteller und Deckel versehen waren. Im 18. und 19. Jahrhundert gab es sogenannte Bouillonbecher mit Untersetzer und Deckel. Sie waren ursprünglich aus Porzellan gefertigt und dienten zum Trinken klarer, kräftiger Bouillons. Im 19. Jahrhundert wurden sie auch aus Silber hergestellt, allerdings ohne Deckel und Untersetzer. Diese *Bouillon-* oder *Consommébecher* dienten am Wiener Kaiserhof zum Trinken der Oliosuppe. Eine weitere Entwicklungsstufe der Ecuelle war der Milchtopf. Milchtöpfe dienten zum Servieren von Frühstückssuppen, häufig waren sie am Deckel mit Eiern, Gewürzen (Zimtstangen, Gewürznelken, Muskatnüssen), Nüssen, Mandeln und Zitrusfrüchten verziert. Die »frühe Suppe«, wie man sie am Habsburgerhof in Wien nannte, wurde ja auf Milch-, Rahm- oder Obersbasis hergestellt, sie war gezuckert und konnte je nach Geschmack mit oben angeführten Gewürzen verfeinert werden.

Ab der Zeit der Renaissance erfreuten sich Suppen steigender Beliebtheit, die sich auch in der Entwicklung des Tafelgeräts bemerkbar machte. Gelegentlich finden sich im frühen 16. Jahrhundert vertiefte Schüsseln auf der Tafel, die der Aufnahme der Suppe dienten. Sie wurden auch *plats à potage* genannt. Die vertiefte Schüssel sowie die barocke Ziervase waren Pate der Suppenterrine. Der Name des neuen Gefäßes war *Terrine* – abgeleitet vom lateinischen Wort *terra* (Ton), dem Material, aus dem ursprünglich vertiefte Schüsseln erzeugt wurden. Analog dazu entstanden die Bezeichnungen *terra sigillata* sowie *terra cotta*. Im 16. Jahrhundert wurden beispielsweise hohe zylindrische Gefäße mit Deckel aus Bronze gefertigt, die der Aufnahme der *Olla podrida* dienten. Der Deckel hatte praktische Gründe, er diente der Warmhaltung der Speise. In der Terrine, die jedoch erst gegen Ende des 17. Jahrhunderts erschien, wurde eine bedeutende Speise präsentiert – sie diente nur diesem einen Zweck, war sozusagen Synonym für Feuerstelle und Eßtisch; daher erhielt sie den Platz in der Mitte bzw. an den vier Ecken der Tafel, wenn mehrere Suppen vorhanden waren. Im 17. Jahrhundert war die Terrine rund, sie konnte analog den Grapen und den französischen *Cassoletten* (Räuchergefäße) auch auf Beinen stehen.

Begünstigt wurde die Ausbreitung der Terrine durch das Entstehen von Porzellanmanufakturen in Europa (Meissen 1710; Wien 1718), aber auch durch die Fayencemanufakturen. Die bauchige Form der Gefäße und ihre Größe bot sich förmlich dazu an, künstlerisch gestaltet und dekoriert zu werden. Terrinen mit Blätter-, Gemüse-, Wild-, Fisch-, Meeresfrüchte- und Zitrusfrüchtedekor entstanden, manchmal wurden sie auch in Form der Stoffe gestaltet, die sie beinhalteten – sie traten als Kohlkopf, Spargelbündel, Wildschweinkopf oder Geflügel in Erscheinung. Im Laufe des 18. Jahrhunderts kamen ovale Terrinen auf, für repräsentative Service wurden alle Terrinen aus Gold, Vermeil oder Silber gefertigt. Im Empire erlebte die Suppenterrine mit Deckel und Présentoir in ihrer schlichten, aber mächtigen Form nochmals eine Hochblüte – sie zierte ja noch die elegante, nach dem *Service à la russe* gedeckte Tafel. Runde Terrinen blieben grundsätzlich der Oliosuppe bzw. den klaren, kräftigen Brühen vorbehalten, während in den ovalen Terrinen die übrigen Suppen serviert wurden.

Das 19. Jahrhundert brachte schließlich eine Vereinfachung der Formen. Der Wandel der Serviermethode zum *Service à la russe* machte großen Luxus beim Tafelgerät obsolet. Die Terrine, im deutschsprachigen Raum nun wieder schlicht Suppentopf genannt, stand nicht mehr auf der Tafel. Trotz des Rückgangs des Tafelluxus aufgrund der Weltkriege im 20. Jahrhundert blieb die Suppenterrine fixer Bestandteil der Service, die Eheleute zur Hochzeit erhielten. Noch heute vermitteln selbst schlicht gestaltete moderne Töpfe oder Terrinen – in der Mitte eines Tisches plaziert, um den man Freunde versammelt hat – eine Ahnung vergangener Größe, so man in seinem Haushalt nicht nur fertige Suppen oder Suppen in Mikrowellengefäßen serviert ...

Rapes pottage (England, 1440)

Nimm Rüben, wasche und schneide sie in Würfel. Nimm sie heraus, gib sie in eine gute Suppe und siede sie. Hacke Zwiebeln, gib sie hinein, Safran und Salz und schmecke es mit *powder douce* ab. Man kann die Suppe auch mit Pastinaken machen.

For a kind of pottage (England, um 1500)

Nimm Kalbfleisch und junge Hühner; schneide sie in Stükke. Dann gib sie zum Kochen in einen Topf mit Schweinefett und Fleischsuppe. Weiche Weißbrot ein und streiche es durch ein Sieb, würze es mit nichts anderem als Ingwer. Gib es in deine Suppe. Wenn die Suppe so gemacht ist, gib Verjus und Stachelbeeren daran, so ist sie fertig.

Pareye te maken (Brüssel, 1500)

Nimm Suppe von Erbsen, wenn sie halb gekocht sind und aufspringen. Dann nimm Brotwürfel und mahle sie im Mörser; verdünne es mit derselben Brühe und laß es gut kochen. Und gib Kümmel, Safran, gebratene Zwiebeln und andere Gewürze, die du am liebsten hast, hinein. Das ergibt eine gute Suppe. Zu den Fasten gibt man Rosinen in die Erbsensuppe.

Potage d'almond (Frankreich, um 1514)

Nimm die beste Mandelmilch, die du bekommen kannst. Und wenn du willst, gib Rosinen hinein. Laß es zusammen kochen, bis es dick ist. Und wenn man will, kann man Safran dazugeben; das gibt ihm eine schöne Farbe. Im letzten Moment mit Zucker bestreuen.

Bouillon de poisson (Massialot, 1691)

Gräten und Abfälle von 1 kg Fischen, 2 feingehackte Zwiebeln, 3 Stengel Thymian, 1 Büschel Petersilie feingehackt, 2 Lorbeerblätter, 4 Nelken, 1/3 l Weißwein, 2/3 l Wasser, Pfefferkörner, Salz

Alle Zutaten in einen Topf geben, mit Wein und Wasser aufgießen und würzen. Ca. 30 Minuten kochen lassen und durch Etamin seihen. Erhitzen und kleine Fischfiletstücke darin ziehen lassen. Die Suppe sehr heiß servieren.

Pistatzi-Suppen (Wien, 1741)

Erstlich nimm Semmelschmollen, weichs in ein Wasser, alsdann nimm 20. mehr oder weniger Pistatzi, von welchen die Häutl abgezogen seyn, wie man die Mandel abziehen thut, stoß die Semmelschmollen und Pistatz in einem Mörser wohl, dann treibs mit einer Capaunersuppen durch, laß sieden, und richts auf bähte Semmelschnitten an, oder ohne solche, nach Gefallen.

Potage de concombres (Paris, 1793)

Nachdem man die Gurken in Würfel geschnitten hat, bringt man sie in einem Topf mit guter Suppe und Kalbsjus, um sie zu färben, zum Kochen. Laß sie köcheln und schmecke sie mit gutem Salz ab. Mit Gurkenscheiben garniert servieren.

Brösmelisuppe (Schweiz, 1895)

100 g Brot wird zu Brosamen verrieben, dann 50 g Mehl in Fett gelb geröstet, die Brösmeli hineingegeben und nachdem man sie noch ein wenig mit dem Mehl zusammen geröstet, löscht man mit warmem Wasser, salzt und kocht 10 bis 15 Minuten.

Hühnersuppe (Belgien, um 1900)

1 Suppenhuhn, Saft von 1 Zitrone, 1 grob gewürfelte Zwiebel, 1 EL feingehackte Sellerie, 1 große geraspelte Karotte, 1 in feine Scheiben geschnittene Stange Lauch, 2 EL Butter, Salz, 3 Neugewürzkörner, ½ TL Rosmarin, 1 Lorbeerblatt, 2 Gläser trockener Weißwein, 1 EL feingehackte Petersilie

Das Huhn mit Zitronensaft einreiben und mit Salzwasser bedeckt zum Kochen bringen. Zwiebel und Sellerie dazugeben. Karotte und Lauch in Butter andünsten und in die langsam köchelnde Suppe geben, würzen. Dann den Wein dazugießen und langsam garen lassen. Das Huhn herausnehmen und das Fleisch von den Knochen lösen. Die Suppe abseihen, Fleisch und Petersilie auf Teller verteilen und die heiße Suppe darüberschöpfen.

Consommé de volaille printanière (Monaco, 1902)

In eine kräftige Hühnersuppe gibt man als Einlage blanchierte, klein und rund ausgestochene Karotten und Rüben, grüne Erbsen, Spargelspitzen, kleine Fisolenstücke und kleine Karfiolröschen. Die Suppe mit Schnittlauch bestreuen.

Consommé Selianka (schwedische Hofküche, Stockholm, 1947)

40 g Butter, 1 in Scheiben geschnittene gelbe Zwiebel, ½ l Fischbouillon, 1 l Consommé, 2 dl Weißwein, 10 Oliven, 2 EL in Streifen geschnittene saure Gurken, 2 EL geschälte, gewürfelte Paradeiser, 10 kleine Scheiben gekochter Lachs oder Zander, 1 TL Kapern

Die Zwiebelscheiben in Butter braten, mit Fischbouillon und Consommé aufgießen, ½ Stunde mit dem Weißwein kochen und durchseihen. Hierauf gibt man die Einlagen hinein, läßt kurz ziehen und schmeckt ab.

Schweizer Suppe (Glarn, 1960)

100 g gewürfelter Bergkäse, 150 g gewürfeltes, altbackenes Weißbrot, 2 kleine, feingehackte Zwiebeln, 20 g Butter, 2 Eier, 100 ml Milch, 1 EL fein gehackter Majoran, Salz, Pfeffer, Mehl; 1 l kräftige Gemüsesuppe, frischer Majoran

Die Zwiebeln in Butter andünsten, mit dem Brot zum Käse mischen. Eier mit Milch verrühren und darüber leeren. Majoran dazugeben, würzen und mit Mehl einen festen Teig kneten. 30 Minuten rasten lassen. Nocken formen und in Salzwasser so lange kochen, bis sie aufsteigen. Die Nockerln herausheben und abtropfen lassen. Die Suppe erhitzen und abschmecken, die Nockerln darin anrichten und mit Majoran bestreuen.

FERTIGSUPPE –
STIRBT DIE SUPPENKULTUR AUS?

In der Geschichte der Menschheit kam – und kommt – es immer wieder zu Phasen von Mangel und Knappheit an Lebensmitteln. Daher versuchte man bereits vor Jahrhunderten, Lebensmittel – ursprünglich Fleisch und Fisch – für längere Zeit haltbar zu machen. Die älteste Methode, die wohl auf der ganzen Welt praktiziert wurde, war das Trocknen: Ob nun die nordeuropäischen Völker ihre Fische auf Holzgestellen zum Trocknen aufhingen oder die Indianer Nordamerikas das Fleisch der Büffel, Hirsche, Rentiere, Elche oder Präriehühner in ganz dünne Streifen schnitten und in der Sonne dörren ließen – Konservieren von Nahrungsmitteln war und bleibt eine der wichtigsten Überlebensstrategien des Menschen. Über die nomadisierenden Indianer im südlichen Kansas berichtete der Spanier Francisco Vásquez de Coronado (1510–1554), der während einer Expedition in den Jahren 1540 bis 1542 versuchte, von Mexiko aus den nordamerikanischen Kontinent zu kolonisieren: »Diese Menschen werden Querechos und Teyas genannt. Sie reisen wie die Araber, mit ihren Zelten ... Diese Menschen essen rohes Fleisch und trinken Blut. Sie essen kein Menschenfleisch. Es sind freundliche Menschen ... Sie trocknen Fleisch in der Sonne, schneiden es hauchdünn, und wenn es trocken ist, mahlen sie es wie Mehl, bewahren es auf und machen eine Art *Meeressuppe* daraus. Eine Handvoll in einen Topf geworfen, quillt stark auf. Sie würzen es mit Fett, das sie beim Schlachten von Kühen zu gewinnen suchen.« – Allerdings ist nicht ganz klar, was Coronado mit Meeressuppe meinte, denn es kamen ja keine Fische dazu. Jedenfalls handelte es sich hier um eine frühe Form der Fertigsuppe.

Doch die Indigenen Nordamerikas waren nicht die ersten, die eine Art Suppenkonserve herstellten. In Twann (Schweiz) wurden Reste von Mehlsuppenkonserven entdeckt, die die Archäologen auf die Zeit um 3500 vor Christus datierten. Mehlsuppe wurde eingedickt, in acht Zentimeter lange Streifen geschnitten, getrocknet und auf heißen Steinen gebacken. Diese Art Suppentafel erleichterte damals der Hausfrau ihre Arbeit genauso wie heute. Auch die Römer erfanden eine Art Fertigsuppe. Bei ihren Eroberungszügen waren die Fußsoldaten, die sich fast ausschließlich von Getreidebrei und Brot ernährten, bei ihren langen Märschen in Sonne und Hitze gefährdet: Sie litten unter Austrocknung und Salzmangel. Daher mußte jeder Römer in einem Beutel ein Gemisch aus Wasser, Essig und Salz mitführen, um den Mangelerscheinungen vorzubeugen. Später erkannte man, daß diese Flüssigkeit mit Spargelbrühe ein köstliches Getränk ergab. Daraus entstand eine Trockensuppe – man hackte Spargel sehr fein und ließ ihn trocknen. Dann wurde Salz beigemischt und das Ganze zu Täfelchen gepreßt. Unter Kaiser Aurelian (214–275 n. Chr.) wurden diese Täfelchen an die Soldaten verteilt.

Später erkannte der Mensch, daß Fleisch und Fisch durch Einsalzen ebenfalls haltbar wurde, auch das Räuchern zählt zu den alten Mitteln der Haltbarmachung. Mit geräuchertem Fleisch oder Fisch kochte man im Winter eine Selchsuppe, die mit verschiedenen Wurzeln verfeinert werden konnte. Eingesalzen wurden besonders Gemüse wie Kraut und Rüben, die nicht nur kräftige Beilagen zu Fleisch im Winter abgaben, sondern auch zu guten dicken Suppen verarbeitet werden konnten. Besonders nachteilig auf die menschliche Versorgung wirkten sich Kriege aus, unter denen auch in frühester Zeit Viehzucht und Ackerbau litten. Die kriegerischen Folgen der Völkerwanderung und vor allem der Dreißigjährige Krieg führten zu ausgeprägtem Nahrungsmangel. In Südamerika zerstörten die spanischen Eroberer das ausgewogene Nahrungssystem der Inka. Oftmals versuchten die Feinde, einander durch das Verwüsten bebauter Felder gegenseitig die Kampfkraft zu rauben. Der Krieg zwischen Österreich und Preußen in der zweiten Hälfte des 18. Jahrhunderts, in dem es um die Vorherrschaft in Niederbayern ging, wurde daher als »Erdäpfelkrieg« bezeichnet. Erster und Zweiter Weltkrieg hatten im 20. Jahrhundert katastrophale Folgen für die Nahrungsmittelversorgung. Aber auch Mißernten verursachten (und verursachen heute noch) in vielen Gegenden gravierende Lebensmittelknappheit. Hagel, Feuer, zu viel oder zu wenig Regen, große Hitze und lange Winter können die erwartete Ernte drastisch verringern oder ganz ausfallen lassen. Die vorerwähnten Konservierungsmethoden reich(t)en oft für die schlimmsten Fälle nicht aus.

Bis ins 17. Jahrhundert machte sich kaum jemand Gedanken über das Sieden von Fleisch und die physikalischen Vorgänge dabei. Erst Denis Papin veröffentlichte 1681 einen Aufsatz, in dem er einen *Digestor* beschrieb, einen Kochtopf, in dem er durch Überdruck Dampf bis zu 120 °C erzeugen konnte. Somit reduzierte sich die Kochzeit – selbst bei altem, zähem Fleisch – um rund zwei Drittel der üblichen Dauer. Obwohl der *papinische Topf* zum Vorläufer des modernen Druckkochtopfs wurde, gerieten die Erkenntnisse Papins lange Zeit in Vergessenheit. Im Jahr 1822 wußte man die Technik Papins jedoch wieder zu schätzen. In Wien erschien ein Kochbuch, das die mit Hilfe seines Topfes hergestellte Fertigsuppe lobte. Aus der vornehmlich aus pulverisierten Rindsknochen gewonnenen Gallerte bereitete man »treffliche, tragbare Suppentafeln ... die man bey Gebrauch nur braucht auflösen zu lassen«.

Erst die Kriege, die in Europa nach der Französischen Revolution geführt wurden und bis 1814 andauerten, brachten eine Weiterentwicklung bei der Konservierung von Lebensmitteln. Erdäpfel wurden allmählich als wichtiges Ersatznahrungsmittel in Notzeiten akzeptiert, und man gab sich Mühe, viele Lebensmittel haltbarer zu machen. Napoleon I. (1769–1822) finanzierte Versuche auf diesem Gebiet: Den Preis von 12.000 Francs erhielt Nicolas-François Appert, der im Rahmen seiner Versuche Vorläufer der heutigen Konservendose herstellte. Allerdings verwendete Appert Glasbehälter, in denen er Lebensmittel durch Erhitzen sterilisierte. Diese Gefäße waren jedoch gerade für Militärzwecke wegen ihrer Zerbrechlichkeit ungeeignet. Anfang des 19. Jahrhunderts wurden auf Basis der Erkenntnisse Apperts in Großbritannien Versuche mit verzinnten Eisendosen gemacht. Diese Gefäße waren stabiler; doch der Inhalt verdarb oft genau so rasch wie nicht sterilisiertes Essen; man wußte noch nicht, daß Mikroorganismen zum Verderben des Doseninhalts beitrugen. Die Technik der Metalldose gelangte um 1850 in die USA, wo eine Industrie zur Herstellung dieser Behälter aufgebaut wurde. Nutznießer dieser Entwicklung war vor allem die spätere Firma Campbell, die durch ihre Paradeissuppe in Dosen weltbekannt wurde.

Karl Friedrich von Rumohr erkannte, daß durch Ausschwemmen roher, geriebener Erdäpfel Mehl gewonnen werden konnte, das sich bestens als Ersatz für das »Manioc- oder Mandioca-Mehl« eignete, welches »als guter Suppenstoff von Reisenden angerühmt« wurde.

Dies war ein erster Schritt in Richtung Trockensuppen im modernen Europa. Am Beginn des 19. Jahrhunderts sprachen sich die französischen Chemiker und Apotheker Louis-Joseph Proust (1754–1826) und Antoine-Augustin Parmentier (1737–1813) für die Vorteile eines Fleischextraktes aus. Sie hatten dabei die Verpflegung der Soldaten im Auge: »Im Gefolge eines Truppencorps bietet das Fleischextract dem schwer verwundeten Soldaten ein Stärkungsmittel, welches mit etwas Wein seine durch Blutverlust geschwächten Kräfte augenblicklich hebt und ihn in den Stand setzt, den Transport in das nächstgelegene Feldspital zu ertragen.« Bereits ab 1830 wurden Bouillontafeln nach dem Rezept von Proust und Parmentier als Schiffsproviant angeboten sowie in Apotheken als Nähr- und Stärkungsmittel verkauft. Diese frühen Fleischextrakte waren nicht nur für Kriege und sonstige Ernährungskrisen gedacht. Sie sollten auch jenen Menschen helfen, die an der gefährlichsten Krankheit im ausgehenden 18. und gesamten 19. Jahrhundert litten: der Lungentuberkulose.

Nicht nur ein Mangel an Nahrungsmitteln führte zur Entwicklung von Fertigsuppen. Ab der zweiten Hälfte des 19. Jahrhunderts begannen Europäer, weltweite Reisen zu unternehmen. Nicht immer konnte man sich in allen Ländern Amerikas, Afrikas oder Asiens ausreichend versorgen. In den Kochbüchern wurden daher immer häufiger Rezepte für Suppentafeln oder »Suppenzelteln« angeboten, die es dem Reisenden ermöglichten, sich mit etwas heißem Wasser eine stärkende und nahrhafte Mahlzeit zuzubereiten. So berichtete der Afrikareisende Schweinfurth um 1872 über seine Erfahrungen mit Fleischextrakt: »Nur der vielleicht vermag den Werth des Fleischextractes zu schätzen, der, wie ich auf meinen Reisen in Afrika, wochenlang auf eine rein vegetabilische Nahrung angewiesen gewesen ist. Bei solcher Kost tritt ein eigenthümlicher Zustand der Schwäche ein und es vermindert sich die geistige und körperliche Energie, welche durch Fleischgenuss gehoben werden. Ich habe die Erfahrung gemacht, dass beim Mangel an Fleisch der Zusatz von Fleischextract zu der vegetabilischen Diät die nämliche gute Wirkung auf den Körper hervorbringt, wie der Genuss von frischem Fleisch, und dass es in solchen Lagen das einzige Mittel ist, um dem Mangel an Fleisch zu begegnen.«

Was wurde nun im Laufe des 19. Jahrhunderts alles erdacht, um Lebensmittel haltbarer, erschwinglicher und durch bestimmte Substanzen ersetzbar zu machen und viele Menschen auch in Krisenzeiten ausreichend versorgen zu können? Die meisten dieser neuen Produkte waren von Beginn an auf ein Publikum zugeschnitten, das wenig Ansprüche an die Qualität beim Essen stellte – satt werden war meist das Hauptanliegen.

1679	Der französische Physiker Denis Papin entdeckt die physikalische Grundlage des Dampftopfes.
1681	Papin veröffentlicht seine Ergebnisse.
1724	Du Boisson präsentiert vor der Pariser Akademie der Wissenschaften *Bouillontafeln*.
1755/56	Experimente mit *Fleischmehl* im Auftrag der preußischen Armee.
1802	Versuche mit der Zuckerrübe in Preußen; Boom ab 1811 wegen der Kontinentalsperre.
1803	Anton-Alexis Cadet de Vaux (1743–1828) würdigt die Bemühungen um die Gewinnung von Knochenleim zur Herstellung billiger Suppen für Arme.
1810	Der französische Konditor und Erfinder Nicolas-François Appert (1749–1841) entwickelt Konserven; ab 1850 fabriksmäßige Konservenproduktion im großen Stil.
1811	Produktion von Mehlprodukten und diätetischen Waren auf der Basis von Getreide im Elsaß unter dem Markennamen Bloch Potalux.
1821	Louis-Joseph Proust (1754–1826) löst aufgrund von Vorarbeiten deutscher, französischer und schwedischer Forscher die physikalischen Probleme der Fleischextraktgewinnung.

1830	Bouillontafeln von Proust und Parmentier.
1838	Carl Heinrich Knorr eröffnet ein *Specereiwaarengeschäft* in Heilbronn.
1842	John Polson und andere produzieren Maisstärke.
1847	Justus von Liebig (1803–1873), Max von Pettenkofen (1818–1901) und andere entwickeln den Fleischextrakt.
1848	Beginn der manuellen Herstellung von Fleischextrakt in der Münchener Hofapotheke durch Pettenkofen.
1861	Der Hamburger Ingenieur Georg Christian Giebert plant erstmals die industrielle Herstellung von Fleischextrakt.
1864	Beginn der industriellen Herstellung von *Liebig's Fleischextrakt*.
1865	Gründung der *Liebig's Extract of Meat Company Ltd.*
1866	Nährmehl von Nestlé.
1867	Der Berliner Koch und Konservenfabrikant Johann Heinrich Grüneberg (1819–1872) entwickelt die Erbswurst (Erbsenmehl, Rindsfett, enfetteter Speck, Salz, Zwiebel, Gewürze). Die Erbswurst spielte eine große Rolle in der Truppenverpflegung während des deutsch-französischen Krieges (1870).
1869	Joseph Campbell und Abraham Anderson gründen die Joseph A. Campbell Konserven-Fabrik für Paradeismark, Gemüse, Marmeladen, Suppen, Gewürze und faschiertes Fleisch.

1870	Suppentafeln; Henriette Davidis propagiert in ihren Kochbüchern den Fleischextrakt, *Bloch potalux* errichtet eine Fabrik bei Tomblaine (Frankreich).
1871	Der Chemiker Hippolyte Mége-Mauriès (1817–1880) entwickelt Margarine.
1872	Johann Heinrich Grüneberg verkauft sein Erbswurstrezept an das preußische Kriegministerium, von dort gelangt es 1883 an Carl Heinrich Knorr. Julius Maggi (1846–1912) bringt die erste Fertigsuppe auf Basis von Hülsenfrüchtenmehl auf den Markt.
1873–75	Erste Versuche kommerzieller Nutzung mit präparierten Mehlen aus Grünkern, Erbsen, Linsen, Bohnen, Sago und Tapioka bei Knorr.
1882	Julius Maggi stellt Versuche mit Leguminosemehlen in Kemptthal (Schweiz) an.
1883	Die ersten Suppen *à la minute* durch Maggi.
1884	Maggi Hülsenfrüchtemehl.
1885	Knorr eröffnet einen Betrieb in Vorarlberg.
1886	Trockensuppe von Knorr, Suppen auf Basis von Linsen-, Bohnenmehl etc. Suppenwürze von Julius Maggi – *Maggiwürze* auf pflanzlicher Basis. Gründung der Paul Erasmi & Co. Konservenfabrik.
1887	Erste Trockensuppen in Wurstform.
1889	Knorr produziert Erbswurst auf industrieller Basis, Liebig's Fleischkonzentrat wird im großen Stil angeboten, Fleischextrakt wird verbessert.

1891	Erste Werbung zum Fleischextrakt. Maggi Suppenrollen.
1892	Maggi produziert erstmals Fleischsuppe in Kapseln (*Bouillon-Kapseln*).
1897	Erste kondensierte Suppe von Campbell – die Paradeissuppe.
1898	Erste Suppen in Würfel- und Tablettenform.
1900	Beginn des Verkaufs von Maggi-Suppen in Würfel- und Stangenpackungen.
1906	Erste Experimente mit Dehydrierung mittels Kälte durch die Franzosen Arsène d'Arsonvel und François Bordas in Paris. Die Knorr-Niederlassung übersiedelt nach Oberösterreich. Gekörnte Fleischsuppe von Maggi in Glastöpfchen.
1907	Das *viandoux* (flüssiger Fleischextrakt) wird geboren. Richard Graebner produziert erstmals in Karlsruhe die Suppenwürze *ETO*.
1908	Der berühmte *Bouillon-Würfel* von Maggi kommt auf den Markt, er wird später als *Suppenwürfel* bezeichnet. Graebner stellt »feine Suppen« her, die keinen Fabriksgeschmack aufweisen sollen.
1912	*Huhn im Topf* und Suppen *en barre* von Maggi.
1912	Der erste Stummfilm, der dem *Huhn im Topf* von Maggi gewidmet ist.

1913	Grünkernpasta von Knorr in Zinntuben, Liebig's Fleischextrakt im Porzellantopf.
	Fleischsaft *Puro* in Flaschen.
1914	Ethel Baxter beginnt mit der Produktion von Suppen, die in Dosen abgefüllt werden. Die Firma entstand aus einem kleinen Gemischtwarenladen, den ihr Schwiegervater 1868 in Fochabers, Schottland, gegründet hatte.
	Der erste Erfolg: *Royal Game Soup*.
	Der Kriegsausbruch beschert ETO große Nachfrage.
1921	Graebner übersiedelt in größere Räumlichkeiten und produziert Suppen, Suppenmehle, Suppenwürzen, Gewürze etc.
1931	Einführung des ETO-*Goldwürfels*.
1934	Otto Graebner kreiert den Slogan: »Koche mit Liebe und ... ETO.«
1936	*Bouillon gras* und *potages de viandes* in Tablettenform (Frankreich).
1939	Der Kriegsausbruch bringt Graebner, dessen Suppenprodukte sehr günstig sind, große Zuwächse.
1945	Die ersten tiefgekühlten Lebensmittel in Amerika aufgrund der Erfindung des Tiefkühlverfahrens durch den Biologen Clarence Birdseye (1886–1956).
1949	Die erste dehydrierte Hühnersuppe mit Nudeln von Knorr.
	Graebner entwickelt Suppen auf Glutamatbasis.
1950	Gekörnte Suppen, Bouillons, Gelées und Saucen von Knorr, Maggi, Potalux etc.

Die Marke *Erasco* (aus *Erasmi* & Co.) wird recht-
lich geschützt.

1951	Suppen von Knorr in Folienbeuteln.
1952	Pot au feu-Suppe im »Packerl«.
1955	ETO wird an die Familie Oetker verkauft.
1956	Gekörnte Hühnersuppe.
1958	Goldaugenwürfel.
1959	Erste vorgefertigte Suppen in Gastronomiemengen. Erasco konzentriert sich auf die Herstellung von Suppen und Eintöpfen.
1960	Maggi-Suppen für Kinder.
1963	Fischsuppe in Sackerln.
1965	*Court-bouillon* von Maggi. Erste flüssige Suppen in Kochbeuteln.
1979	Suppe *en flocons* von Maggi.
1983	Erste chinesische Suppen in Trockenform.
1987	Mexikanische Fertigsuppen in Trockenform.
1990	Fonds, *fumets*, Gewürze für Salatsaucen, Suppen und Saucen in Glastöpfen.
1995	Asiatische Suppen in Trockenform.
ab 2000	Suppen in Mikrowellengeschirr, einzeln portionierte Suppen im Kühlregal, tiefgefrorene Suppen, Suppen im Beutel, die man nur erhitzen muß ...

Diese Produkte spiegeln auf der einen Seite den Wunsch wider, mehr Leute in Mangelzeiten versorgen zu können und die gewachsene Bevölkerung zu ernähren. Immer wieder gibt es aus der Geschichte Beispiele für getrocknete Nahrungsmittel als Vorläufer der Pulver- oder Würfelsuppe, doch ihren Durchbruch brachte erst die industrielle Massenproduktion.

Besonders beliebt wurde der Liebig'sche Fleischextrakt, den der Apotheker um 1847 entwickelte. Durch das schonende Herstellungsverfahren war der Extrakt von besonders hoher Qualität. Andere Chemiker fanden ähnliche Rezepturen. Der ursprünglich (und bis heute) recht teure Suppenersatz wurde für weitere Kreise erst erschwinglich, als Fleisch in Ländern mit riesigen Weideflächen (Südamerika, Mexiko, Australien, Nordamerika) vor Ort billiger erzeugt werden konnte. In der Folge entstand eine ganze Industrie; ihr Erfolg beruhte darauf, daß Liebig den Verkauf der Produkte unter seinem Namen gestattete; 1865 wurde in London die *Liebig's Extract of Meat Co. Ltd.* gegründet. In Fray Bentos, Uruguay, eröffnete der deutsche Einwanderer August Hoffmann ein Jahr später eine Fleischfabrik. Die Rinder, die dort weideten, wurden ursprünglich nur wegen ihres Fells, der obersten Fettschicht, der Knochen und des Horns geschlachtet. Aus Mangel an Kühl- und Transportmitteln ließ man bis dahin das Fleisch verderben. In seiner Fabrik verarbeitete Hoffmann es nun zu Fleischextrakt. Aufgrund seines hohen Preises wurde dieser Extrakt, der in einem Porzellantöpfchen angeboten wurde, allerdings nie ein wirkliches Massenprodukt.

Der Erste Weltkrieg förderte die Produktion von sogenannten Ersatzmitteln, da ja Nährmittel für alle nicht ausreichend vorhanden waren. Die Fabrik in Fray Bentos konnte sich nicht unabhängig erhalten, sie kam 1968 mit der Übernahme durch *Brooke Bond Ltd* (London) unter *Brooke Bond Oxo Ltd* zu einer neuen Firma, die schließlich 1984 von Unilever übernommen wurde. Unter dem Namen *Oxo* werden in Großbritannien bis heute Fertigsuppen verkauft.

Um 1908 bot die Wiener Konservenfabrik *Eisler* am Kohlmarkt Erbsensuppe und Bohnensuppe mit Fleischextrakt an. In Wurst- oder Zylinderform konnte man dort Erbswurstsuppe, Einbrennsuppe mit Wurst, Bohnensuppe mit Wurst, Linsensuppe mit Wurst, Erbswurstsuppe mit Rindfleisch, Bohnen-Wurstsuppe mit Rindfleisch, Linsen-Wurstsuppe mit Rindfleisch, Kümmelsuppe,

Grießsuppe und Rollgerstensuppe kaufen. In Tabletten für je sechs Portionen waren Einbrennsuppe, Erbsensuppe, Linsensuppe, Reissuppe, Grießsuppe und Rollgerstensuppe erhältlich. Ungefähr um dieselbe Zeit verkaufte *Adolf Haag*, ein Delikatessenhändler auf der Tuchlauben, folgende Suppenfertigprodukte: Maggis Rindsuppenextrakt, Erbswurst, Einbrennsuppen etc. 1913 führte der k.u.k. Hofspezereiwarenhändler *Alois Stiebitz & Comp.*, eine Firma, die heute noch existiert, Grünkernsuppe von Knorr, Fleischextrakt von Liebig (im Porzellantopf oder in der Zinntube) und Puro-Fleischsaft in Flaschen. In den dreißiger Jahren des 20. Jahrhunderts wurde Liebig's Extrakt weiterhin geführt, obwohl für das gehobene Lebensmittelsegment die Zeiten immer schlechter wurden.

Halfen diese Produkte schon im Ersten Weltkrieg vielen Familien über die Runden, so waren sie im Zweiten noch viel unentbehrlicher. Bereits vor Kriegsausbruch schrieb Ida Schulze, die das Kochbuch von Henriette Davidis 1939 neu bearbeitete, von der Bedeutung der neuen Fertigprodukte: »Zur schnellen (halbstündigen) Bereitung gebundener Suppen dienen die in den bekannten Packungen erhältlichen Suppenmehle, hergestellt aus Getreide und Hülsenfrüchten. Eins derselben, das lange wenig beachtete Grünkernmehl, erfreut sich heute besonderer Beliebtheit ... Der Vorgänger der viel gebrauchten Suppenwürfel, die je zwei Teller fertige, gebundene Suppe ergeben, ist die Erbswurst des deutschen Soldaten von 1870/71. Sie enthielt, ebenso wie die sog. trockene Erbsensuppe oder die Würfel heute, Mehl, Fett, Fleischextrakt, Würze und Suppenkräuter. Kleine Mengen des unter verschiedenen Namen allgemein bekannten, aus reinem Fleischsaft hergestellten Fleischextraktes, fetthaltig und fettfrei, gewürzt und ungewürzt erhältlich, ergeben in Wasser gelöst, fertige Fleischbrühe. Der Extrakt hebt Suppen ... Außer dem festen ist flüssiger Fleischextrakt und die in Wasser leicht lösliche konzentrierte Fleischbrühe in Körnerform erhältlich. Der 30% Eiweißstoffe enthaltende, nicht unbegrenzt haltbare Fleischpepton wird wie Extrakt gebraucht ... Für jeweils kleine Mengen (1/4 l) sind die z.T. auch Fleischextrakt und Fett enthaltenden Brühwürfel berechnet. Die verschiedenen in Tropffläschchen erhältlichen, allgemein unter verschiedenen Namen bekannten, viel gebrauchten Suppenwürzen enthalten u.a. Pflanzeneiweiß und Extraktivstoffe. Pilzsaft und -soya ... gelten auch als Suppen- und Soßenwürze.«

Heinrich Knorr in Deutschland und Julius Maggi in der Schweiz erkannten sehr bald das Potential der neuen Halbfertigprodukte. In den dreißiger Jahren des 20. Jahrhunderts bot Knorr neben dem *Knorrox*-Rindsuppenwürfel und der berühmten Erbswurst auch Gulaschsaft, Bratensauce, Frühlings-, Karfiol-, Erbsen-, Gretchen-, Käthchen- und Klärchensuppe an. In Bayern gründete Ludwig Graf 1906 eine Firma, die mit *Graf-Würfeln* bis in die sechziger Jahre des 20. Jahrhunderts im Handel präsent war.

Allerdings haben die meisten Suppenwürfel mit Fleisch nichts zu tun, sie bestehen aus Gemüsen und diversen Aromen. Es gibt heute unzählige Firmen, die Suppen in gekörnter Form, als Würfel, als Paste und als flüssige Konserve in Glas- oder Metallbehältern anfertigen; nicht alle können hier Berücksichtigung finden. Im Jahr 1947, kurz nach dem Krieg, hatte Wilhelm Berger die Idee, einen Betrieb für Gewürzmischungen in Salzburg ins Leben zu rufen. Aus seinem Namen leitete sich der Firmenname *Wiberg* (*Wi*lhelm *Ber*ger) ab.

Ende des 19. Jahrhunderts gründete der Schotte George Baxter eine kleine Firma für den Handel mit Marmeladen, die seine Frau Margarete zubereitete; sein Sohn William und dessen Frau Ethel führten die Tradition weiter. Im Laufe des 20. Jahrhunderts wurde aus dem kleinen Laden der Baxters eine große Firma, die ab den siebziger Jahren für Suppen hoher Qualität bekannt wurde. Die Firma bietet heute verschiedene Produktlinien in Dosen an. Bei zahlreichen Suppen läßt sich der Einfluß der vielen Einwanderer aus dem ehemaligen *Commonwealth* ablesen, die ihre Koch- und Lebensmitteltraditionen in die neue Heimat mitgebracht haben. Das Sortiment der fertigen Suppen von Baxter's umfasst:

Deli inspired soups (*deli* von *delicious* = köstlich; Chilirindsuppe mit Linsen und Buchweizen, italienische Hochzeitssuppe, Paradeissuppe mit Parmesan und geräuchertem Knoblauch, Wurzelsuppe mit *butternut squash*, Wiltshire Schinkensuppe mit Mais);

Favourites (Lieblingssuppen: Königliche Wildsuppe, Hühnersuppe, Porreesuppe, Hühnercrèmesuppe, Minestrone, Champignoncrèmesuppe, Paradeiscrèmesuppe, französische Zwiebelsuppe, Hochlandsuppe, Haggissuppe, Linsensuppe mit Speck, Erbsensuppe mit Schinken, Erdäpfel-Porreesuppe, schottische Gemüsesuppe, schottische Suppe, Ochsenschwanzsuppe, Hühnersuppe mit Mais, Gemüsesuppe mit roten Linsen, Rindsuppe mit Wintergemüsen,

Wintergemüsesuppe, Hühnercrèmesuppe mit Champignons, Hühnersuppe mit Nudeln und Mais und Porreecrèmesuppe);

Gourmet soups (Ochsenschwanzsuppe mit Rotwein, Spargelsuppe mit Räucherlachs und Crème fraîche, Hummerbisque mit Krabben und Weinbrand, spanische Bohnensuppe mit Chorizo und Schinken und zarte Rindfleischsuppe mit schottischem Bier);

Healthy choice (Gesundheitssuppen; Herbstgemüsesuppe mild gewürzt, Hühnersuppe mit Gemüse, Paradeissuppe mit Reis und Maiskörnern, Minestrone mit Vollkornpasta, Karottensuppe mit Bohnen und Quinoa, Rindsuppe mit Chili);

Luxury (Rindsconsommé, *Cullen skink*, Spargelcrèmesuppe, Hummerbisque, Schwammerlsuppe, Brokkolisuppe mit Stilton und Speck, Paradeissuppe mit gegrilltem Paprika, Hühnerconsommé und Meeresfrüchtechowder);

Vegetarian (Karottensuppe mit Koriander, Karottensuppe mit Butterbohnen, Landgartensuppe, Paradeissuppe auf Mittelmeerart, pikante Portulaksuppe, Paradeissuppe mit Butterbohnen, Paradeissuppe mit Basilikum und rote Paprikasuppe).

Als Konzession an die schnelllebige Zeit, für Singles und als Snack zwischendurch gibt es noch *soup bowls*, eine einzelne Portion Suppe in einem mikrowellengeeigneten Becher, die man auch im Büro aufwärmen kann – insgesamt ein erstaunliches Sortiment in einem Land, in dem die Suppentraditon nicht übermäßig stark ausgeprägt ist.

Im Jahr 1924 gründete der Apotheker Adalbert Raps ein Unternehmen, das nicht nur mit Lebensmitteln handelte, sondern sich auch auf die Herstellung von Gewürzmischungen verlegte. Daraus entwickelten sich Streuwürzen, die sowohl als Suppenpulver (Gemüse-, Rinds-, Hühnerbouillon) als auch als Gewürze für Suppen, Saucen, Erdäpfel-, Gemüse- und Teiggwarengerichte verwendet werden können. RAPS bietet Fleischbouillon, Asia-Bouillon, Kräutersuppe, Gemüsesuppen, Rind-, Hühner-, Ochsenschleppsuppe sowie Paradeissuppe an (klar und als Crème).

In der Schweiz konnte sich nicht nur Maggi etablieren. 1922 wurde die HACO-Genossenschaft gegründet, die sich um Produktion und Vertrieb der Berner Apotheke *Haafe & Compagnie* – woher sich der Name HACO ableitete – kümmerte. Im folgenden Jahr wurde das Fabriksgebäude der Firma *TexTon* in Gümlingen samt den Suppen- und Bouillon-Herstellungsverfahren erworben. Erster wichtiger Handelspartner für Suppen war das junge Unternehmen

Migros, das anfänglich boykottiert wurde. Doch die Weltwirtschafts-krise nahm den Konsumenten ihre Vorurteile. Es blieb die Verbunden-heit mit Migros, für die HACO speziell Suppen und Bouillons herstellt. An Eigenmarken werden neben den herkömmlichen Sup-pen, auch »Schlankheitssuppen«, Paradeis-, Spargel- und Misosup-pen angeboten. Auf Anregung von Otto Hügli gründete der Schwei-zer Industriepionier Beat Stoffel 1935 eine Fabrik in Arbon. Hügli war erster Leiter der Firma und ein herausragender Produktentwick-ler. Hügli eröffnete 1959 ein Werk in Österreich und 1964 eines in Deutschland. Ab 2000 siedelte sich die Firma in Osteuropa (Polen, Tschechien, Slowakei) an; auch in Italien ist sie vertreten. Neben den Grundsuppen (Rind-, Hühner-, Gemüsesuppen) bietet Hügli in allen Ländern, in denen die Firma vertreten ist, spezifische Sup-pen an. So in Österreich Ochsenschleppsuppe, Steinpilzcrèmesuppe und passende Einlagen für die so beliebte Rindsuppe (Backerbsen, Grießnockerln, Lebernockerln, Markknödel, Brandteigkrapferln und Speckknödel). Für Italien gibt es neben Paradeissuppe auch an-dere Suppen, die aus bäuerlichen Kreisen stammen und typisch für die regionalen Küchen sind: Gerstensuppe mit Speck, Gemüse und Kräutern, toskanische Bohnensuppe, Getreidesuppe und die über Triest in Italien so beliebt gewordene Gulaschsuppe. Die Suppen werden in Dosen, Beuteln und in getrockneter Form angeboten. Für den osteuropäischen Markt bietet man Borschtsch, Kastanien-, Erd-äpfel-, Erbsen- und Gulaschsuppe an.

In Italien konnten und können Knorr und Maggi zwar mit ih-ren Produkten punkten, aber die Italiener hatten auch eigene Ideen zur Fertigsuppe. So entstand im Jahr 1929 im Trentino die Firma Bauer, die heute Gulaschsuppe in Dosen, *Brodogranulare* für Gemü-se- und Rindfleischsuppe herstellt, aber auch Würfel für diverse Sup-pen. Im Jahr 1948 wurde die *Star*-Gruppe gegründet. Sie bot Wür-fel für Minestre und Suppen an, neben Rind- und Gemüsesuppe auch solche für Steinpilze. 1977 gründete eine Gruppe junger Bau-ern aus Isola del Piano die Kooperative *Alce Nero* (Schwarzer Elch) – benannt nach dem Namen eines Medizinmannes der Dakota –, um die Landflucht in den Marken zu stoppen. Neben Obst- Gemü-sekonserven, Pasten, Olivenöl etc. stellt Alce Nero auch Würfel für Gemüsesuppen auf biologischer Basis her.

Campbell's wurde 1869 von dem amerikanischen Obsthänd-ler Joseph A. Campbell (1817–1900) und dem Kühlgerätehersteller

Abraham Anderson in Camden (New Jersey) gegründet. Der Firmenname lautete ursprünglich *Anderson & Campbell Preserve Company*. Acht Jahre später erwarb Campbell die Anteile seines Partners und brachte im Alleingang Ketchup, Salatmarinaden, Senf und Saucen auf den Markt. Doch erst als Joseph Campbell 1894 in Pension ging und ihm Arthur Dorrance (1873–1930) als Direktor der Firma nachfolgte, sollte der große Aufschwung kommen. Dorrance engagierte seinen Neffen John, der Chemiker war und den Suppen zu Weltruf verhalf. Konservensuppen waren aufgrund ihres Gewichts sehr teuer im Transport. Dorrance konnte durch seine Suppenkonzentrate (*condensed soup*) das Gewicht wesentlich verringern. Mit der weltberühmten *tomato soup*, einem genialen Werbekonzept und den *Campbell Kids*, die die Werbegraphik für die Suppe prägten, konnte Campbell's den amerikanischen Markt, auf dem die Vorliebe für Suppe weniger ausgeprägt ist als auf dem europäischen, mit seinen rot-weißen Konservenbüchsen überschwemmen.

Im Laufe des 20. Jahrhunderts, vor allem aber nach dem Zweiten Weltkrieg, wollten viele Suppenhersteller ihr Image von schlechter Qualität und Billigprodukten abstreifen. Firmen wie *Jürgen Langbein*, *Lacroix*, *Wela*, *Englert*, *Erasco* etc. bieten heute Suppenkonserven im oberen Segment an. Dazu gehören Hummersuppe, Ochsenschleppsuppe, Soljanka, Minestrone, Bouillabaisse, Krebssuppe, Spargelcrèmesuppe, Gulaschsuppe, Wildcrèmesuppe und Trüffelkraftsuppe.

Was fasziniert den Verbraucher an den Fertigsuppen, die geschmacklich jedenfalls in vielen Fällen an eine selbstgemachte Suppe nicht herankommen? Das *Deutsche Suppeninstitut* führte im Jahr 2005 folgende Gründe an: Rückhalt (man hat immer etwas daheim), Berechenbarkeit (man weiß, wie die Suppe schmeckt, sie bleibt immer gleich), Machbarkeit (die Zubereitung ist kinderleicht), Sortenvielfalt (große Auswahl bei gleichbleibend geringem Arbeitsaufwand), Idealbilder (man erinnert sich an den »Geschmack« der Kindheit) und schnelle Verfügbarkeit (der Zeitaufwand beim Kochen ist sehr gering).

Fleischextrakt (Proust/Parmentier, 1830)

Rindfleisch in kaltem Wasser erhitzen, auskochen, filtrieren und das Filtrat zu einer sirupartigen Masse eindicken. Aus 1 kg Fleisch ergaben sich 31 g Extrakt.

Bouillon auf Reisen, Suppen-Zelten (Wien, 1835)

Man nehme zwei alte Hühner, acht Pfund Rindfleisch, wasche alles recht rein aus aus, gebe es mit einigen Gewürznelken, Muskatblüthe, etwas Ingwer, ein Paar gelben Rüben, Petersilienwurzeln und einem Stück Sellerie mit so vielem Wasser, daß das Fleisch gut bedeckt ist, zum Feuer und lasse es wohl zugedeckt langsam kochen, bis die Brühe auf die Hälfte eingesotten hat, dann seihe man sie in eine wohlverzinnte Kasserolle, nehme das Fett rein ab, und lasse dieselbe auf gelindem Kohlenfeuer wieder recht langsam kochen, bis sie dicklich wird. Nun wird sie auf porzellanene Schüsseln gegossen, abgekühlt, und dann in viereckige Stücke geschnitten, zum Gebrauche aufbewahret.

Kräftige Suppe für Reconvalescente (Liebig, 1859)

½ Pfund fein gehacktes Rind- oder Hühnerfleisch mit ⁹⁄₈ destillirtem Wasser, 4 Tropfen reiner Salzsäure und ½ Quentchen Kochsalz gut durcharbeiten und durch ein Haarsieb passiren. Brühe eindämpfen, bis sich eine dunkelbraune Masse – der Fleischextract – ergibt; 30–32 lb mageres entbeintes Ochsenfleisch ergeben 1 lb Fleischextract. [Dieser Fleischextrakt war in Form von Bouillontäfelchen im Handel erhältlich.]

Suppenbrot (Eckardt, um 1880)

Hefengebäck von Mehl und frischgehacktem Ochsenfleisch mit etwas Zusatz von doppelsaurem Natron. Dient zur schnellen Herstellung einer guten Suppe.

Erbswurst (Knorr-Rezept, 1912)

*150 kg Erbsenmehl, 3 kg geriebener Speck, 24 kg Salz,
6 kg Nierenfett, 2 kg Zwiebel, 16 kg Sos, 150 g Pfeffer*

Dieses Grundrezepte hatte fünf Abwandlungen: Es wurde entweder mit Julienne, Majoran, Champignons, Reis oder Sago verfeinert.

Falsche Rindsuppe (Wien, 1915)

*Wurzelgemüse, Zwiebel, Salz, 50 g Fett, 2 Suppenwürfel,
1½ l Wasser*

Wurzelwerk und Zwiebel feinnudlig geschnitten werden in
Fett angeröstet, mit Wasser aufgegossen, gesalzen und 1½ Stunden
gekocht. 10 Minuten vor Anrichten der Suppe die Suppenwürfel
dazugeben, die Suppe abseihen. In diese Suppe können alle Suppeneinlagen wie in Rindsuppe eingekocht werden.

Fleischsuppe (nach Liebig, um 1930)

Fleischsuppen, welche wegen ihrer appetitanregenden und
die Verdauung der Speisen fördernden Wirkung bei keiner Hauptmahlzeit fehlen sollten, sind teuer zu bereiten, solange Sie Suppenfleisch dazu verwenden. Nehmen Sie jedoch Liebig Fleischextrakt
oder *Libox*, den neuen billigen gewürzten, so wird dieses entbehr-
lich und die Kosten ermäßigen sich ganz erheblich. Eine schmackhafte Fleischsuppe können Sie bereiten, indem Sie Mark- oder Bra-
tenknochen zusammen mit Suppenkräutern auskochen und zu der
Brühe eine entsprechende Menge Liebig Fleischextrakt geben. (Einlagen wie Reis, Sago, Nudeln, nach Belieben.) Gebundene Suppen
aus Mehlpräparaten, welche meistens mit schwacher Fleischbrühe
angesetzt werden, gibt man auf das Liter 7 Gramm = 1 gestrichener
Teelöffel Liebig Fleischextrakt hinzu.

Schwäbische Suppe (nach Liebig, um 1930)

In heißes Fett gibt man feingeschnittene Zwiebel, ein paar roh geschälte, kleinwürflig geschnittene Erdäpfel und, wenn die Zwiebel gelb wird, Petersilie, Brot und Wurzelbrühe mit Liebig Fleischextrakt (Nr. 2), kocht es, bis die Erdäpfel weich sind, und gibt Würste dazu.

Kraftsuppe mit Eierstich (Knorr, 1938)

2 ganze Eier und 6 EL Mehl werden mit etwas Salz und Käse gewürzt, dann gut geschlagen, in einer gefetteten Form im Wasserbad zugedeckt stocken gelassen, gestürzt und in Stücke geschnitten. Dieses sowohl als auch grüne gekochte Erbsen oder feingeschnittene, in Butter gedünstete Champignons in einen Liter fertige Knorrox-Rindsuppe geben.

Mockturtle Suppe (Leipzig, 1939)

Kalbskopf und Kalbsbeine werden in brauner Grundsuppe aus Würfeln 2 Stunden gekocht. Die durch feines Sieb gegebene Suppe wird mit Würze, Paprika und Rotwein abgeschmeckt. Als Einlage gibt man das abgelöste Fleisch vom Kalbskopf, gedünstetes Hirn und Eierstich. Mit Salz, Pfeffer und Zitronensaft abschmecken.

Wiener Schwammerlsuppe (Maggi, um 1970)

250 g blättrig geschnittene Steinpilze, 1 geputztes, würflig geschnittenes Suppengrün, 1 gewürfelter Erdapfel, 1 EL Butter, 1 EL Mehl, 1 kleine, feingeschnitte Zwiebel, 20 g durchwachsener, gewürfelter Speck, 2 Würfel Maggi Rindfleischsuppe, 2 EL feingehackte Petersilie, Salz, Pfeffer, Majoran

Die Zwiebel in Butter anschwitzen, Erdapfel, Suppengrün und Speck dazugeben und kurz rösten. Mit dem Mehl stauben, ca. 1 l Wasser zugießen und die Suppenwürfel einstreuen. Wenn das Wurzelgemüse halbweich ist, die Schwammerl dazugeben, Majoran einstreuen und auf kleiner Flamme noch ca. 15 Minuten kochen lassen. Mit Salz und Pfeffer abschmecken und mit Petersilie bestreut servieren.

Kürbissuppe (Star, um 1990)

*1 kg geschälter, entkernter und gewürfelter Kürbis, 1 feingehack-
te mittlere Zwiebel, 5 feingeschnittene Frühlingszwiebeln,
1 l Suppe aus 2 Star-Würfeln gekocht, 30 ml Obers, Pfeffer aus
der Mühle*

Alles in der Suppe kochen und pürieren. Das Obers einrühren
und abschmecken. In Tassen servieren.

Knoblauchsuppe (Knorr, 2001)

*50 g in Scheiben geschnittene Jungzwiebeln, 50 g in Scheiben
geschnittene Knoblauchwurst, 100 g gewürfelter gelber Paprika,
1 EL Öl, 1 Beutel Knorr Knoblauchcrèmesuppe, 1 EL gehackte
Petersilie, Thymian*

Zwiebel, Paprika und Wurst in Öl anschwitzen und mit ¾ l
Wasser aufgießen. Die Fertigsuppe einrühren. Mit Thymian und Petersilie verfeinern und anrichten.

Forellensuppe mit Julienne (Maggi, 2004)

*300 g Forellenfilets ohne Gräten, 1 Karotte, 1 in Röllchen ge-
schnittene Frühlingszwiebel, ¾ l Maggi Gemüsebouillon de luxe
mit Kräutern, 1 dl Rahm, Salz, weißer Pfeffer, feingeschnittener
Schnittlauch*

Forellenfilets in Stücke, Karotte zu Julienne schneiden und
blanchieren. Gemüsesuppe aufkochen, Frühlingszwiebeln und Fo-
rellenstückchen dazugeben und auf kleiner Flamme ca. 4 Minuten
kochen, Rahm unterrühren und abschmecken. Mit Julienne und
Schnittlauch bestreut servieren.

Soljanka (Wiberg, 2009)

*200 g Räucherforelle, 100 g geräucherter Heilbutt, 200 g Salat-
gurken, 200 g abgeschälte, entkernte Paradeiser, 100 g Paprika,
150 g Frühlingszwiebeln, 50 ml Wiberg-Sonnenblumenöl, Saft
einer Zitrone, 1 l Wiberg Vital-Gemüsebouillon, Safran, Rahm*

Fische filetieren und in kleine Würfel schneiden. Die Gemüsebouillon mit Safran aufkochen, das Gemüse in Streifen schneiden
und im Öl anschwitzen. Würzen, den Fisch in die Suppe geben, aufkochen, auf Teller schöpfen, mit Rahm und Schnittlauch servieren.

DAS 21. JAHRHUNDERT –
NEUE CHANCEN FÜR DIE SUPPE?

Vor allem die großen Kriege des 20. Jahrhunderts, die Freßwelle der fünfziger und sechziger Jahre und der anschließende Schlankheitswahn brachten der Suppe große Imageprobleme ein. Überdies wurden immer mehr Fertigprodukte, die für Mangel- und Kriegszeiten entwickelt worden waren, verwendet. Suppen wurden zunehmend aus Würfeln (Fleischsuppenersatz) und Packerln bzw. Beuteln (in zahlreichen Sorten erhältlich) gekocht. Kaum jemand machte sich noch die Mühe des Suppenkochens. Auf dem Land und in vielen Teilen der Welt hielten sich jedoch die ursprünglichen Suppen weiterhin. Durch den steigenden Tourismus in südliche Länder erhielten die dort im Sommer üblichen kalten Suppen einen höheren Stellenwert und Bekanntheitsgrad.

Aus einem Artikel eines Küchenmagazins, der Mitte der 50er Jahre des 20. Jahrhunderts erschien, kann man erkennen, wie sehr zu jener Zeit die Suppe ihren einstigen Stellenwert eingebüßt hatte – umso erstaunlicher ist, daß es trotzdem immer wieder glühende Verfechter der Suppe gab:

»Es sei nicht verschwiegen, daß die augenblickliche Tendenz zu einem eingeschränkten Suppenverbrauch neigt. Hieran sind die Warnungen, daß Suppen dick machen und zu sehr sättigen, schuld ... Wie beim Fleisch und den Fischen, vielfach auch den Gemüsen und anderen Materialien kristallisierte sich auch bei den Suppen im Laufe der Jahrhunderte bestimmte Spezialsuppen heraus, die sich im eigenen Lande besonderer Beliebtheit erfreuen und die über die eigene Wertschätzung hinaus auch die Anerkennung des Auslandes fanden.

In *Deutschland*, das übrigens äußerst suppenfreudig ist, hat sich trotzdem keine Suppe eine sogenannte Spitzenstellung erobern können, wie etwa die *Bouillabaisse* in Frankreich oder die *Minestra* in Italien. Man kann also in Deutschland von einer Art Breitenarbeit sprechen und schätzt die Erdäpfelsuppe genauso wie die Erbsensuppe.

Wir haben zwar Spezialitäten, wie die *Hamburger Aalsuppe* und die *Linsensuppe*, weitaus am meisten werden jedoch die *Nudelsuppen* verzehrt, die zwar Suppen in diesem Sinne gar nicht sind, sondern Brühen, ihrer vielseitigen Nudeleinlagen wegen aber in Nord und Süd, in den Städten und auf dem Lande gleich gern gegessen werden.

Die erwähnte *Bouillabaisse* ist bekanntlich die aus den Mittelmeerfischen bestehende, mit Safran, Knoblauch, Thymian und verschiedenen anderen Gewürzen versehene Fischsuppe, der man nachsagt, daß man sie in Marseille am frischesten vorgesetzt bekommt. Der Franzose schätzt neben dieser aber noch seine *Zwiebel-* und *Brotsuppe*, die er mit Weißbrotscheiben bedeckt, mit Parmesan bestreut und im Ofen Farbe nehmen läßt.

Den Blick nach Osten gewendet, erkennen wir in *Rußland* die *Borschtsch*, jene Gemüsesuppe, in der Suppenfleisch, rote Rüben, Räucherspeck und Piroggen nicht fehlen dürfen, und die *Schtschi*, deren Hauptbestandteil das Sauerkraut ist und der Räucherspeck ebenfalls zugetan sein muß, als die führenden Suppen an, obwohl es noch eine Reihe weiterer beliebter Suppen gibt.

In *Italien* ist ebenfalls eine Gemüsesuppe dominierend, und zwar die eingangs erwähnte *Minestra*. Sie besteht ... aus verschiedenen Gemüsen, Paradeisern, Makkaroni, Speckwürfeln, Brühe und Reis, muß u.a. mit Knoblauch gewürzt sein und ist nur zünftig, wenn geriebener Käse gesondert dazu gereicht wird ... Obwohl in anderen Ländern vielleicht weit mehr *Mockturtle Soup* gegessen wird als in England, ist dennoch das Inselland Heimat dieser wahrhaft internationalen Suppe, deren Hauptmerkmal der Kalbskopf, Kalbshessen und Huhn sind und an der der Sherry neben den verschiedenen anderen Gewürzen nicht fehlen darf ... Nicht minder beliebt ist die *Clear Oxtail Soup*.

Das Gulasch ist in Ungarn zu Haus, obwohl sich praktisch die ganze Welt heute an dieses paprikagewürzte Fleischgericht gewöhnt hat. Naheliegend ist, daß es dort eine gleichartige Speise gibt. In der *Gulyasleves* hat man sie. Sie besteht aus Rindfleisch, Zwiebeln, Schmalz, Paprika, Erädpfeln, Kümmel, Majoran, Parpikaschoten und Paradeisern ...

In Spanien steht zweifellos die *Sopa de ajo*, eine Knoblauchsuppe, an erster Stelle ... Neben dieser schätzt der Spanier noch die *Sopa de pescado*, eine Fischsuppe, und die *Sopa de puchero*, eine Suppe mit Reis und Nudeln.

Eine besondere Stellung unter den Suppen der Völker nimmt die *Svartsoppa* der Schweden ein. Sie besteht in der Hauptsache aus Gänseklein, guter Kalbsbrühe, Aepfeln, Pflaumen, Gänse- und Schweineblut, und wird mit Ingwer, Zimt, Gewürzkörnern, Nelken, Salz, Zucker, Weißwein und Weinbrand gewürzt ... In Österreich dominiert die *Rindsuppe*, die stets mit einem kräftigen Stück Ochsenfleisch gekocht wird, klar ist und immer Einlagen enthält, wie Fleckerl, Frittaten, Grießnockerln, Markschöberl, Hirnschöberl, Fleisch-, Leber- oder Speckknödel ...

In *Japan* schätzt man in erster Linie *Chawanmushi*, eine Eierstichsuppe, für deren Zubereitung man Pilze, Fisch, Spinat, Lauch, Mohrrüben und Eier benötigt ... Auch in den USA ißt man selbstverständlich Suppe, und es darf wohl mit Recht behauptet werden, daß die *Clam chowder* – eine sehr geschmackvolle Muschelsuppe – eine bevorzugte Stellung im Suppenrepertoire des Amerikaners einnimmt ... Mit vorstehenden Ausführungen ist nur ein kleiner Ueberblick über das Suppengebiet der Küche gegeben worden. Die Suppen bestanden und werden auch weiter bestehen bleiben.«

Man kann heute nur hoffen, daß sich dieser fromme Wunsch des anonymen Schreibers erfüllt, der mit der Euphorie des gerade überstandenen Krieges seinen Text verfaßte. Ein wenig dürfte sich diese Ansicht bewahrheitet haben – denn mittlerweile stehen Suppen international – bis auf wenige Länder, die der Suppe nicht viel abgewinnen können – (wieder) auf dem Speiseplan. Als die *nouvelle cuisine* vieles an den Speisen veränderte und entrümpelte, beschäftigten sich Spitzenköche und -köchinnen wiederum mit der Verfeinerung und Neukreierung von Suppen. Die geheime Königin der Suppen ist und bleibt jedoch sicherlich die *Rindsuppe*. Ihr kräftiges und dennoch feines Aroma paßt zu zahlreichen Einlagen (Nudeln, Nokkerln, Knödeln, Strudeln, Grieß etc.); aber auch mit einem simplen Eidotter oder einem Schuß Sherry serviert schmeckt sie köstlich.

Überdies ist festzustellen, daß die Jahrzehnte nach dem Ende des Zweiten Weltkriegs eine wahre Flut von Kochbüchern hervorbrachten, in denen auch Suppen ihren Raum fanden. Einerseits wurde in ihnen die traditionelle Kochkunst des jeweiligen Landes wieder in Erinnerung gebracht, andererseits hat sich die Mobilität der Menschen in den letzten Jahrzehnten des 20. Jahrhunderts ungemein erhöht. Nicht mehr bloß Geschäftsreisende sind rund um die Welt unterwegs, sondern auch Touristen mit den verschiedensten

Ansprüchen an ihre zunehmend exotischen Destinationen. In der Kochbuchliteratur wurde und wird diesem Umstand Rechnung getragen. Neben den ursprünglich für die Urlaubsreminiszenzen an die ehemalige jugoslawische, die italienische, griechische und türkische Küche erschienenen Kochbüchern findet man heute jede Küche in entsprechender Literatur vertreten – egal ob afrikanisch, peruanisch, kambodschanisch, ukrainisch, portugiesisch, arabisch, US-amerikanisch etc. In den letzten Jahren macht sich verstärkt der Trend bemerkbar, daß man gern daheim Mahlzeiten zubereitet und es sich zum Ehrgeiz macht, Gäste zu bekochen. Die Hobbyköche schrecken auch nicht mehr vor aufwendigen Rezepten zurück, so daß für die weitere Existenz der Suppe doch große Hoffnung zu bestehen scheint. Die folgenden Rezepte wurden ohne Unterschied, aus welchen Ländern sie stammen, ausschließlich aus Rezeptsammlungen des 20. und 21. Jahrhunderts ausgewählt.

Cheddar cheese soup (England)

250 g geriebener Cheddar, 1¼ l Hühnersuppe, 3 gewürfelte Karotten, 2 feingehackte Zwiebeln, 2 in feine Streifen geschnittene grüne Paprika, 2 in Scheiben geschnittene Stangen Sellerie, 30 g Butter, 30 g Mehl, ¼ l Milch, Salz, weißer Pfeffer

Butter in einem Topf erhitzen, Zwiebeln, Karotten, Sellerie und Paprika dazugeben. 5 Minuten dünsten, mit heißer Suppe auffüllen und 10 Minuten köcheln lassen. Milch und Mehl verrühren, in die Suppe geben, durchmischen und 5 Minuten kochen. Käse einstreuen, unter Rühren schmelzen und abschmecken.

Crème de moule (Frankreich)

1 kg Miesmuscheln, ¼ l Weißwein, 4 in Scheiben geschnittene Stangen Porree, 2 in Scheiben geschnittene Zwiebeln, 300 g gewürfelte Erdäpfel, 100 g in Streifen geschnittener Sauerampfer, 2 Dotter, ⅛ l Obers, Salz, Pfeffer, geröstetes Weißbrot, Butter

Butter schmelzen, Gemüse darin dünsten. Muscheln abbürsten und waschen. In einem großen Topf Wasser und Wein erhitzen, Muscheln hineingeben und so lange kochen, bis sich die Muscheln öffnen. Muscheln herausheben, Suppe über das Gemüse filtern. 25 Minuten kochen und dann pürieren. Sauerampfer in Butter dünsten, Dotter mit Obers verrühren und in die Suppe geben. Langsam erhitzen und die Muscheln ohne Schale hineingeben. Abschmecken und mit Weißbrotwürfeln servieren.

Portugiesische Rahmsuppe

*1 l Paradeissaft, ½ l Rahm, 1 TL Erdäpfelstärke, 1 feingewür-
felte Zwiebel, 2 EL feingehackte Petersilie, 2 gewürfelte rote und
grüne Paprikaschoten, 10 große in Scheiben geschnittene, mit
Paprika gefüllte Oliven, 1 große zerdrückte Knoblauchzehe*

Den Paradeissaft aufkochen, Rahm mit Stärke verrühren und
den Paradeissaft damit binden. Die Masse unter Rühren erkalten
lassen, alle Gemüse einrühren und kräftig mit Salz und Pfeffer abschmecken. Eiskalt servieren.

Balnamoon skink (Irland)

*1 küchenfertiges Suppenhuhn, 1 Zwiebel, 1 Nelke, 1 Lorbeer-
blatt, 1 kleine feingeschnittene Stange Lauch, 1 in feine Streifen
geschnittene Sellerieknolle, 250 g frische (oder tiefgekühlte) grüne Erbsen, 1 Kopfsalat in feinen Streifen, 3 Dotter in $^1/_8$ l Milch
oder 2 EL Rahm versprudelt, Salz*

Die Zwiebel mit Nelke und Lorbeerblatt bestecken und mit
dem Huhn in 1½ l gesalzenem Wasser ca. 1 Stunde kochen. Das
Huhn herausnehmen, das Fleisch von den Karkassen lösen und in
kleine Stücke schneiden. Die Suppe durchseihen. Sellerie, Lauch
und Erbsen 20 Minuten in der Suppe kochen, bis alles weich ist.
Den Salat dazugeben und mitkochen lassen. Die Suppe soll nun ca.
1 l Flüssigkeit enthalten. Die versprudelten Dotter einrühren, das
Hühnerfleisch hineingeben und die Suppe binden lassen. Mit Salz
und Pfeffer kräftig abschmecken.

Scharfe Fischsuppe (Ghana)

*1 kg in Stücke geschnittene Rotbarschfilets, 2 gewürfelte Para-
deiser, 3 gehackte Chilis, 1 feingehackte Zwiebel, 1 Bund feingehackte Petersilie, frischer Thymian, Salz*

Fisch, Paradeiser, Chilis, Zwiebel und Petersilie in ausreichend
Wasser zum Kochen bringen und 30 Minuten köcheln lassen. Gelegentlich umrühren. Mit Thymian und Salz abschmecken.

Linsensuppe (Bayern)

*250 g Linsen, 1¼ l Wasser, 3 in Scheiben geschnittene Karotten,
1 klein gewürfelte Sellerie, 1 in Scheiben geschnittener Porree,
1 feingehackte Zwiebel, 1 EL Schmalz, 1 EL Grünkernmehl,
250 g in Scheiben geschnittene Räucherwurst, Salz, Pfeffer*

Die Linsen über Nacht in Wasser einweichen, mit dem Einweichwasser, Salz und Gemüse kochen. Durch ein Sieb streichen.
Zwiebeln in Schmalz goldgelb rösten und in die Suppe geben. Grünkernmehl mit etwas Suppe verrühren und in die Suppe mischen.
Wurstscheiben dazugeben und kurz kochen lassen. Abschmecken.

Vichyssoise (Frankreich)

*4 Stangen in Scheiben geschnittener Lauch (nur das Weiße),
2 in feine Streifen geschnittene Zwiebeln, 50 g Butter, 4 in
Scheiben geschnittene Erdäpfel, 1 l kräftige Hühnersuppe,
¼ l Obers, Salz, Pfeffer, Schnittlauch*

Lauch und Zwiebeln in Butter andünsten (Gemüse muß weiß
bleiben!), mit der Hühnersuppe aufgießen und die Erdäpfel dazugeben. Kochen, bis die Erdäpfel weich sind. Die Suppe pürieren und
durch ein feines Sieb gießen. Mit Obers aufkochen und pikant abschmecken. Kalt stellen. Unter die eisgekühlte Suppe etwas geschla-
genes Obers ziehen und mit Schnittlauch bestreuen.

Kufta (Syrien)

*1 l kräftige Hühnersuppe, 250 g faschiertes Hammelfleisch,
2 Eier, 1 EL Speisestärke, 2 EL feingehackte Petersilie, Salz,
weißer Pfeffer, 1 Messerspitze Zimt, 1 Messerspitze gemahlenes
Neugewürz, 2 EL Zitronensaft*

Faschiertes mit 1 Ei, Speisestärke, Gewürzen und Petersilie zu einem geschmeidigen Teig verkneten. Kleine Knödel formen und in die
kochende Suppe einlegen. 15 Minuten ziehen lassen, abschmecken.
1 Ei mit Salz und Zitronensaft verrühren und langsam in die Suppe
einrühren, sodaß dünne Eierfäden entstehen. Sofort servieren.

Barley soup (England)

250 g Rindfleisch, 1 Lorbeerblatt, Salz, 1½ l Wasser, 2 in Scheiben geschnittene Zwiebeln, 2 in Scheiben geschnittene Karotten, 1 in Scheiben geschnittene Stange Lauch, 1 in Scheiben geschnittene Sellerieknolle, ½ Tasse Graupen, weißer Pfeffer aus der Mühle, ½ TL Thymian

Rindfleisch und Lorbeerblatt in gesalzenem Wasser kochen lassen, bis das Fleisch weich ist. Lorbeerblatt und Fleisch herausnehmen, letzteres in Scheiben schneiden. Gemüse und Graupen in die Suppe geben und weichkochen. Abschmecken und das Fleisch als Einlage in die Suppe geben.

Curry soup (Indien)

1 in dünne Ringe geschnittene Zwiebel, 1 geschälter, geraspelter saurer Apfel, 1 in Scheiben geschnittene Banane, 20 g Butter, 2 EL Mehl, 1 TL Curry, 1 l Kalbssuppe, 1 TL geriebene geschälte Mandeln

Zwiebeln, Apfel und Banane in Butter dünsten, Mehl und Curry dazugeben, mit Suppe aufgießen und kurz verkochen lassen. Abschmecken und vor dem Servieren mit den Mandeln bestreuen.

Scharfe Hühnersuppe (Tunesien)

1 Suppenhuhn mit Hühnerklein, 6 grobgewürfelte Karotten, ½ grob gewürfelte Sellerie, 2 in Scheiben geschnittener Porree, 100 ml Paradeismark, 1 TL Harissa, 100 g gekochte Fadennudeln, 1 Bund feingehackte Petersilie, Salz, Pfeffer, Olivenöl

Huhn und Hühnerklein in 4 l Wasser 4 Stunden köcheln lassen, die Suppe abseihen und entfetten. Das Hühnerfleisch ablösen und zerkleinern. Olivenöl erhitzen und das Paradeismark darin andünsten. Suppe dazugießen, Karotten, Sellerie und Porree hineingeben und 1 Stunde kochen. Suppe mit Harissa, Salz und Pfeffer abschmecken. Zuletzt Hühnerfleisch und Nudeln beigeben, erwärmen und mit Petersilie bestreut servieren.

Reissuppe (Mexiko)

4 EL Reis, 1 feingehackte Zwiebel, 2 zerdrückte Knoblauchzehen,
1 EL Butter, 1 in Streifen geschnittene grüne Paprikaschote,
2 geviertelte Paradeiser, ¾ l Rindsuppe, Salz, Chili

In einem Topf Reis, Zwiebeln, Knoblauch und Paprika in Butter andünsten. 10 Minuten dünsten lassen. Paradeiser und Suppe
dazugeben. Mit Salz und Chili kräftig würzen, 40 Minuten kochen
lassen. Vor dem Auftragen die scharfe Suppe noch einmal kräftig
abschmecken.

Tre giorni (Kalabrien)

1 l Fleisch- oder Knochensuppe, 500 g Rindsfaschiertes,
200 g Semmelbrösel, 150 g geriebener Parmesan, 3 Eier,
1 EL gehackte Petersilie, Salz, weißer Pfeffer, 250 g blan
chierter, grob gehackter Spinat oder Mangold

Faschiertes, Brösel, Parmesan, Eier, Petersilie und Gewürze gut
durchmischen. Nußgroße Nockerln formen. Spinat mit den Nokkerln in die kochende Suppe geben und 10 Minuten ziehen lassen.
Eventuell abschmecken.

Apapafubu (Nigeria)

4 geviertelte Paradeiser, 1½ l Wasser, 2 EL Paradeismark,
200 g Erdnußbutter, 3 feingehackte Zwiebeln, 500 g entgrätete,
in Stücke zerpflückte geräucherte Makrelen, 4 kleingeschnittene
Okras, 3 gehackte Chilis, Muskatnuß, Salz, Pfeffer

Wasser zum Kochen bringen, Gemüse und Chilis dazugeben
und mit Muskatnuß und Salz würzen. 10 Minuten köcheln lassen.
Erdnußbutter mit etwas heißem Wasser verrühren, bis ein dicker
Brei entsteht, mit dem Paradeismark in die kochende Suppe geben,
verrühren und sehr gut verkochen lassen. Nach ca. 20 Minuten den
Fisch dazugeben und unter Rühren kurz garziehen lassen. Dazu serviert man Weißbrot oder Fufu.

Gulyássuppe von Geflügelklein (Budapest)

Das Geflügelklein wird mit 2 bis 3 feingeschnittenen Zwiebeln, dem nötigen Salz und Paprika auf Fett zugestellt, fleißig gerührt und unter Deckel gedünstet. Wenn es anfängt, Farbe zu bekommen, so entferne man den Deckel und rühre ununterbrochen, bis der Saft verdunstet ist und das Fleisch Farbe bekommen hat, ohne daß die Zwiebeln anbrennen, und gießt so viel Wasser oder Knochensuppe daran, als man Suppe benötigt. Man läßt das Fleisch weich werden und kocht dann abgetriebene Nockerln ein. Zum Schluß schmeckt man ab.

Rieslingsuppe (Liechtenstein)

2 dl klare Fleischsuppe, 2 dl klare Gemüsesuppe, 3 dl Riesling Sylvaner, 1 dl Obers, 2 Dotter, 60 g in Butter gebratenes gewürfeltes Kalbsbries, kleine Dillzweige

Suppen mit Wein aufkochen, Obers mit Dottern vermischen, in die Suppe einrühren und erhitzen. Die Brieswürfel auf Teller verteilen, die heiße Suppe darüber schöpfen und mit Dillzweigen dekorieren.

Sauerkrautsuppe (Elsaß)

Sauerkraut grob hacken und mit einer feingeschnittenen Zwiebel in Gänseschmalz dünsten. Mit Mehl bestäuben, mit guter Fleischsuppe aufgießen und weich kochen. Abschmecken und mit kleinen Erdäpfelknödeln als Einlage servieren.

Kastaniensuppe (Südtirol)

¾ l kräftige Hühnersuppe, ⅛ l Weißwein, 400 g gebratene Kastanien, ⅛ l Obers, Salz, Pfeffer, in Butter geröstete Schwarzbrotwürfel

Die geschälten Kastanien klein hacken und mit ½ l Hühnersuppe übergießen. Kochen, bis die Kastanien zerfallen, würzen, pürieren und die restliche Suppe dazugießen. Aufkochen, mit Wein und Obers verfeinern und vor dem Servieren die Schwarzbrotwürfel darüberstreuen.

Soupa avgolemeno (Griechenland)

*1 l kräftige Hühnersuppe, 150 g gewürfeltes gekochtes Hühner-
fleisch, 8 EL gekochter Reis, 2 Dotter, 2–3 EL Zitronensaft, Salz,
Pfeffer, dünne Zitronenscheiben*

Die Suppe erhitzen und den Reis hineingeben. Dotter mit Zitronensaft schaumig rühren und unter kräftigem Schlagen mit der
Schneerute in die Suppe geben. Die Suppe darf nicht mehr kochen;
abschmecken. Fleisch auf Teller verteilen, heiße Suppe darüber
schöpfen und mit Zitronenscheiben dekorieren.

GRUNDSUPPEN

Grundsuppen dienen zur Zubereitung verschiedenster Suppen, Saucen und Eintöpfe, können aber auch als selbständige Suppen mit einer entsprechenden Einlage verwendet werden. Sie sind relativ einfach herzustellen und schlagen alle Fertigprodukte um Längen. Überdies kann man ihnen mit etwas mehr oder weniger an Gewürzen, Gemüsen, Fleisch, Knochen etc. eine sehr persönliche Note geben.

Helle Rindsuppe

750 g gemischte Rindsknochen, 500 g Rindfleisch (Beinfleisch, Tafelspitz, Schulterscherzel), Wurzelwerk, 1 kleine Zwiebel, 1 kleiner Paradeiser, Petersilstiele, 1 ungeschälte Knoblauchzehe, Salz

Die gewaschenen Knochen blanchieren, abseihen und mit dem Rindfleisch in 2 l Wasser zum Kochen bringen. Nach einer halben Stunde Wurzelwerk und Gewürze dazugeben und die Suppe noch 2 bis 2½ Stunden je nach Fleischqualität kochen lassen. Fleisch und Knochen herausheben und die Suppe durch ein feines Leinentuch seihen und abfetten. Abschmecken.

Braune Rindsuppe

750 g gemischte Rindsknochen, 600 g Beinfleisch, Wurzelwerk, 1 große halbierte Zwiebel, 3 Knoblauchzehen, Salz, 2 EL Öl

Die Zwiebelhälften über offener Flamme stark bräunen. Knochen und Wurzelwerk im Öl kräftig anrösten. Mit 2 l kaltem Wasser aufgießen, Fleisch und Zwiebel einlegen und 2½ Stunden kochen lassen. Salzen. Knochen und Fleisch herausheben, die Suppe durch ein feines Leinentuch seihen und abfetten. Abschmecken.

Kraftsuppe (Consommé)

*500 g mageres Rindfleisch, 2 l entfettete helle Rindsuppe,
Wurzelwerk, 4 Eiklar, 1 TL Paradeismark, Salz*

Wurzelwerk schälen und grob schneiden. Gekühltes Rindfleisch mit Eiklar, Paradeismark, etwas Salz und ½ l Suppe vermischen. 30 Minuten kalt stellen. Diese Mischung in einen Topf geben, mit der restlichen Suppe aufgießen und langsam erhitzen, gut umrühren, damit sich nichts anlegt. 2 Stunden leicht köcheln lassen. Die Suppe durch ein Leinentuch seihen.
Auf diese Art kann man auch Kalbs-, Wild-, Geflügel- oder Fischconsommé zubereiten. Zum Klären muß man das dem jeweiligen Fond entsprechende Fleisch (Fischfleisch) verwenden.

Consommé double

500 g grob faschiertes, mageres Rindfleisch, 1 l kräftige Rindsuppe

Das Fleisch auf einen Siebeinsatz geben, mit der kalten Suppe aufgießen und sehr langsam erhitzen. Rund 1½ Stunden köcheln lassen. Durch ein feuchtes Leinentuch seihen und entfetten. Man kann die Consommé double auch mit etwas trockenem Sherry abschmecken und mit einer Einlage von Eierstich, Gemüsejulienne oder feinsten Nudeln servieren.

Klare Wildsuppe

*1,5 kg Knochen von Wild und/oder Wildgeflügel, 1 kleine Zwiebel, 50 g durchzogener Speck oder Speckschwarte, 2 EL Öl,
Wurzelwerk, 1 Lorbeerblatt, 1 TL Pfefferkörner, 5 Wacholderbeeren, etwas Thymian, 1 TL Paradeismark, 20 cl trockener
Rotwein, Salz, 30 ml Portwein*

Kleingehackte Knochen in Öl anrösten, Wurzelwerk, Speck und Zwiebel dazugeben und 10 Minuten weiterrösten. Gewürze beifügen, mit Rotwein aufgießen und stark einkochen lassen. Mit 2 l Wasser aufgießen und 2 ½ Stunden kochen lassen. Durch ein feines Tuch seihen, mit Portwein und Salz abschmecken.

Klare Gemüsesuppe

2 schöne Bund Suppengrün, 1 Zwiebel, 1 EL Öl, 1 TL weiße Pfefferkörner, 1 Lorbeerblatt, 2 Neugewürzkörner, 2 Petersilstiele, Salz, Muskat

Gewürfeltes Gemüse in Öl anrösten. Gewürze dazugeben und mit 1½ l Wasser aufgießen. Die Suppe bei geringer Hitze 1½ Stunden kochen lassen. Duch ein feinmaschiges Sieb seihen und mit Salz und geriebener Muskatnuß abschmecken.

Klare Hühnersuppe

1 kg Hühnerklein, 1 Zwiebel, 1 Suppengrün, 3 Petersilzweige, 6 Pfefferkörner, 1 Lorbeerblatt, Salz, etwas Safran

Hühnerklein in 1½ l Wasser zustellen und zum Kochen bringen. Gemüse und Gewürze zugeben. Ca. 45 Minuten kochen lassen. Suppe durch ein feines Leinentuch seihen und abschmecken.

Klare Fischsuppe

750 g Karkassen, Haut und Köpfe von Fischen, Wurzelwerk, 150 ml trockener Weißwein, 1 Lorbeerblatt, 1 TL weiße Pfefferkörner, Petersilstengel, Salz

Fische in 1¼ l Wasser aufkochen und den Wein dazugeben. Nach 15 Minuten Gemüse und Gewürze zugeben und noch eine halbe Stunde kochen lassen. Durch ein feines Sieb seihen und abschmecken.

Geselchte Suppe

800 g Teilsames, Wurzelwerk, 1 Paradeiser, 1 kleine Zwiebel, Salz

Das Fleisch in kochendes Wasser einlegen und ca. 1–1½ Stunden kochen lassen. Nach 30 Minuten die Gemüse dazugeben. Durch ein feines Sieb seihen. Mit Salz eventuell abschmecken (das heute erhältliche Geselchte ist nicht mehr so stark eingesalzen, daher ist meist ein Salzen der Suppe notwendig).

SUPPENWÖRTERBUCH

Suppe ist eine weit verbreitete Speise, die viele Namen hat. In zahlreichen Sprachen sind die Bezeichnungen für Suppe miteinander verwandt und klingen auch ähnlich. Letztlich entschied das Ausmaß des Einflusses von Kolonialherren, welcher Begriff für Suppe vor allem in jenen Ländern verwendet wurde, in denen dieses Gericht wenig Tradition hatte. Im asiatischen Raum sind der Begriff *çorba* und viele Ableitungen davon (*tschorba, schorba, schurpa, sorpa*) gebräuchlich. In fast allen Kulturen gibt es ein Wort für Suppe.

Albanien	supë
Arabischer Raum	hassa'r
Armenien	arpur
Baskenland	sopa
Bulgarien	tschorba, cyna
China	tang
Dänemark	suppe
Deutschland	Suppe, Brühe
England	soup, broth
Esperanto	supo
Estland	supp
Finnland	keitto, sopa
Frankreich	potage, consommé, soupe, bouillon
Griechenland	soupa
Israel	mar'Ack
Indien	soup
Indonesien	sup
Iran	âbgwscht, âschâmh, swp
Irland	anraith
Island	sup, supa
Italien	minestra, zuppa
Japan	supu

Katalanien	sopa
Kroatien	juha
Latein	iusculum
Lettland	zupa
Litauen	sriuba
Luxemburg	Suppe, soupe, potage
Malta	soppa, brodu
Niederlande	soep
Norwegen	suppe
Papiamentu (Karibik)	sòpi
Philippinen	sopas
Polen	zupa
Portugal	sopa
Rumänien	ciorbâ, supâ, bors (saure Suppe)
Rußland	cyn
Schweden	soppa
Serbien	cyna
Slowakei	polievka
Slowenien	juha
Spanien	sopa
Tschechien	polévka
Türkei	çorba
Ukraine	cyn
Ungarn	lé(v), leves
Venedig	sopa
Vietnam	phò, xúp, canh, cháo
Wales	cawl, potes, swp

QUELLEN UND LITERATUR

Haus-, Hof- und Staatsarchiv, Wien
Hofwirtschaftsamt (HWA) 1905, Nr. 1169 (Oliosuppe für Erzherzog Otto);
    1824 (Oliosuppe anläßlich des Bal paré zur Vermählung von Erzherzog
    Franz Carl und Prinzessin Sophie von Bayern, der Eltern Kaiser Franz
    Josephs) HWA 1908/09, K 252

*

Vincenzo Agnoletti, La nuova cucina economica, Mailand 1815
Rosina-Fawzia AlRawi, Zwischen Tisch und Diwan, Ein orientalisches Kochbuch,
    Wien 2000
Amaranthes, Nutzbares, galantes und curiöses Frauenzimmer-Lexicon, Leipzig
    1715
Paul Arbin, Königliche Gerichte, 400 ausgewählte Rezepte des Küchenmeisters
    von König Gustav V. von Schweden, München o.J. (um 1955)
Johann Arbuthnot, Entwurf von den Eigenschaften der Speisen und Getränke,
    Hamburg 1744
Arzgebirgischer Suppentopp, Suppen, wie man sie im Erzgebirge kocht, Neudorf
    o.J.
Thomas Austin (Hg.), Fifteenth-Century Cookery-Books, London 1888
Ilsebill Barta et al. (Hg.), Tafeln bei Hofe, Hamburg 1998
Bewehrtes Koch-Buch, Wien um 1765
Marianne Bieler, 20 goldene Suppenrezepte, o.O. o.J.
Friedrich Bilabel, Antike Küche, München o.J.
Helmut Birkhan, Margarete Jarmer, Koch-Büchlein, Gaumenfreuden des Mittel-
    alters, Eggenburg 2004
Irmgard Bitsch et al. (Hg.), Essen und Trinken in Mittelalter und Neuzeit, Sigma-
    ringen 1990
Maggie Black, Medieval Cookery, London 1985
Carla Blake, The Irish Cookbook, Cork o.J.
J. Bobreckiego, Ksiazka Kucharska, Rzeszów 1885
Nicolas de Bonnefons, Les délices de la campagne, Paris 1654
Katharina Braunin, Neuestes, bewährtes Kochbuch, Wien 1799
G.E. Brereton, J.M. Ferrier, K. Ueltschi (Hg.), Le Mesnagier de Paris (um 1393),
    Paris 1994
Anthèlme Brillat-Savarin, La physiologie du goût, Paris 1826
Der Brockhaus der Kochkunst, Mannheim o.J.

Michèle Brown, Eating Like a King, A History of Royal Recipes, Gloucestershire 2006

Burda, Suppen, Soßen und Salate, Offenburg 1989

Piero Camporesi, The Magic Harvest, Food, Folklore and Society, Cambridge 1998

Sonja Carlsson (Hg.), Suppen & Eintöpfe, Köln 2003

Michel Caron, Ned Rival, Alchimie der Suppe, Passau 1966

Classic Essential Soups, Sidney 1993

Kate Colquhoun, Taste, The Story of Britain through its Cooking, London 2007

Beverly Cox, Martin Jacobs, Spirit of Harvest, North American Cooking, New York 1991

La Cuisinière bourgeoise, suivie de l'office, Paris 1793

Le Cuisinier royal et bourgeois, Paris 1693

Felix Czeike (Hg.), Historisches Lexikon Wien, 5. Bd., Wien 1997

Francis Darmanin, Die maltesische Küche mit über 100 Rezepten, Malta 1991

Davidis-Schulze, Das neue Kochbuch für die deutsche Küche, Bielefeld 1939

Heinz Denckler, Dencklers Suppenküche, Wien o.J.

Evelyne Deutsch, Ungarische Kochkunst, Budapest 1909

Balthasser Staindl von Dillingen, Ain künstlichs und nützlichs Kochbuch ..., Frankfurt/Main 1547

Josef C. Dobos, Curiosa der Küche, Budapest 1909

Anna Dorn, Großes Preßburger Kochbuch, Wien 1839

Marian Doska, 200 italienische National-Speisen, Wien 1956

A. Drexler, Die Bauernküche, Aarau 1895

Urbain Dubois, Emil Bernard, La Cuisine Classique, Paris 1856

Alexandre Dumas, Grand Dictionnaire de Cuisine, Paris 1873

Alexandre Dumas, Das große Wörterbuch der Kochkunst, 3 Bde., Wien 2002

Theodor Eckardt, Wörterbuch der Küche und Tafel, Wien o.J. (um 1880)

Anneliese und Gerhard Eckert, Zu Gast bei Witwe Bolte, Münster 1977

Sarah Edington, Complete Traditional Recipe Book, The National Trust, London 2006

Trude Ehlert, Das Kochbuch des Mittelalters, München 1997

Annette Epp, Gerichte und ihre Geschichte, München 2005

Faszination Alpenküche, Köln 2008

Mrs Frazer, The Practice of Cookery, Pastry, and Confectionary, Edinburgh 1810

Ilse Froidl, Böhmische Spezialitäten, München 1965

Bohumil Froracek, Die schönsten Rezepte aus Böhmen, Köln 1999

Ho Fu-Lung, Aus Chinas Küchen, Bern 1993

Maria Gaeta-Hahne, Die gute italienische Küche, Wien o.J. (um 1950)

Renate Glas, Wolfgang Granitzer, Hemma-Culinarium, Klagenfurt 2007

Gone with the wind cook book, New York 1991

Roland Gööck, Berühmte Leute, gerühmte Speisen, München o.J. (um 1965)

Richard Gollmer (Hg.), Das Apicius-Kochbuch, Groß Lichterfelde 1909

Ilaria Gozzini Giacosa, Anna Herklotz, Mary Taylor Simeti, A Taste of Ancient Rome, New York 1992

Friedrich Graupe, Super Suppen, Wien 1996

Marye Gruszecka, 366 obiadów, Krakau o.J. (um 1900)

Friedrich J. Hampel, Wiener Küche, Kochrezepte: Suppen, Suppeneinlagen und Soßen, Wien 1926

Ingrid Haslinger, Tafelspitz & Fledermaus, Die Wiener Rindfleischküche, Wien 2005

Ingrid Haslinger, Von Suppen und Terrinen, Die aufsehenerregende Karriere von Speise und Gerät, Bielefeld 2004

Wilhelm Heinse (Hg.), Das Gastmahl des Trimalchio, Nach dem Satirikon des Petronius, Düsseldorf 1913

Joseph Hierz, Aus dem Garten in die Küche, Wien 1946

Kurt Hildebrandt (Hg.), Platons Gastmahl, Leipzig 1919

Maria Horváth, Balkan-Küche, München 1966

Maria Horváth, Spanische Küche, München 1967

Instruction pour les jardins fruitiers et potagers, Par feu M. de la Quintinie, Directeur de tous les Jardins Fruitiers & Potagers du Roy, Amsterdam 1692

Annabel Jackson, China erleben und genießen, Bath o.J.

Le jardinier françois, Paris 1654

Ria Jansen-Sieben, Marleen van der Molen-Willebrands (Hg.), Een notabel boecxken van cokereyen, Brüssel 1514 (Neuausgabe Amsterdam 1994)

Solomon H. Katz, Encyclopedia of Food and Culture, vols. 1–3, New York 2003

Marie Kauders, Vollständiges israelitisches Kochbuch, Prag 1916

Heidi Keller, Miranda Greaves, Karibisch kochen, Köln 1988

Kew Palace, London 2006

Emilie Kieslinger, 30 erprobte Suppenrezepte, Wien o.J. (um 1918)

C.F. Klein, Die Küche, Mainz 1850

Knorr, Kochen und Backen, o.O. 1940

Knorr Kochbuch, Wels o.J. (nach 1938)

Kochbuch, Le Nouveau Cuisinier Royal & Bourgeois, Übersetzung, o.O., o.J.

Kochkunst, Illustrirte Halbmonatschrift für Hotel-, Restaurant, Herrschafts- und bürgerliche Küche, hgg. vom Internationalen Verband der Köche, Frankfurt/Main 1903

Koch-Rezepte zu Gunsten des Roten Kreuzes in Kroatien und Slawonien, Zagreb 1916

Lothar Kolmer, Christian Rohr (Hg.), Mahl und Repräsentation, München 1999

Eufemia von Kudriaffsky, Die historische Küche, Wien 1880

Sylvia Landsberg, The Medieval Garden, London 1998

Monika Lavrencic, Spartanische Küche, Das Gemeinschaftsmahl der Männer in Sparta, Wien 1993

Esther Levy, Jewish Cookery Book, Boston 1871

Constanza Libelli, Patrizia Chirichigno (Hg.), Die arabische Küche, Florenz o.J.

Magdalena Lichtenegger, Die aufgeklärte Wiener Hausfrau, Wien 1822

Eleonora Maria Rosalia, gebohrne Fürstin zu Lichtenstein, Freywillig-aufgesprungener Granat-Apffel ..., Wien 1741

Justus von Liebig, Reden und Abhandlungen, Wiesbaden 1965 (Neudruck der Ausgabe von 1847)

Justus von Liebig, Zum 200. Geburtstag, Katalog Antiquariat Gruber, Heilbronn 1996

Das neue Liebig Kochbuch, o.O. o.J. (vermutlich Wien um 1930)

I.M., Grätzerisches durch Erfahrung geprüftes Kochbuch, Graz 1818

Maggi: Jeden Tag im Monat eine *andere* Suppe, o.O. o.J. (vermutlich dreißiger Jahre des 20. Jahrhunderts)

Maggi: 155 Suppenköstlichkeiten, o.O. 1981

Tess Mallos, Die Küche des Orients, Herrsching 1984

Julian Marcuse, Bernhardine Wörner (Hg.), Die fleischlose Küche, München 1916

Josy Marty-Dufaut, La Gastronomie du Roi-Soleil, Marseille 2001

Harald Mertes, Neil Hollander, Der Koch ist Kapitän, Hamburg 1981

Eugen Meßner, Wörterverzeichnis für Gastgewerbe und Hauswirtschaft, Wien 1927

Marie-Pierre Moine, Antonia Williams, Regency Recipes, London 1995

Richard Morris, Liber cure cocorum, Berlin 1862

Rosalind Mowe (Hg.), Südostasiatische Spazialitäten, Eine kulinarische Reise, Köln 1998

Elisabeth Neudecker, Die gute Köchin, Prag o.J. (um 1930)

Maria Anna Neudecker, Die Baierische Köchin in Böhmen, Salzburg 1816

Helen und George Papashvily, Die Küche in Rußland, Stuttgart 1984

Der neue königliche und bürgerliche Koch, o.O. o.J. (deutsche Ausgabe um 1760)

Sanaa Hamdy Omar, Vera Schmalz-Gaulke, Ägyptisches Kochbuch, Münster 1979

Maureen Owen (Hg.), To set Before a Queen: The Royal Cookery of Mrs McKee, Herefordshire 1963

Chrissa Paradissis, Das beste Kochbuch der griechischen Küche, Athen 1972

Elise Pascoe, Cherry Ripe, Australien, Eine kulinarische Reise, München 1995

Jacki Passmore, Asien, Eine kulinarische Reise, München 1988

Marguerite Patton, Mehr Rezepte für Suppen und Zwischengerichte (Orig. Ausgabe London 1964), Wels 1968

Margaret Phoka, Die besten griechischen Gerichte, Athen 1981

Platina (Hofmeister Papst Pius II.), Von allen Speysen und Gerichten, 1537

W.W. Pochljobkin, Nationale Küche, Die Kochkunst der sowjetischen Völker, Leipzig 1988

Iska Posnerova, Polévkya omácky, Prag 1918

Jean Powondra, Souvenir der internationalen Kochkunstausstellung, Wien 1906

M.J.R., Vollständige und genaue Anleitung ..., Brünn 1843

Emil Reimers, Das Suppen-Kochbuch, München 1966

Römisches *convivium* zur Zeit des Horaz, in: Programm des Kaiserl. Königl. Gymnasiums zu Meran, Meran 1877

Marie von Rokitansky, Die Oesterreichische Küche, Innsbruck 1897

Peter Rüf, Das Kochbuch aus Vorarlberg, Münster 1983

Fritz Ruf, Die ältesten Formen der zubereiteten Nahrung in der Geschichte unserer Ernährung: Brei, Mus und Suppe, Bonn 1993

Franz Ruhm, Kochen im Krieg, Wien 1940

E. Saint-Auge, Le livre de cuisine, Paris 1927

P. Salles, P. Montagné, La Grande Cuisine Illustrée, Paris/Monte Carlo 1902

Bella Sárosi, Legjobb szegedi szakácskönyv, Budapest o.J. (um 1900)

Bartolomeo Scappi, Opera dell'arte del cucinare, ..., Faksimile, Bologna 1981

Sybille Schall, »... und meine Suppe eß ich doch« – oder der bekehrte Suppenkaspar, München 1959

Maria Sophia Schellhammer, Das Brandenburgische Koch-Buch, Berlin 1723

Otto Schneider, Lexikon der Suppen, Wiesbaden 2005

Philipp Stephen Schulz, Amerika, Eine kulinarische Reise, München 1992

Rolf Schwendter, Vergessene Wiener Küche, Wien 2004

Anna Selby, Food through the Ages, Barnsley, South Yorkshire 2008

Helga Setz, Das Kochbuch aus Kärnten, Söll/Tirol 1979

W. Andrew Smith (Hg.), The Oxford Encyclopedia of Food and Drink in America, Oxford 2004

Sommerkriegsküche, Wien 1915

Zvi Sofer, Das kleine jüdische Kochbuch, Münster 1986

Spiegel und Regiment der Gesundheit, Frankfurt/Main 1570

Elisabeth Stöckel, Die bürgerliche Küche oder neuestes österreichisches Kochbuch, Wien 1935

Südafrika, Eine kulinarische Entdeckungsreise mit Bildern von Land und Leuten, Köln o.J.

H.-J. Teuteberg, Kleine Geschichte der Fleischbrühe, Münster 1989

Brigitte Tilleray, Kulinarische Genüsse aus dem französischen Suppengarten, München 1996

Josefine Türck, Jubiläumskochbuch, Wien 1908

Die tunesische Küche, Hammamet o.J.

Károly Ungar, Margit Kurunczi, Tafelfreuden der Ungarn, o.O. 1998

Gérard Vié, Le potager du roy, Paris 1994

Helene Wagner, In Odysseus' Küche, Essenssitten in der griechischen Archaik von Homer bis Hipponax, Wien 2008

Weltküche Türkei, Köln o.J.

Wiener Kochrezepte für die Kriegsküche, Wien 1915

Wiener Küche, Sammlung erprobter Kochrezepte, Wien 1909

Anne Willan, Great cooks and their recipes, London 1995

Marianna Wieserin, Kochbuch, Wien 1796

Johann Heinrich Zedler, Großes vollständiges Universal-Lexicon aller Wissenschaften und Künste, Halle 1732–1754

Franz Zelena, Die Kochkunst für herrschaftliche und bürgerliche Tafeln, oder allerneuestes Österreichisches Kochbuch, Wien 1828

F.G. Zenker, Nicht mehr als sechs Schüsseln!, Wien 1820

F.G. Zenker, Vollständige theoretisch-praktische Anleitung zur feineren Kochkunst, Wien 1843

GLOSSAR

Abalone: Gehäuseschneckenart, die bis zu 10 cm lang wird. Das Tier wird erst nach rund 5 bis 10 Jahren reif. Die Schnecke wird frisch, gefroren, in Dosen oder getrocknet angeboten. Diese Delikatesse Asiens ist extrem teuer.

abschrecken: abgeseihtes Kochgut mit kaltem Wasser übergießen

Ale: alkoholisches Getränk aus gemalzter Gerste

Amaranth: hirseähnliche Pflanze

anessos: Anis

arugula: antike mediterrane Würzpflanze

(aus)fehen : eine gefettete Form (Model) mit Mehl bestäuben

Athenaeum: eigentlich ein Heiligtum der Göttin Athene; 135 v. Chr. errichtete Kaiser Hadrian in Rom eine Unterrichtsstätte gleichen Namens, an der allgemeine Wissenschaften – und dazu gehörte das Kochen – gelehrt wurden.

bähen: rösten

Bauchfleisch: Schweinebauch

Beinfleisch: Zwerchried, Platte

Belimbing wuluh: nahe Verwandte der *Carambole*, der Sternfrucht. Die gelbgrünen bis grünen Früchte sind den Gewürzgurken nicht unähnlich und verleihen den Speisen einen angenehm säuerlichen Geschmack.

Bennatel: Panadel, Brotsuppe, verballhornt für französisch *pain*

Beuschel: Lunge

Bisque: Rahm-, Püreesuppe; Kraftsuppe

Bocksdorn: Goji-Frucht

Bouillon: Fleischbrühe, Rindsuppe, Hühnersuppe, Wildsuppe. Dazu das *Frauenzimmer-Lexicon (1715)*: »Bouillon. Ist eine aus gewissen Dingen zubereitete Brühe oder Suppe, welche an die Essen, sie desto wohlgeschmackter zu machen, gegossen wird; sie kommt fast mit der Coulis überein, worbey dieser Unterscheid zu mercken, Bouillon wird klar herausgenommen, Coulis hingegen wird zerrührt, und durch ein Haartuch gestrichen.«

bouquet: Bouquet garni, Bouquet aus Schalotten, Petersil, Estragon (regional können auch andere Kräuter verwendet werden)

Brandteigkrapferl: Profiterol(e)

braune Grundsuppe: »In heißem, hellbraunem Fett, auch gehacktem Speck, wird das Mehl so lange gerührt, bis es selbst hellbraune Farbe angenommen hat. Bei schärferem Bräunen schmeckt die Suppe nachher brenzlig. Während des Zusatzes von Flüssigkeit zeigt sich das Nachbräunen der Suppe, die kastanienbraun aussehen soll. Im Notfall ist mit Fleischextrakt oder Brühwürfeln nachzuhelfen.« (1939)

braun kolorieren: mit Zuckercouleur färben

Breks-Butter: geklärte Butter

Bröselknöderl: Weißbrotklößchen

Brühe: Flüssigkeit, in die durch Kochen die Kraft (Würze) anderer Stoffe aufgenommen wurde; Suppe

Bulgur: vorgekochter Weizen

butternut squash: Butternußkürbis, aromatischer Winterkürbis

Callaloublätter: *Callalou* ist eine kohlähnliche Pflanze

Cauliflower: Karfiol, Blumenkohl

Cervelat: Brühwurst

Chinkal: gefüllte Teigtasche

Chorizo: luftgetrocknete, spanische Paprikawurst

Concassé: gewürfeltes Gemüse, heute: enthäutete gewürfelte Paradeiser

Consommé: Dunstkoch; Kraftbrühe, Rindsuppe

Cotillon: Haupttanz eines Balles, Abfolge
von Walzer und Polkas; der Tanzpart-
ner wird nicht gewechselt; dauert ca.
1 Stunde

Coulis: Kraftbrühe. Dazu das *Frauenzimmer-
Lexicon* (1715): »Coulis. Ist ein durch-
geseihter Saft von Kalbfleisch, Hünern
oder Tauben, und etlichen Gewürtz,
welchen ein erfahrner Koch immer
im Vorrath haben muß, weil er solchen nicht nur an Ragouten, Potagen,
nützlich gebrauchen, sondern auch
bey unverhofften Gastereyen in Eyl
gute Brühen davon machen kann. Die
Oesterreicher und Böhmen nennen
die Coulis eine gestossen Suppe.«

Crèmesuppen: Suppen, die mit Béchamel-
sauce verdickt werden

Cullen skink: schottische Fischsuppe aus geräuchertem *haddock*, Erdäpfeln, Zwiebeln und Obers

defrutum: Traubensirup

Deka: Dekagramm (10 dag/dkg = 100 g)

Drachenaugen: Seifenbaumgewächs, dessen
Früchte einen süßen, aromatischen
Geschmack aufweisen, kommt meist
getrocknet in den Handel

durchdrehen: im Fleischwolf zerkleinern

dürr: getrocknet

(durch)fähen: (durch)seihen

Eidotter: Eigelb

Eierstich: Royal, mit Suppe verrührte Eier in
gefettetem Model im Wasserbad stok-
ken lassen, in gefällige Formen schneiden; Royal kann man mit Paradeismark, Spinat, Safran etc. färben

Eiklar: Eiweiß

Einbrenn: Mehlschwitze

einbrocken: eintunken, einstreuen

Erbswurst: eines der ältesten industriell hergestellten Instantgerichte, das aus Erbsenmehl, Rindsfett, Speck, Salz, Zwiebeln und Gewürzen besteht

Erdapfel: Kartoffel

Etamin: dünnes, steifes Gazegewebe zum
Filtern

Farrica: Gerste

Faschiertes: Hackfleisch

Filé-Pulver: Pulver aus getrockneten, zerriebenen Sassafras-Blättern

fines herbes: feine Kräuter (Schnittlauch, Kerbel, Petersil, Estragon)

Fischsauce: braune, dünnflüssige Sauce, die
aus gesalzenen, fermentierten Fischen
hergestellt wird. Man bekommt sie in
asiatischen Lebensmittelgeschäften.

Fleischhauer: Metzger

Fleischpepton: Man »verdaut« Rindfleisch
mit Pepton (= Gemisch aus Peptiden
und Aminosäuren). Dadurch wird es
nährstoffreich, leicht verdaulich, wirkt
anregend auf das Nervensystem und
regt bei Kranken den Appetit an.

folian: Lorbeer

Frankfurter Würstel: Wiener Würstchen

Frimsel: Fadennudeln, Vermicelli

Fufu: Paste, die aus Süßkartoffeln (Maniok
oder Yams), Kochbananen und Salz in
Wasser gekocht wird

Galgantwurzel: Die Galgantpflanze ist eng
mit dem Ingwer verwandt. Die Wurzeln haben eine scharf-würzigen Geschmack. Galgant wird auch als Thai-
Ingwer bezeichnet.

Gansljunges: Gänseklein (Innereien und
Hals)

Garbure: Kraftsuppe mit gedämpftem Gemüse

garnieren: Kochgut mit den nötigen Zutaten
einrichten

Garum, *garvm*: römische Fischsauce; Garum
wurde aus frischen ganzen Fischen
hergestellt. Die Fische wurden mit Salz
vermengt und bis zu drei Monate bei
40 °C gelagert. Der Fisch fermentierte und gab den Speisen die erwünsch-
te Würze. Garum ist mit asiatischen
Fischsaucen (*nuoc mam, nam pla*), an-
nähernd mit Sojasauce und heutigen
künstlichen Würzmitteln vergleichbar.

gebundene Suppe: Suppen, die mit einem
Bindemittel zubereitet werden

Escoffier unterschied zwischen den Püreesuppen (Purées, Coulis und Bisques), Crème- oder Rahmsuppen (Crèmes), den Samt- oder Schleimsuppen (Veloutés)

Gelbe Rübe: Karotte

Geselchtes: geräuchertes Fleisch vom Schwein (Schopf, Rollbraten, Rippen)

gewellt, wellen: in Fett andünsten

gilben: gelb machen, mit Safran färben

Goldrübe: gelbe Karotte

Goudale: französisches Bier; im übertragenen Sinn ein gutes Getränk

großer Ball: Anläßlich der Vermählung von Erzherzog Franz Carl (1802–1878) und Prinzessin Sophie von Bayern (1805–1872) wurden vom 1. November bis 14. Dezember 1824 in Wien große Festlichkeiten abgehalten, weil sich Kaiser Franz II. (I.; 1768–1835) von der Ehe seines zweitgeborenen Sohnes einen Thronerben erhoffte. Unter anderem fand während der Feiern ein großer Hofball statt, für den die Hofköche Gandrille und Visconti die Oliosuppe kochten.

Grünkern: das unreif geröstete, angenehm aromatisch schmeckende Weizenkorn, das in Form von Mehl, Flocken oder im Ganzen für Suppen verwendet wird

Gustostück: hier Teil der Rinderschulter

Haggis: gefüllter Schafmagen, schottische Spezialität

Harissa: eine aus Tunesien stammende, scharfe Gewürzpaste aus frischen Chilischoten, Kreuzkümmel, Koriandersamen, Knoblauch, Salz und Olivenöl

Harvey's sauce: In 600 ml kräftigem Essig 6 entgräteten Sardellen auflösen, dann 3 EL Sojasauce, *mushroom ketchup* und Cayennepfeffer dazugeben. Die Zehen von zwei Knoblauchhäupteln schälen, zerdrücken und mit roter Lebensmittelfarbe daruntermischen. In sterilisierte Flaschen abfüllen und mit luftdichten Kappen verschließen (Rezept: United Kingdom, 1851).

hirsu: vermutlich eine vorderasiatische wilde Getreideart

Hoisin sauce: dickflüssige, dunkle Sauce, die in der chinesischen und vietnamesischen Küche verwendet wird. Sie besteht u.a. aus fermentierten roten Sojabohnen, Zucker, Weizenmehl, Knoblauch, Essig, Chilis, Salz und Sesamöl. Sie kann auch Süßkartoffelmehl enthalten.

Indian: Truthahn, Puter

Japanischer Klee: dreiblättriger Sommerklee, Bodendecker mit kleinen ovalen Blättern

Julienne: in feine Streifen geschnittenes Gemüse

Jus: Saft, Brühe, Bratensaft. Dazu das *Frauenzimmer-Lexicon* (1715): »Jus. Heißt bei den Frantzosen entweder in genere eine iede Brühe, so aus denen Speisen gekochet und gebraten wird; oder in specie eine solche, welche aus Rindfleisch, Tauben etc. die mit brauner Butter und Speck, nebst guten Kräutern, Gewürtz und anderen Dingen, dämpffen müssen, bereitet wird.«

Kaiserfleisch: geselchtes Bauchfleisch vom Schwein. Es hat seinen Namen vermutlich von Kaiser Joseph II. (1743–1790), der für dieses Stück ein besondere Vorliebe hatte.

Kalbsbries: Kalbsmilch

Kalbsbrustknorpel: übersetzt aus dem Französischen *tendron de veau* = Kalbsbrust

Kalbsmilch: Kalbsbries

Kapaun: kastrierter Masthahn

Karfiol: Blumenkohl

Karkasse: Gerippe, Knochen

Karotte: Möhre

Katyk: (russisches) Sauermilchgetränk

Kelch: Kohl

klären: Rindsuppe abseihen; die geseihte Suppe mit faschiertem, magerem Rindfleisch und halbfest geschlagenem Eiklar zum Kochen bringen und

½ Stunde köcheln lassen; durch ein Leinentuch seihen

Klebreis: Reissorte, bei der durch ihren hohen Stärkegehalt die Reiskörner beim Kochen miteinander verkleben

Kluft: Riedhüferl, Bürgermeisterstück beim Rind

Knoblauchzwiebel: Knoblauchknolle

Knödel: Klöße

Körfel: Kerbel

Kohl: Wirsing

Kohlfeuer, Kohlen: Kohlenfeuer

Kolbáß: Klobasse, kräftig gewürzte Rohwurst

Kraut, süßes: frischer Krautkopf

Kren: Meerrettich

Kreplach: Teigtaschen, mit Leberfarce gefüllt

Kriechente: Kriek- oder Krickente, kleinste Schwimmente (ca. 300 g)

Kunerol: Die Kunerolwerke in Wien erzeugten Pflanzenöl und Margarine.

Kutteln: Fleck, Kaldaunen, in Streifen geschnittener Vormagen (Pansen) vom Wiederkäuer. Der Bekömmlichkeit halber verzehrt man bevorzugt Kalbskutteln.

Kwaß, Kwas: russisches Erfrischungsgetränk aus vergorenem Wasser, Roggen und Malz, besonders beliebt in Rußland und in der Ukraine; wird von manchen Kochbuchautoren auch als Saft von roten Rüben definiert, der mit Hilfe von Wasser und Sauerteig erzeugt wird

Langpfeffer: Bengalischer Pfeffer, ist im Geschmack dem schwarzen Pfeffer ähnlich. Er hat jedoch nur sehr kleine Körner, die mit dem Fruchtstiel eng verwachsen sind. Diese sehen aus wie kleine Zapfen oder Blütenstände von Birke und Hasel.

Latucken: Lacktuk, *lettuce* – Kopfsalat

Leguminosenmehl: Mehl aus Hülsenfrüchten

licht: hell

Lot(h): lth., 17,5 g

Lotossamen: auch Lotosbohnen, Lotoskerne

Libra: ca. 325 g

Lupine: Wolfsbohne

Macis: Muskatblüte

Marigoldblätter: Ringelblumenblätter

Marille: Aprikose

Markknöderl: Markklößchen

Maß: ca. 1,2 Liter

Massialot, François: französischer Küchenchef (1660–1733), war Koch bei Philipp Herzog von Orléans, dem Bruder König Ludwigs XIV.

Mazzesmehl: in der jüdischen Küche verwendetes Mehl aus zerkleinerten ungesäuerten Broten

Menon: französischer Koch, arbeitete zwischen 1740 und 1755 für König Ludwig XV.

Minestra: italienische Gemüsesuppe

Minestrone: Rindsuppe mit Reis, Bohnen, Kohl und ähnlichen Gemüsen

Mirepoix: würfelig geschnittenes Suppengemüse

Mörsel: Mörser

Mus: Speise mit püreeartiger Konsistenz

Mushroom ketchup: Saft von erhitzten Champignons, versetzt mit Nelken, Muskatnuß und starkem Port. Der dunkelbraune Würzsaft wird für herzhafte Fleischspeisen verwendet.

Must: frischer Traubensaft

Nelkenpfeffer: Piment, Neugewürz

Nockerl: Spätzle

Nuoc mam: Sauce aus vergorenem Fisch

Obers: Süße Sahne

Ochsenschlepp: Ochsenschwanz

offa, lat.: Masse, Bissen

Olla pod(t)rida: »verfaulter Topf«, spanisches Mischgericht aus Fleisch und Gemüse, spanische Suppe

Palatschinke: Pfannkuchen, Omelette

Papiamentu: Kreolsprache in der Karibik

Papinischer Topf: Schnellkochtopf, Druckkochtopf, der auf die Forschungen von Denis Papin zurückgeht. Papin stellte bereits einen primitiven Dampfdruckkochtopf her.

Paradeiser: Tomate

Paradiesäpfel: Paradeiser, Tomaten

Paradieskorn: Samenkörner einer Cardamom-
art aus Guinea und Madagaskar, die im
Geschmack dem Pfeffer ähnlich sind
passieren: Suppe durch ein feines Haartuch
seihen; auch eine Speise durch ein
Haarsieb drücken bzw. Rohstoffe in
Fett andünsten (»anpassieren«)
Pastinaken: Doldenblütler mit verdickter
Wurzel, als Teil des Suppengrüns ver-
wendet
Pelmeni: gefüllte Teigtaschen
pfarzen: rösten, bähen
Pfund: abgekürzt lb, 560 g
Pintobohnen: längliche, rot-braun gespren-
kelte mittelgroße Bohnen mit beiger
Grundfarbe, aufgrund ihrer Zeich-
nung auch als Wachtelbohnen bezeichnet
Poleiminze: Frauenminze, europäische Min-
ze-Art
Porree: Lauch
Portulak: krautige Pflanze, die als Gemüse
und Gewürz verwendet werden kann
Pot au feu: Kraftsuppe von Rindfleisch und
Huhn mit Gemüsen, in irdenem Topf
gekocht
Potage: allgemeine Bezeichnung für Suppe
im Französischen. Dazu das *Frauenzimmer-Lexicon* (1715): »Potages. Sind
vermischte Essen, bestehend aus einem
gewissen Stück Fleisch oder Fisch etc.,
vielen Gewürtz, Jus, Coulis, Ragout,
Klösen und anderen Dingen: wäre
auch gut, wenn ein jeder solche nach
seinem und der seinige Constitution,
als eine Haus-Artzney einrichten ließ.
Ihre Zubereitung ist mancherley.«
Powder douce: 1½ EL Zimt, 1 TL gemahlene Nelken, 3 EL gemahlener Ingwer,
1 TL gemahlene Muskatnuß, 2 EL
Staubzucker, gut vermischt
Presse: *Braise*, Geschirr zum Braisieren/Dün-
sten der Speisen
Profiterol: Windbeutel aus ungezuckertem
Brandteig

Püreesuppen: Gemüsesuppen, die mit Stärke
verdickt werden
pulsum: dicker Brei aus Emmer, war in Rom
als Nahrungsmittel üblicher als Brot,
wurde auch mit Fleisch und Käse
nahrhafter gemacht
Quart: altes englisches Hohlmaß, ca. 1,13 l
Quentchen: ca. 3,36 g
Quinoa: Inkareis, Reismelde
Rahm: Saure Sahne
Rapunzel: Feldsalat
Ruckerln: Pflanze mit schärflich schmecken-
den Blättern
rüsten: rösten
rutabaga: gelbe Rübe aus der Familie der
Brassica
Sago: stärkehaltiges Verdickungsmittel
Salamblatt: indonesisches Lorbeerblatt, Baum
aus der Familie der Myrtengewächse
samídu: vermutlich eine lauchartige Pflanze
Sangrita: ein Getränk aus halb Orangen- und
halb Paradeissaft, gewürzt mit Salz,
Pfeffer, Limetten- und Zwiebelsaft,
Worcester- und Tabascosauce. Es wird
nicht nur als durstlöschendes Getränk
gebraucht, sondern auch als Würze für
Eintöpfe.
Sassafrasbaum: Fenchelholz- oder Nelken-
zimtbaum, die Blätter haben einen
zitronenähnlichen Geschmack
Savoyerkohl: Kohl, Wirsing
Saturey: Salbei
Scherrübe: bayerische Rübe, v.a. um Mün-
chen angepflanzt, Speiserübe seit dem
15. Jahrhundert, weißes Fleisch, gut
haltbar, heute fast ausgestorben
schlagen: Suppe durch ein (Haar-)Sieb oder
Tuch seihen
Schmetten: Rahm
Schneytschunken: Beinschinken
Schöps(ernes): Hammelfleisch
Schulterscherzel: Schaufelstück (Rind)
Schwammerl: Pilz
Schweinsschopf: Schweinekamm
Schweinswangerl: Schweinebacke
Selchfleisch: Räucherfleisch

Semmelbrösel: Paniermehl

Semmelschmolle: Brötchenkrume

seseli: grauer Bergfenchel

Sextarius: Sester, ca. 542 ml

Sied(e)fleisch: gekochtes Fleisch

Soda bicarbona: kohlensaures Natrium

Sorbisch: westslawische Sprache (Ober- und Niederlausitz)

Soupe: französisch, hauptsächlich als Bezeichnung für dicke Suppen aus Früchten, Gemüsen, Rahm etc., zum Unterschied der eigentlichen Suppen wie *potage, consommé, bouillon*

Spanischer Zwiebel: Gemüsezwiebel aus Spanien; Zwiebel aus warmen Gebieten sind milder als gewöhnliche, der spanische ist der mildeste.

Steckrübe: Kohlrabi

Steerstück: Rindsschulter

Stilton: englischer Hartschimmelkäse

Stirl: Stör

Stosuppe: Suppe aus saurer Milch und Rahm; das Wort *sto* stammt vermutlich aus dem Slawischen und bedeutet gerinnen.

stüppen: mit pulverisiertem Gewürz würzen

Suppe: mit Löffeln zu essende gekochte, flüssige Speise von sehr verschiedener Art

Suppenfleisch: in Wien/Österreich immer Rindfleisch

Suppengrün(zeug): Karotte, gelbe Rübe, Porree, Petersilwurzel, etwas Petersilgrün, Knollensellerie

Sylphium, Silphium: Diese Pflanze gehörte zu den Doldenblütengewächsen. Ihr Harz wurde durch Anritzen der Wurzeln und Stengel gewonnen. Blätter und Wurzeln wurden gelegentlich auch als Gemüse gegessen. Das Harz war in der Antike ein sehr beliebtes und teures Würzmittel. Die Pflanze wurde vor allem in Libyen angebaut. Durch zu starke Aberntung bzw. durch die Gier der Pächter, die Vieh auf die Felder trieben, um die Ernte zu verringern und mehr Geld zu erhalten, starb die Pflanze schließlich aus. Kaiser Nero soll das letzte Exemplar verspeist haben.

Tafelspitz: Hüftdeckel (Rind)

Tafelstück: Wiener Fleischteilung: Tafelspitz

Taffel-Ring: Schüsselringe oder Tafelreifen, wurden auf der Tafel zur Zeit des Service à la française gerne aufgestellt, um die Höhe der eingestellten Schüsseln variieren zu können

Tapioka: Stärkemehl aus der Maniokwurzel

Teilsames: geräucherte Stücke aus der Schweineschulter

Tomatillo

  Physalis: Blasenkirsche, charakterisiert durch die laternenförmige Fruchthülle

tracta: eine Art Nudeln. Der Teig wird aus einer Mischung von Mehl, Wasser und Fett hergestellt und anschließend gekocht.

Velouté: Samtsuppe; Suppe, die mit Eidotter, Butter und Obers gebunden wird

Verjus: Agrest, Saft aus unreifen Weintrauben

verlohrne Eyer: pochierte Eier

Vermeil: vergoldetes Silber

versprudeln: verquirlen

Vogelnester: Schwalbennester (von Salanganen, einer Segler-Art), sehr teure chinesische Delikatesse

Wadschunken: Wadenfleisch (Rind)

Wangerl: Wange, Bäckchen

Wasserkresse: Brunnenkresse

weiße Kräuter: Sellerie, Pastinake, Topinambur

Winterbohnenkraut: ein immergrüner Halbstrauch; er unterscheidet sich vom (Sommer-)Bohnenkraut dadurch, daß er mehrjährig ist; das Sommerbohnenkraut ist einjährig

Wintermelone: Wachsmelone, längliche Melone aus China

Winterpilze: Trichterlinge, Täublinge

Wonton: asiatische Teigtasche, gefüllt mit faschiertem Schweinefleisch, gehackten Austern oder Shrimps, feingehacktem Ingwer und Zwiebel oder Karotten, Sesamöl und Sojasauce

Wurzelwerk: siehe Suppengrün
Zarenlachs: Stück des Lachses, das einst dem
russischen Zaren vorbehalten war,
stammt vom zartesten, geschmackvoll-
sten Mittelteil des Fisches
Zeller: Knollensellerie
Zißer: Zisserl, Kornelkirsche
Zuni: Puebloindianer im Südwesten Nord-
amerikas
Zuspeise: Beilage
Zwiebelschlotte: Winterzwiebel, Jungzwiebel

Dankadresse

Marilyn und René Bettschen, Basel (Schweiz)
Doris Burstyn, Toronto (Kanada)
Familie Carraro, Hotel Orvieto, Abano terme (Italien)
Wies Erkelens, Apeldoorn (Niederlande)
Margarita Gruber, Wien
Heidi Knoblich, Schwarzwald (Deutschland)
Michael Krondl, New York (USA)
Arch. Dr. Theophil Melicher, Wien
Mag. Ingrid und Mag. Diethart Müller, Deutsch-Wagram
Danielle und David Nikogosyan, Cork (Irland)
Dirk Radermacher, Deutsches Suppeninstitut, Bonn (Deutschland)
Mag. Harald Schmid, Lilienfeld
Suppenmuseum/Neudorf, D-09465 (Deutschland)
Hermine und Michael Weisshappel, Wien
Marleen Willebrands, Maastricht (Niederlande)
Machiko Yamashita, Kyoto (Japan)
Uno Yoshiko, Osaka (Japan)

Ingrid Haslinger studierte Geschichte und Anglistik an der Universität Wien. Sie ist seit 1987 freie wissenschaftliche Mitarbeiterin in der ehemaligen Hofsilber- und Tafelkammer in Wien. Zahlreiche Publikationen zur Geschichte der Tafelkultur und zu Gerichten (Marchfeldspargel – Das Kaisergemüse, 1995; Kunde: Kaiser, Die Geschichte der k.u.k. Hoflieferanten, 1996; Tafel mit Sisi, 1998 und 2008; Tafeln wie ein Kaiser, 1999; Gulasch – Eine Kulturgeschichte, 2002; Tafelspitz & Fledermaus – Die Wiener Rindfleischküche [mandelbaum, 2005]; Es möge Erdäpfel regnen – Eine Kulturgeschichte der Kartoffel. Mit 170 Rezepten [mandelbaum, 2007 und 2009]; Rudolf war immer ein guter Sohn, 2009 etc). Mitarbeit bei Ausstellungen im In- und Ausland, zahlreiche Katalogbeiträge.

REZEPTVERZEICHNIS